W0203807

Elli H. Radinger

MINNESOTA WINTER

Eine Liebe in der Wildnis

rütten & loening

FSC
www.fsc.org
MIX
Papier aus verantwortungsvollen Quellen
FSC® C083411

ISBN 978-3-352-00867-2

Rütten & Loening ist eine Marke der Aufbau Verlag GmbH & Co. KG
1. Auflage 2013
© Aufbau Verlag GmbH & Co. KG, Berlin 2013
Einbandgestaltung bürosüd, München
Unter Verwendung eines Motivs von © Roberto A. Sanchez/getty images
Gesetzt aus der Bembo durch Greiner & Reichel, Köln
Druck und Binden CPI – Clausen & Bosse, Leck
Printed in Germany

www.aufbau-verlag.de

»Unsere Liebe zur Wildnis ist mehr als ein Hunger nach dem, was außerhalb unseres Einflussbereiches liegt; sie ist ein Ausdruck der Loyalität zur Erde – der Erde, die uns hervorbringt und ernährt, die einzige Heimat, die wir kennen sollten, das einzige Paradies, das wir benötigen.«

(Edward Abbey)

Prolog

Ich rannte durch den Wald. Zweige schlugen mir ins Gesicht. Die Gurte des schweren Rucksacks schnitten mir schmerzhaft in die Schultern. Immer wieder stolperte ich über Wurzeln auf dem schmalen Trail. Ich fiel hin und lag wie eine Schildkröte auf dem Rücken, das Gepäck zog mich zu Boden. Mühsam rollte ich mich auf die Knie und rappelte mich auf. Weiter, immer weiter. Im Laufen schaute ich auf die Uhr. Noch eine halbe Stunde, bis das Auto kam. Wenn ich es verpasste, würde ich auf mich allein gestellt sein. Noch eine Biegung bis zur Straße. Erleichtert verlangsamte ich den Schritt und versuchte, meine rasselnden Lungen zu beruhigen. Der Wald lichtete sich, und ich konnte die Straße sehen. Geschafft!

Da … eine Bewegung im Unterholz. Ich hielt abrupt an und sah aus den Augenwinkeln einen Mann auf den Trail vor mir treten. Er hatte meine Flucht bemerkt. Er war gekommen, um mich aufzuhalten.

AUFBRUCH

Wie zieht man sich sexy an bei minus dreißig Grad? Diese Frage ging mir seit Tagen nicht mehr aus dem Kopf. Die Verkäuferinnen, die ich in den einschlägigen Geschäften nach *warmer* Spitzenunterwäsche gefragt hatte, konnten nur die Schultern zucken.

»Was denn? Warm *oder* sexy?«

Beides gab es wohl nicht. Ich hatte schließlich aufgegeben und »warm« in den Koffer gepackt. Jetzt drückte ich mir die Nase am Flugzeugfenster platt und schaute auf die Schneelandschaft unter mir. Vielleicht hätte ich doch besser »sehr warm« einpacken sollen.

»Haben Sie noch einen Wunsch?«, fragte die Stewardess und goss mit einem professionellen Lächeln dünnen Kaffee in meine Tasse. Diesmal nahm ich auch ein paar der angebotenen Häppchen an und sah, wie sie erleichtert aufatmete. Vermutlich war ich ihr unheimlich, denn ich hatte, seit das Flugzeug vor fünf Stunden in Frankfurt gestartet war, keinen Bissen angerührt. Aber das Essen interessierte mich nicht. Ich flog in das Abenteuer meines Lebens.

Unter mir lag die unendliche Weite Kanadas. Labrador zog tiefverschneit vorüber. Wie so oft, wenn ich diese Strecke flog, wünschte ich mir, ich könnte hinausspringen und in die samtweiche Schneelandschaft eintauchen, die aussah wie Zuckerwatte auf dem

Weihnachtsmarkt. Ich fragte mich, ob wohl Menschen in diesen abgelegenen Seengebieten lebten und wie dieses Leben aussah. Ich liebte die Einsamkeit und den Winter. Erst wenn es richtig kalt wurde, blühte ich auf. Vermutlich lag es daran, dass ich im Februar geboren bin – ein Winterkind. Fällt der erste Schnee, atme ich auf. Endlich! Wenn ich in den Urlaub fahre, zieht es mich nicht in den Süden, sondern in nordische Länder. Alaska, Kanada, Weite, Einsamkeit, Kälte, das ist meine Welt. Ich las jedes Buch über Aussteiger und Abenteurer, das ich finden konnte, und beneidete alle, die so lebten. Und nun würde sich dieser Traum erfüllen.

Vor wenigen Stunden hatte ich mich schweren Herzens von meiner Labradorhündin Lady verabschiedet. Fragend schauten mich ihre braunen Augen an, als ich ihren Kopf in die Hände nahm und sie auf die Stirn küsste.

»Sei brav, bald bin ich wieder da.« Ein paar Tränen tropften auf ihr goldgelbes Fell. Schniefend drückte ich meiner Mutter die Leine in die Hand und stieg in den Zug zum Flughafen. »Wir passen gut auf sie auf!«, versprach sie.

Ich wusste, dass es ihr bei meinen Eltern gutging und sie sich dort wohl fühlte. Trotzdem kam ich mir wie eine Verräterin vor. Nach der Scheidung von meinem Mann hatte ich Lady in einem amerikanischen Tierheim gefunden. Es war Liebe auf den ersten Blick. Das Schicksal hatte seine volle Partitur gespielt, um uns zusammenzubringen. »Zufällig« war ich in dieses Tierheim gekommen, um gemeinsam mit meiner Freundin Melinda eine Spende abzugeben. »Zufällig«

ging ich noch einmal in den Raum mit den Käfigen, in denen die Tiere saßen, die für die Tötungsstation vorgesehen waren. In den meisten amerikanischen Tierheimen werden Tiere, die nicht abgeholt werden, nach einer bestimmten Zeit eingeschläfert. Und es war »Zufall«, dass man Lady noch eine Woche länger leben ließ, weil sie »so süß« war, wie die Leiterin des Tierheims sagte. Ich sah den acht Monate alten Labradorwelpen in seinem Käfig sitzen, und es war um mich geschehen.

Die Tierheimleitung brach alle Regeln, damit ich den Hund mitnehmen durfte.

»Ausländer dürfen keine Hunde mitnehmen. Wir können nicht kontrollieren, wie es ihnen im neuen Heim geht.«

Melinda, die bereits mehrere Hunde aus dem Tierheim besaß, bürgte für mich. Kurz vor Weihnachten durfte ich Lady abholen. Wir verbrachten die Feiertage bei meiner Freundin. Anschließend ging ich mit dem Hund auf große Tour. Mit einem kleinen Camper fuhren wir beide zehn Wochen kreuz und quer durch die USA und bauten eine intensive Bindung zueinander auf. Schließlich flog ich mit ihr nach Hause. Sie war mein rettender Engel und half mir, meine unglückliche Ehe zu verarbeiten und die Vergangenheit hinter mir zu lassen. Da ich keine eigenen Kinder hatte, nahm sie deren Stellung ein. Ich konnte mir nicht vorstellen, ohne meine Hündin zu sein. Und dennoch ließ ich sie nun zurück – wegen eines Abenteuers.

Es war das zweite Mal, dass ich sie in der Obhut meiner Eltern ließ. Beim ersten Mal war ich für wenige Tage zu einem Kongress in die USA geflogen – und dort dem Mann begegnet, der der Grund für den erneuten Abschied von meiner Hündin war.

Der Zug, der mich an diesem Heiligabend zum Flughafen brachte, war kaum besetzt. Wie in Trance verging die Stunde Fahrt nach Frankfurt. Ich schaute aus dem Fenster auf braune Stoppelfelder und matschige Wiesen. Vor wenigen Tagen war es noch einmal warm geworden, und die Hoffnung auf weiße Weihnachten schwand. Für mich jedoch würde es weiße Feiertage geben, denn ich war auf dem Weg in den tiefsten, kältesten Winter und hatte mit meinen Einkäufen entsprechend vorgesorgt.

Der Frankfurter Flughafen erstrahlte im Lichterglanz. Überall buntgeschmückte Tannenbäume, es gab sogar einen kleinen Weihnachtsmarkt. Die junge Angestellte von Northwest Airlines fertigte mich routiniert ab, während sie ihrer Kollegin am Nebenschalter noch Tipps für letzte Weihnachtsgeschenke gab. Sie schaute auf ihren Monitor, stutzte kurz, sah mich fragend an:

»Sind Sie eine Kollegin?«

»Ehemalige Kollegin«, antwortete ich. »Ich bin in den letzten Sommern als On-Board-Dolmetscherin für Northwest Airlines geflogen.«

»Linda«, stand auf ihrem goldenen Namensschild, über dem eine kleine Anstecknadel mit einer blinkenden Christbaumkugel das Metall rot aufleuchten ließ. Sie zerriss meine Bordkarte und druckte eine neue aus.

»Na, dann frohe Weihnachten!« Mit einem breiten Lächeln drückte sie mir eine Bordkarte für die Businessklasse in die Hand. Das fing ja gut an.

»Danke, Linda!«, strahlte ich zurück. »Ihnen auch frohe Weihnachten.«

An der Passkontrolle war niemand zu sehen, und die wenigen Sicherheitsbeamten winkten mich nach nur halbherziger Kontrolle weiter. Es herrschte entspannte Festtagsstimmung.

Die Flugbegleiter an Bord von NW 47 waren aufgekratzt und bester Laune. Mit einem »Merry Christmas« begrüßten sie jeden Gast. Die ebenfalls blinkende Janet brachte mich zu meinem Platz in der Businessklasse, verstaute den dicken Anorak im Schrank und versorgte mich mit Orangensaft und Zeitschriften. Doch ich war viel zu aufgeregt, um den Service genießen zu können.

Es war Weihnachten, und ich befand mich auf dem Weg in eines der unwirtlichsten und wildesten Gebiete der Vereinigten Staaten, um dort einen Mann zu treffen, den ich kaum kannte und mit dem ich in der Wildnis leben wollte. Bei dem Gedanken an die Ungeheuerlichkeit meines Plans erfasste mich plötzlich eine Heidenangst. Auf was hatte ich mich da eingelassen?

Ich kauerte mich in den breiten Flugzeugsitz, zog die Decke unters Kinn, schloss die Augen und dachte zurück an den Herbst und die Begegnung, die mein Leben verändert hatte.

Auf Einladung des International Wolf Center war ich im Oktober zu einem einwöchigen Kongress nach Ely, in die nördlichste Ecke von Minnesota geflogen. Seit mich bei einem Praktikum in einem Wolfsforschungsgehege im US-Bundesstaat Indiana der »Wolfsvirus« gepackt hatte, war ich überall in Nordamerika auf den Spuren der beeindruckenden Raubtiere unterwegs. Die Tiere hatten mich schon immer fasziniert, und ich suchte nach Möglichkeiten, sie in Freiheit zu beobachten. Die mit über zweitausend Tieren große Wolfspopulation in Minnesota sollte ein Anfang sein. Um meine Leidenschaft zu finanzieren, schrieb ich als freie Journalistin Artikel für Naturzeitschriften und Reisemagazine. Ich hatte dem America Journal eine Story über »Winter in Minnesota« angeboten und die Zusage erhalten. Außerdem gab ich seit einigen Jahren eine Fachzeitschrift über Wölfe heraus, das »Wolf Magazin«. Ein Bericht über den Kongress sollte dort ebenfalls erscheinen. Zwar warf das Wolf Magazin noch nicht genügend ab, um mich zu ernähren, aber wenn ich meinen Minnesota-Aufenthalt geschickt vermarkten würde, könnte ich wenigstens einen Teil der Reisekosten wieder hereinholen. Dass diese Reise der Beginn eines Liebesabenteuers werden sollte, konnte ich nicht ahnen.

Ely ist ein kleines Outdoor-Städtchen an der Grenze zu Kanada. Es gilt als einer der kältesten Orte in den USA (mit Ausnahme von Alaska). Aber bei meiner Ankunft Ende Oktober verwöhnte es die Kongressteilnehmer mit einem warmen, goldenen Herbst. Die Veranstaltung fand im International Wolf Center statt, einem Ausstellungs- und Forschungszentrum, zu dem auch ein kleines Rudel Wölfe gehörte.

Die Kongressteilnehmer waren in der Timber Wolf Lodge untergebracht, deren gemütliche Blockhütten sich um den Burntside Lake gruppierten. Als ich die kleine Cabin aus dunklen Rundhölzern betrat, schien sich die Zeit zu verlangsamen. Das war die Blockhütte, von der ich schon immer geträumt hatte. Aufgewachsen in einer Kleinstadt, war ich jahrelang als Flugbegleiterin durch die Welt gejettet und so weit entfernt von einem Leben in der Wildnis, wie man nur sein konnte.

Und dennoch gab es tief in mir verborgen diesen Traum vom autarken Leben in einer Cabin im Wald, der mich niemals losließ. Woher er kam, weiß ich nicht – vielleicht aus einem früheren Leben oder aus einem Buch, das ich einmal gelesen hatte. Ich glaube, dass wir alle in uns einen Traum haben, der unsere Bestimmung ist, und dass wir im Leben immer wieder vor Entscheidungen gestellt werden, die uns helfen können, diesen Traum zu verwirklichen.

Meine Cabin in der Timber Wolf Lodge entsprach aufs Haar dieser Vorstellung.

Als ich auf die überdachte Terrasse trat und durch die Tür in das Wohnzimmer ging, empfing mich eine vertraute Wärme, die nicht nur vom knisternden Feuer im Holzofen stammte. Es war eine Art inneres Wiedererkennen. Die rustikale handgezimmerte Einrichtung mit einer dick gepolsterten Couch und dem großen Ohrensessel war eine charmante Mischung aus exklusivem Countrydesign, Künstlersalon und Studentenbude. Beim Anblick der offenen Küche mit dem in Amerika üblichen riesigen Gasherd und dem runden Esstisch mit einfachen, aber bequemen Holzstühlen stieg sofort ein Bild in mir auf: eine angeregte Diskussion mit Freunden bei einer Schüssel dampfender Spaghetti.

Ich riss mich los und schleppte meinen Koffer ins Schlafzimmer, das neben dem breiten Bett aus Rundhölzern nur noch wenig Raum ließ, sich zu bewegen. Glücklich warf ich mich rückwärts auf das weiche, mit einem bunten Quilt bedeckte Bett und sank tief in die Kissen. Übermütig zwickte ich mich selbst in die Seite.

Autsch! Es war also kein Traum, sondern wunderbare Realität.

Während ich in der Küche die Kaffeemaschine einschaltete, packte ich den Koffer aus, verstaute Jeans und Wanderschuhe im eingebauten Wandschrank und die Toilettenartikel im winzigen Duschbad. Mit einer Tasse Kaffee setzte ich mich auf die Veranda in den hölzernen Schaukelstuhl und schrieb in der Nachmittagssonne als erste Eintragung des Tages in mein Tagebuch: *Ich bin zu Hause.*

Am nächsten Tag begann der Kongress mit Vorträgen und Seminaren zu Themen wie Ökologie, Wolfsverhalten und Forschung. Jeden Abend gab es für die Teilnehmer ein abwechslungsreiches Unterhaltungsprogramm: Eine Märchenerzählerin trug Sagen der Indianer vor, es gab historische Präsentationen und Lesungen.

Am letzten Abend war ein Vortrag über die Voyageure angekündigt, Pelzhändler, die im 18. Jahrhundert in Minnesota gelebt hatten.

Eigentlich hatte ich mich in meine Cabin zurückziehen wollen. Wir waren den ganzen Tag an der frischen Luft gewesen, um Wolfsspuren zu suchen und Wolfskot zu sammeln. Ich war zu müde für weitere Vorträge und wollte den letzten Abend in der Cabin genießen; schon jetzt empfand ich Wehmut, dass ich den Ort am nächsten Tag verlassen musste. Hätte ich mich nicht kurzfristig entschieden, doch am Vortrag teilzunehmen, wäre mein Leben vermutlich anders verlaufen, und ich würde nicht in diesem Flugzeug sitzen und in ein ungewisses Abenteuer aufbrechen.

»Wir servieren jetzt einen Snack, darf ich Ihren Tisch decken?«, unterbrach Janet meine Gedanken. Sie klappte den Tisch in der Armlehne aus, legte eine Stoffserviette darüber und strich sie glatt.

»Wir haben Caesar Salad mit gegrillter Hühnerbrust oder Salade Niçoise mit Langustenschwänzen und Balsamicodressing. Was darf ich Ihnen bringen?«

Endlich kam der Hunger zurück. Der Caesar Salad duftete verlockend nach Knoblauch. Sicherheitshalber entschied mich daher für den Salade Niçoise – eine Knoblauchfahne war das Letzte, was ich für die Begegnung mit meinem Traummann gebrauchen konnte.

Beim Nachtisch mit Kaffee und weihnachtlich dekorierten Brownies schaute ich wieder aus dem Flugzeugfenster.

Als ich die hellerleuchtete Lobby der Lodge erreichte, hatte der Vortrag bereits begonnen. Ich ließ mich in einen der weichen Sessel vor dem steinernen Kamin fallen, in dem ein warmes Feuer brannte. Ein Mann in der Tracht der Voyageure versetzte die Zuhörer in ein anderes Zeitalter. Ein wenig unbeholfen schilderte er das mühsame und arbeitsreiche Leben des Pelzhändlers Pierre Lacrosse im 18. Jahrhundert und verglich es mit seinem jetzigen Leben, dem des Kanubauers Greg Howard. Man merkte, dass er es nicht gewohnt war, Vorträge zu halten, und sah ihm an, dass er sich nicht wohl fühlte. Unbewusst glitt sein Blick immer wieder zur Tür, als ob er gleich flüchten müsse.

Der Redner überragte meine 1,60 Meter Körpergröße nur um etwa eine Handbreit. Sein drahtiger Körperbau ließ auf ein hartes Leben in der Wildnis schließen, und sein muskulöser Oberkörper mit den schmalen Hüften und Beinen war ein äußeres Zeichen für seine Leidenschaft, das Paddeln.

Der Voyageur stand ihm gut, er sah aus, als sei er direkt diesem Zeitalter entstiegen: Das weite, helle Baumwollhemd war in die schmale Hose gestopft, als Gürtel diente eine farbige Schärpe, über der Hüfte zum Knoten geschlungen. Die Beine steckten in weichen, kniehohen Mokassins aus Leder, aus dem er auch seine einfache Umhängetasche selbst genäht hatte, wie er später stolz erzählte. Um die Stirn hatte er ein buntes Band geknotet, das dezent den beginnenden lichten Haaransatz verdeckte. Grüne Augen blitzten freundlich hinter einer großen altmodischen Brille mit Metallrand. Das strahlende Lächeln mit den perfekten Zähnen und seine warmherzige Ausstrahlung verzauberten mich.

Hatte ich zunächst befürchtet, nach dem langen Tag seinem Vortrag nicht folgen zu können, war ich nun auf die Sesselkante vorgerutscht und lauschte gebannt der Schilderung. Als er begann, von seinem heutigen Leben als Wildnisguide und Kanubauer zu erzählen, war es um mich geschehen.

Greg Howard lebte in einer Cabin in den Wäldern hoch oben an der kanadischen Grenze, vollkommen einsam und ohne elektrischen Strom und fließendes Wasser, dafür aber mitten im Wolfs- und Bärengebiet. Die Alltagsschilderungen des Wildnismannes faszinierten mich vom ersten Augenblick an.

Als er seine Cabin beschrieb, stieg erneut das Bild von meinem Wildnistraum vor mir auf. Meine Hütte in der Timber Wolf Lodge kam diesem Traum schon recht nahe. Aber erst durch Gregs Schilderungen wurde er lebendig und greifbar. Ich war verwirrt und irritiert. Was geschah hier? Da stand ein Fremder und erzählte *mein* Leben, so wie ich es mir immer gewünscht hatte. Unsere Blicke kreuzten sich … und hielten sich fest. Jetzt schien er nur noch mir von seinem – meinem – Leben zu erzählen. Seinen Begegnungen mit Bären, dem See, an dem die Cabin lag, dem Ruf des Eistauchers in der Dämmerung, dem Heulen des Wolfsrudels, das in der Nähe sein Revier hatte. Viel zu schnell war der Vortrag vorbei, und noch lange hatte ich nicht alles erfahren.

Als die Gäste der Lodge zum Abendessen gebeten wurden, fragte mich Greg direkt und mit einem ansteckenden Lächeln: »Wollen wir zusammensitzen?«

Ich war froh, dass es in der Lobby so dunkel war. So konnte er nicht sehen, wie ich errötete. Schmetterlinge tanzten in meinem Bauch, stiegen auf und berührten mein Herz.

Es war unser Abschiedsessen, und Jim, der Besitzer der Lodge, hatte noch einmal alles aufgefahren, was die lokale Küche an Leckereien bot: Kürbissuppe, Eisbergsalat und als Hauptgang ein köstliches Elchsteak mit Folienkartoffeln. Vor lauter Herzklopfen konnte ich mich kaum auf das Essen konzentrieren.

Reiß dich zusammen!, schalt ich mich. Du benimmst dich wie ein verliebter Teenager. Ich versuchte mich in Konversation.

»Wie lange wohnst du schon in der Wildnis?«

»Vierzehn Jahre – die meisten davon allein«, fügte er hinzu und sah mich intensiv an.

Lass dir was einfallen!, schubste mich meine innere Stimme an. Sonst bist du doch nicht so auf den Kopf gefallen.

»Und … was hast du vorher gemacht?«

»Ich habe Ökologie und Biologie studiert. Nach meinem Abschluss habe ich mich als Ranger beim Nationalpark-Service beworben.«

»Du warst Parkranger?«

Man sagt, dass alle Berufe mit Uniformen eine besondere Anziehungskraft auf Frauen haben sollen.

»Ja, ich hab in verschiedenen Nationalparks des Südwestens gearbeitet und mich schließlich nach Alaska in den Denali-Nationalpark versetzen lassen, um meiner großen Liebe zu folgen, die dort einen Job hatte.«
Mein Herz sank.

Er wurde still und nachdenklich und fuhr dann fort: »Nach drei Jahren hat sie mich wegen eines anderen Mannes verlassen. Da wollte ich nicht mehr in Alaska bleiben.«

»Das tut mir leid«, log ich, und mein Herz hüpfte ein Stück aufwärts.

Er machte sich auf die Suche nach einem Grundstück, das einsam lag und dennoch bezahlbar war. Durch einen Zufall kam er in den Norden von Minnesota, wo er das Stück Land fand, auf dem er jetzt lebte. Es lag am Rande der Boundary Waters Area, einem staatlich geschützten Wildnisgebiet von etwa vierhundert Quadratkilometern Fläche. Auf der kanadischen Seite grenzte es an das Gebiet des ebenfalls streng geschützten Quetico Provincial Parks.

»Meine nächsten Nachbarn wohnen im Osten zehn und im Westen fünfzehn Kilometer entfernt«, erzählte Greg lächelnd, während ich ihm fasziniert zuhörte. »Aber die bewohnen ihre Grundstücke nicht ganzjährig, sondern nur an wenigen Wochenenden.«

Die zwanzigtausend Dollar Kaufpreis verschlangen seine gesamten Ersparnisse. Mit eigenen Händen baute er sich eine erste eigene Cabin. Seit vierzehn Jahren hatte er sie nur noch verlassen, wenn er als Guide Kanutrips führte.

»Hier bleibe ich, bis ich tot umfalle«, sagte Greg mit Bestimmtheit. »Aber es wäre schön, irgendwann einmal jemanden zu haben, der die Einsamkeit mit mir teilt.« Seine Stimme bekam einen traurigen Klang.

Oh Mann, hier saß ich: Seit drei Jahren geschieden und allein, mein Leben lang auf der Suche nach einer einsamen Blockhütte in der Wildnis, und da war dieser Mann, der in einer solchen Hütte lebte – allein – und sich nach einer Frau sehnte, die das Leben mit ihm teilte. Wenn das nicht Kismet war – Zufall, Karma.

Ich fühlte die Wärme des fremden Mannes an meiner Seite und konnte mich auf nichts mehr konzentrieren. Vergeblich versuchte ich, ein intelligentes Gespräch zu führen. Was ich noch alles stammelte, weiß ich nicht mehr, nur, dass ich sehr verwirrt war.

Als der Konferenzleiter zum Abschlussmeeting rief, mussten wir uns trennen. Mit einem kleinen, wehmütigen Lächeln sagte Greg: »Ich muss auch los, hab noch einen langen Weg vor mir. Schade, dass heute dein letzter Tag ist. Gibst du mir deine Adresse? Vielleicht können wir uns ja mal schreiben.«

Mit fahrigen Händen kramte ich meine Visitenkarte aus dem Geldbeutel. Als ich sie ihm entgegenstreckte, berührten sich unsere Hände; darüber vergaß ich völlig, ihn auch um seine Adresse zu bitten.

Ein letzter langer Blick, und er war fort.

Nie hätte ich gedacht, dass ich nur zehn Wochen

später in die unbekannte Wildnis fliegen würde, um mit dem »Voyageur« zu leben.

An Bord von Northwest Airlines Flug 47 begann das Filmprogramm. Die Jalousien wurden vor den Fenstern heruntergezogen und die Kabine abgedunkelt. Janet hatte meinen Tisch abgeräumt und wieder eingeklappt. Sie stellte einen Kaffee und eine kleine Schachtel mit Weihnachtspralinen auf die breite Armlehne, zwinkerte mir noch einmal zu und verschwand in der Bordküche, deren Vorhang sie zuzog.

Ich lehnte meinen Sitz zurück, klappte die Fußstütze hoch und zog die Decke unters Kinn. Dann schloss ich die Augen. Was Lady jetzt wohl tat? Wahrscheinlich lag sie mit meiner Mutter auf der Couch. Da ich keine eigenen Kinder hatte, nahm meine Hündin bei meinen Eltern die Stellung eines »Enkels« ein, mit der entsprechenden Narrenfreiheit, versteht sich. Ich war froh, dass ich sie so gut aufgehoben wusste, und dankbar, dass ich meine Eltern hatte, die so kurzfristig zugesagt hatten, sich um sie zu kümmern. Denn dieser Weihnachtsflug war alles andere als geplant.

Nach dem Kongress kehrte ich nach Deutschland zurück in meinen Alltag. Lady ließ mich die ersten Tage nicht mehr aus den Augen und folgte mir überallhin. Froh, wieder bei ihr zu sein, stürzte ich mich in die Arbeit und versuchte, den letzten Abend und die Begegnung mit Greg zu verdrängen. Ich schrieb den Reiseartikel für das America Journal und einen weiteren Bericht über die Wölfe von Minnesota für die nächste Ausgabe des Wolf Magazins.

Meine Freundinnen, mit denen ich mich zum Kaffeeklatsch in unserem Café in der Stadt traf, bemerkten es zuerst: »Was ist denn mit dir los? Du strahlst ja so. Bist du vielleicht verliebt?«

»Ach was, es ist gar nichts«, versuchte ich abzuwehren – vergebens, denn meine Freundinnen hatten Lunte gerochen.

»Nun sag schon!«, drängten sie so lange, bis ich von meiner Begegnung mit Greg erzählte. Sie hörten mit großen Augen zu und fingen an, sich kichernd verschiedene Szenarien auszumalen.

»Jetzt hört schon auf! Das wird eh nichts, weil wir uns sowieso nicht wiedersehen.« Verlegen wechselte ich das Thema.

Die Erinnerung an die Begegnung mit Greg verblasste. Ich schob sie in meine geheime Traumkiste, in der sich auch schon die Cabin in der Wildnis befand.

Als der November zu Ende ging, holte ich die Weihnachtsdekoration vom Speicher und schmückte liebevoll mein Haus. November und Dezember waren schon immer meine liebsten Monate. Jetzt konnte ich es mir so richtig gemütlich machen. Lange Waldspaziergänge mit Lady, nachmittags Kerzen, Plätzchen und Tee, all das bedeutete Heimat für mich.

Als ich eines Nachmittags von einem Hundespaziergang zurückkam, lag ein Brief im Postkasten. Die blaue Luftpostmarke ließ mein Herz schneller schlagen. Ich schaute auf den handschriftlichen Absender: Greg Howard, 2378 Pine Tree Trail, Ely, Minnesota. Ein Brief von Greg. Ich stand in der Einfahrt und starrte auf den Umschlag, der einen leicht rauchigen Geruch verströmte, den Duft von offenem Holzfeuer. Vor meinen

Augen entstand das Bild einer Cabin im Schnee. Wie einen Schatz trug ich den Brief ins Haus und legte ihn ungeöffnet auf den Tisch. Langsam ging ich in die Küche und schaltete den Wasserkocher ein. Mit eiskalten, zitternden Händen hängte ich einen Teebeutel in die Tasse und goss Wasser ein. Dabei schlich ich um den Tisch herum, auf dem der Brief lag, wie die Katze um die Maus. Dann nahm ich den Umschlag behutsam in die Hand. Er war klein, auf der Rückseite standen zwei deutsche Wörter: »fühlen« und »lächeln«. Ich zog den Beutel aus dem Tee und entsorgte ihn sorgfältig im Mülleimer. Schließlich trug ich die Tasse zu meinem Sessel ins Wohnzimmer, wo ich sie auf dem kleinen Couchtisch abstellte. Weil es dämmrig geworden war, schaltete ich die Stehlampe ein und zog sie zum Sessel.

Mit einem Küchenmesser schlitzte ich vorsichtig den Umschlag auf, als ob bei unsachgerechter Behandlung sein wichtiger Inhalt herausfließen und verschwinden könnte. Ich wollte diesen Augenblick so lange wie möglich hinauszögern. Ahnte ich damals schon, dass sich mit dem Lesen des Briefes mein Leben verändern würde?

Das weiße Blatt Papier war zweimal zusammengefaltet und beidseitig mit einem Kugelschreiber in kleinen Druckbuchstaben beschrieben. Auf der Vorderseite schrieb Greg von unserem Treffen in der Timber Wolf Lodge und wie inspirierend es für ihn gewesen sei. Er erzählte von seinem Alltag und vom ersten Schnee. Auf der Rückseite stand ein Gedicht. Greg hatte mir ein Gedicht geschrieben! Es handelte vom Blau meiner Augen, vom Glück, mich kennengelernt zu haben, und von der Sehnsucht, mich wiederzusehen.

Ich schluckte die aufsteigenden Tränen hinunter. Noch nie hatte mir ein Mann ein Gedicht geschenkt. Bisher war ich nur kühlen, distanzierten Männern begegnet.

Ich erinnerte mich an den Händedruck, den Greg mir zum Abschied gegeben hatte und der nicht enden wollte. Die Wärme seiner Haut, der Druck seiner Fingerspitzen, der tiefe Blick in meine Augen.

Meine Hand zitterte leicht, als ich wieder und wieder die Zeilen las, die er mit einem Smiley gekennzeichnet und einem einfachen »Greg« unterschrieben hatte.

Noch einmal drückte ich das Papier an die Nase und sog gierig den Geruch von verbranntem Holz ein. Als ich dabei die Augen schloss, sah ich eine Szene wie im Film mit Greg und mir als den Akteuren: Wir saßen in einer gemütlichen Blockhütte auf der Couch vor dem Kamin und schauten engumschlungen in die Flammen, während draußen der Schneesturm tobte.

In der Realität trank ich den lauwarmen Tee zu Ende, las noch einmal den Brief und das Gedicht und setzte mich dann an meinen Schreibtisch, um zu antworten. Aus der untersten Schublade kramte ich altmodisches Briefpapier hervor und holte meinen alten Füllfederhalter aus der Versenkung. Ich schrieb kaum noch mit der Hand, sondern nur noch mit dem Computer. Irgendwo musste doch auch Tinte sein. Ich fand sie, zog den Füller auf und wischte die blauen Kleckse von den Fingern. Dann begann ich, Greg zu schreiben.

Fast täglich schickten wir nun Briefe über den Atlantik, später kamen besprochene Tonbänder hinzu, die wir austauschten. Greg hatte keinen Computer, und wie schwierig es war, aus der Wildnis nach Deutschland zu telefonieren, sollte ich später noch erfahren. Auf diese Weise lernten wir uns intensiv kennen.

Wenn Greg beschrieb, wie er im Sonnenuntergang beim Paddeln auf dem See einen Wolf beobachtet hatte, sah ich die Szene vor mir, als wäre ich dabei. Wenn er schilderte, was er sich zum Abendessen gekocht hatte – Forelle aus dem See, Gemüse aus eigenem Anbau mit wildem Reis –, lief mir in Deutschland das Wasser im Mund zusammen. Unsere Gespräche und Briefe wurden immer vertrauter. Schon nach kurzer Zeit erzählte ich ihm vom Alptraum meiner letzten Ehe. Der Mann im fernen Minnesota war mir nah genug, um mich ihm zu öffnen und ihm meine verletzliche Seite zu zeigen.

Je mehr Greg mir sein Wildnisleben schilderte, umso schwerer fiel es mir, meine Neugier zu zügeln, und umso stärker wurde die Sehnsucht. Meine Freundinnen nahmen inzwischen regen Anteil an dieser Liebe auf Distanz, wenngleich sie mich für völlig verrückt hielten.

»Du kennst ihn doch gar nicht«, warnten sie. »Sei bloß vorsichtig. Vielleicht ist das ein Serienkiller.« Sie hatten eindeutig zu viele Krimis gesehen.

Es war Evelyn, die den entscheidenden Vorschlag machte. Sie war mit einem Amerikaner verheiratet und lebte in Michigan. Wir kannten uns schon viele Jahre und hatten diverse Partnerschaften erlebt und gemeinsam durchlitten. Evelyn war ebenso wie ich im Herzen eine Abenteurerin. Sie hatte im Segelboot den Atlantik überquert, allein in Frankfurt eine Edel-Pizzeria eröffnet und geleitet und war wie ich mehrere Jahre als Flugbegleiterin bei der Lufthansa und bei Northwest Airlines geflogen, wo wir uns auch kennengelernt hatten. Sie kannte meine Sehnsüchte und Ängste – und sie wusste, wie es ist, mit einem Partner in den USA zu leben. Wir telefonierten oft und tauschten uns aus.

»Warum fliegst du nicht zu ihm und findest heraus, ob es das ist, was du willst?«, fragte sie mich eines Tages, nachdem ich ihr wieder einmal von meiner Sehnsucht nach Greg die Ohren vollgejammert hatte.

»Wie … hinfliegen?«

»Na ja, du setzt dich in ein Flugzeug und fliegst nach Minnesota!« Ich sah vor mir, wie sie am Telefon den Kopf schüttelte vor so viel Begriffsstutzigkeit.

»Ich kann doch nicht einfach …«

»Warum denn nicht? Je schneller du es hinter dich bringst, desto eher hast du Gewissheit.« Evelyn war schon immer die Pragmatischere von uns beiden gewesen.

Verwirrt legte ich den Hörer auf. Warum eigentlich nicht? Ich konnte mich noch endlos nach meinem Wildnismann verzehren und träumen, was wäre wenn, oder ich konnte Nägel mit Köpfen machen und zu ihm fliegen.

Wenige Tage vor Weihnachten rief ich Greg in dem Sportgeschäft an, in dem er stundenweise arbeitete. Er war geschickt im Umgang mit Holz und hatte gerade den Auftrag erhalten, die Inneneinrichtung des Ladens auszubauen.

»Greg! Für dich«, rief die Frau, die das Gespräch angenommen hatte. »Eine Frau aus Deutschland.«

»Ja?«, meldete sich Greg erstaunt. Seine Stimme klang erfreut. »Was gibt's, dass du mich hier anrufst?«

Ich nahm all meinen Mut zusammen und fragte mit einem Kloß im Hals: »Was hältst du davon, wenn ich dich besuche?«

Stille am anderen Ende der Leitung. Der Kloß sank tiefer.

»Du willst hierherkommen?« Greg klang überrascht und aufgeregt. »Bist du sicher?«, fragte er. »Bist du wirklich sicher?«

»Nein, überhaupt nicht, aber ich muss das tun. Ich habe inzwischen solche Sehnsucht nach dir, dass ich dich sehen will.«

»Oh!« Mehr brachte Greg nicht heraus.

»Das ist mein Weihnachtsgeschenk für dich!«, fügte ich unsicher hinzu.

»Dann komm ganz schnell. Ich freue mich so.«

Nachdem wir das Gespräch beendet hatten, stand ich noch eine Weile da und starrte auf den Hörer in meiner Hand. Ich würde in die Wildnis fliegen, um Greg zu treffen. Auf was hatte ich mich da eingelassen?

Nun begann eine Hektik, die im krassen Gegensatz zu meiner heißgeliebten, besinnlichen Weihnachtszeit stand. Für einen Wahnsinnspreis (es war Hochsaison) buchte ich ein Ticket nach Minneapolis, machte mich auf die vergebliche Suche nach der vermeintlich notwendigen sexy Unterwäsche und packte noch drei Paar extrawarme Socken in meinen kleinen Koffer. Das sollte für die geplanten drei Wochen ausreichen, Zeit genug, um herauszufinden, wie weit Realität und Traum voneinander entfernt waren.

Ich fragte meine Eltern, ob sie für diese Zeit Lady

nehmen könnten. Sie wussten schon von meiner Begegnung mit Greg. Dass ich jetzt so überstürzt ins Unbekannte aufbrechen wollte, gefiel ihnen nicht. Aber sie wussten auch, dass sie mich nicht aufhalten konnten, wenn ich mir etwas in den Kopf gesetzt hatte.

»Melde dich, wenn du kannst, damit wir wissen, dass es dir gutgeht«, nahm meine Mutter mir das Versprechen ab, bevor sie mich mit Lady zum Zug brachte. Und so saß ich wenige Tage später im Flugzeug nach Minnesota.

Wie zieht man sich sexy an bei minus dreißig Grad? Während der Pilot in den Landeanflug auf Boston ging, musste ich schmunzeln. Die Antwort war leicht: gar nicht! Bei diesen Temperaturen gab es nur noch *warme* Kleidung. Der Sex blieb auf der Strecke!

Meine Güte! Wie kam ich eigentlich auf die Idee, dass wir im Bett landen würden? Ich kannte ihn doch gar nicht. Gut, ich hatte ihn beim ersten Treffen äußerst anziehend gefunden. Aber mit fast vierzig stürzt man sich nicht mehr Hals über Kopf in ein romantisches Abenteuer. Was also tat ich hier?

Ich flog zu Greg. Und mit jeder Minute, die ich mich der Landung näherte, kam mir der Gedanke unwirklicher vor. Meine Geschwister hatten mich für verrückt erklärt.

»Wo sollen wir nach dir suchen, wenn wir nichts von dir hören?«, wollte mein Bruder wissen. Ich konnte es ihm nicht sagen. Ich kannte zwar Gregs Adresse, hatte jedoch keine Ahnung, wo das war.

Er selbst beschrieb seinen Wohnort so: »Am Timber Lake, dreißig Kilometer nördlich von Ely.« Nun, der Beiname von Minnesota steht auch auf den Nummernschildern der Autos: »Land der 10000 Seen«. Hier einen »Timber Lake« zu finden, könnte schwierig werden.

Dennoch weigerte ich mich, gutgemeinten freundschaftlichen und verwandtschaftlichen Warnungen zu folgen. Ich habe die Angewohnheit, mir jedes Jahr ein bestimmtes Motto zu geben, das ich dann versuche umzusetzen. Im Jahr der »Einfachheit« habe ich beispielsweise darauf verzichtet, unnötige Dinge zu kaufen. Als ich beschloss: »Lebe deinen Traum«, stieg ich aus meinem unbefriedigenden Anwaltsberuf aus und begann, als Autorin und freie Journalistin zu arbeiten. Und als »Entschleunigung« auf dem Jahresprogramm stand, konzentrierte ich mich auf das Wesentliche und verzichtete auf Multitasking. Ich suche mir das Motto nicht selbst aus, sondern es scheint umgekehrt auf geheimnisvolle Weise *mich* zu finden: Ein Buch fällt mir vor die Füße, ich sehe einen Film, oder jemand erzählt mir etwas dazu. Ich glaube, dass das Leben für jeden von uns besondere Lektionen bereithält. Mir zeigt mein jeweiliges Jahresmotto die Richtung vor, in die ich gehen soll, um mich weiterzuentwickeln.

Mein Motto für das kommende Jahr hatte mich schon gefunden, bevor ich Greg traf. Es lautete: »Lebe gefährlich!« Hatte ich da noch eine andere Wahl, als mich mutig ins Abenteuer zu stürzen?

Northwest Airlines Flug 47 landete in Boston. Janet ließ ihre Christbaumkugeln am Namensschild zum Abschied noch einmal fröhlich blinken und half mir in den dicken Anorak. Mit einem »Merry Christmas«

verließ ich die Maschine und lief über die eiskalte Gangway zum Terminal.

Der Passbeamte war in Weihnachtsstimmung, stellte keine Fragen und knallte den Einreisestempel für drei Monate in meinen Ausweis. Bei der Zollabfertigung kontrollierte ein Beagle des Landwirtschaftsministeriums, ob jemand unerlaubte Lebensmittel einführte. Bei einer jungen Familie setzte er sich neben die Koffer und schaute zu seinem Frauchen hoch. Die belohnte ihn sofort mit seinem Lieblingsspielzeug, einem Ball, und bat die Familie, die Koffer zu öffnen. Enttäuscht mussten sie die Salami, die sie ihren Freunden mitbringen wollten, auspacken. Die Wurst verschwand in der Zollmülltonne, und die Familie durfte nach einer Ermahnung die Koffer wieder zum Weiterflug aufgeben, während der Beagle nun bei einem anderen ankommenden Flug an die Arbeit ging.

Bei den wenigen Reisenden im Terminal würde der Hund – der für seine Rasse erstaunlich schlank war – kaum Arbeit haben.

Ich gab meinen Koffer für den Weiterflug nach Minneapolis auf und machte mich mit immer weicher werdenden Knien auf den Weg zum Flugsteig.

Noch kannst du umkehren!, warnte mich eine innere Stimme. So mussten sich die Frauen gefühlt haben, die vor über hundert Jahren in den Wilden Westen aufbrachen, um Männer zu heiraten, die sie nicht kannten. Sie zogen monatelang mit dem Planwagen durch menschenleeres Land, ertrugen Hitze, Hunger und Indianerangriffe, um mit jemandem zusammenzuleben, der sie per Heiratsannonce »bestellt« hatte und der alles sein konnte: zärtlicher Ehemann oder prügelnder Trunkenbold. Aus dem zivilisierten Osten kommend, muss die Reise und das, was sie erlebten, ein Schock für sie gewesen sein. So gesehen hast du noch Glück gehabt, beruhigte mich meine innere Stimme. Du kennst Greg schon – wenn auch nur kurz –, und die Wildnis macht dir keine Angst.

Meine Maschine nach Minneapolis wurde aufgerufen. Es war Zeit, ins Abenteuer aufzubrechen. Bevor ich einstieg, zog ich einen dicken Wollpullover über, denn ich wusste, was mich bei der Landung erwartete: gnadenlose Kälte! Sehnsüchtig rief ich noch einmal meine Eltern an, um ein paar vertraute Stimmen zu hören.

»Lady geht es gut, sie vermisst dich gar nicht. Mach dir keine Sorgen. Und melde dich, wenn du kannst.« Meine Mutter klang besorgt. Ich versprach, so bald wie möglich anzurufen. Als ich auflegte, wollte ich nur noch auf dem schnellsten Weg wieder heim und den nächsten Flug nach Deutschland nehmen. Dann saß ich im Flugzeug nach Minnesota, und es gab keinen Weg mehr zurück.

Als wir im tiefverschneiten Minneapolis landeten, verließ mich gänzlich der Mut. Meine Nerven lagen blank, die Hände waren eiskalt, und ganze Schwärme von Schmetterlingen schwirrten in meinem Bauch. Ich blieb sitzen, bis alle Passagiere ausgestiegen waren und mich die Stewardess – diesmal ohne blinkendes Namensschild – mit leicht erhobener Augenbraue zum Ausgang dirigierte.

Und da stand er und wartete auf mich.

Meine Anspannung löste sich schlagartig. Ich fiel Greg um den Hals, als hätte er mich von der sinkenden Titanic gerettet, und klammerte mich an ihn, als könnte ich damit alle Zweifel beseitigen, die erneut in mir aufstiegen. Er drückte mich fest an sich, hielt mich dann mit beiden Händen an den Schultern auf Abstand und strahlte mich an:

»Fast hätte ich vergessen, wie schön du bist.«

Wie wenige Worte es doch braucht, um eine aufgeregte Frau zu beruhigen.

Hand in Hand gingen wir, ohne zu sprechen, zur Gepäckausgabe. Ich hatte keine Erfahrung, wie man einen solchen Augenblick überbrückt. Verlegen versuchten wir beide es mit Small Talk:

»Wie war dein Flug?«

»Super. Ich durfte Business fliegen, hat Spaß gemacht. Kalt ist es hier.«

»Das geht doch noch. Warte mal ab, in ein paar Tagen soll eine große Kaltfront kommen. Hast du viel Gepäck?«

»Dort ist es!« Ich deutete auf das Gepäckkarussell, auf dem mein Koffer einsam Runde um Runde drehte.

»Mein Auto steht in der Tiefgarage. Komm!« Greg packte mit der einen Hand den Koffer am Rollgriff und schob die andere unter meine Achsel. So umschlungen gingen wir zur Tiefgarage. Er sah verändert aus. Nachdem ich ihm einmal in einem meiner Briefe verraten hatte, dass ich den Holzfäller-Typ attraktiv finde, hatte er sich einen Bart wachsen lassen. »Dein Weihnachtsgeschenk!« Er grinste verlegen.

Seine Kleidung beantwortete die Wetterfrage: Jeans, mehrere Schichten von Sweatshirts, ein kariertes Wollhemd, dicke Eskimostiefel und eine Wollmütze. Die Augen blitzten fröhlich hinter der Brille hervor.

Greg steuerte auf einen fensterlosen, ehemals beigefarbenen und nun völlig verschmutzten Van zu und öffnete eine der beiden Türen im Heck. Mit großen Augen schaute ich auf das Chaos im Inneren: Seesäcke, Taschen, Pappkartons mit Essensresten, Lebensmittel, Bücher und diverse Werkzeuge lagen kreuz und quer verstreut. Mit Schwung warf Greg meinen Koffer zuoberst auf den Berg und zog einen Schlafsack aus einer Kiste, den er mir zuwarf.

»Hier, wickel dich darin ein. Die Heizung funktioniert nicht.« Müde vom langen Flug und kalt bis in die Knochen, drückte ich mich tief in den Beifahrersitz und zog den Schlafsack über mich. In der Thermoskanne, die auf dem Armaturenbrett bei jeder Bewegung des Wagens hin und her rollte, fand ich noch etwas heißen Tee, der mich ein wenig aufwärmte. Wir verließen den Flughafen und fuhren gemeinsam in dichtem Schneetreiben auf der Interstate 35 Richtung Norden.

Die Straßen lagen einsam und tiefverschneit in der Dunkelheit. Offensichtlich bereiteten sich die meisten Bewohner schon auf den ersten Weihnachtsfeiertag vor, der in Amerika der Hauptfeiertag ist. Im eiskalten Auto dachte ich mit Wehmut an mein gemütliches, warmes Heim in lauschiger Weihnachtsdekoration. Ich liebte diese Feiertage und versuchte, wann immer möglich, in dieser Zeit zu Hause zu sein. Weihnachtsbaum, Kerzenschein und Kuschelnachmittage auf der Couch mit meiner Lady waren für mich der Inbegriff von Heimat und Familie. Stattdessen saß ich mehr als 7000 Kilometer entfernt in einem eiskalten Auto neben einem Fremden und fuhr mit ihm in eine unbekannte Zukunft.

Die vier Stunden dauernde Fahrt ließ uns Zeit genug, uns zu unterhalten. Greg hatte die letzten Tage bei seinen Eltern in Wisconsin verbracht.

»Meine Rückfahrt führt mich sowieso an Minneapolis vorbei, da hat es prima gepasst, dich abzuholen. So hat sich die Fahrt wenigstens gelohnt«, strahlte er mich an. Offensichtlich war ihm nicht bewusst, wie uncharmant der letzte Satz war. Meine Bewunderung über so viel Planungsgeschick hielt sich in Grenzen. Wäre er allein wegen mir vielleicht nicht zum Flughafen gekommen? Ich merkte, wie Kälte und Aufregung meine Gedanken durcheinanderwirbelten wie der Sturm die Schneeflocken. Jetzt bloß keine komplizierten Gedankengänge. Einen Schritt nach dem anderen.

»Wie war's bei deinen Eltern? Habt ihr Weihnachten vorgefeiert?« Ich wollte mehr über Greg erfahren.

»Nein, wir sind keine Weihnachtsfreaks«, antwortete er. »Ich halte nichts von dem ganzen kommerziellen Geschenkewahn, und meine Eltern werden morgen für drei Monate nach New Orleans fahren.«

»Ach, sie überwintern im Süden? Wie bei uns die Rentner auf Mallorca«, warf ich ein. Aber ganz so unschuldig war die Story nicht. Wie viele ältere Paare im Norden flüchteten auch Gregs Eltern jedes Jahr vor dem Winter nach Louisiana. »Snowbirds« nannten sie sich.

»Sie sind Spieler«, erklärte Greg und verzog dabei das Gesicht zu einer abwertenden Grimasse. »In New Orleans bieten die großen Spielcasinos Rentnern günstige Langzeitunterkünfte in der berechtigten Hoffnung, dass sie einen großen Teil ihres Geldes dort lassen.« Er schien nicht begeistert vom Freizeitvergnügen seiner Eltern zu sein.

»Bevor sie losfahren, trifft sich die ganze Familie noch einmal, um ein paar Tage miteinander zu verbringen.«

»Hast du noch Geschwister?«, fragte ich ihn. Es gab so vieles, das ich noch nicht wusste. Bisher hatten sich unsere Gespräche überwiegend um das Leben in der Wildnis gedreht.

»Ja, Jeanne ist meine zwei Jahre jüngere Schwester. Sie lebt mit ihrem Mann Richard auch in Wisconsin, ebenso wie meine ältere Schwester Kathleen mit ihrem Mann und den beiden Söhnen. Wir sehen uns ein- oder zweimal im Jahr. Nur meinen Bruder Aaron und seine Familie sehe ich kaum. Er ist Priester und wohnt in South Dakota. Ich habe keine Lust, so viel Benzin zu verfahren, nur um sie zu sehen. Das schadet der Umwelt.«

Mein Wildnismann sorgte sich um Umwelt. Das gefiel mir.

»Hast du eigene Kinder?«, wagte ich mich weiter vor.

»Nein, es genügt mir, Onkel zu sein. Ich will keine Kinder.« Völlig unbefangen fügte er hinzu: »Ich hatte schon mit achtzehn eine Vasektomie.«

Ich war verblüfft über so viel Offenheit und fragte: »Aber ist das nicht ein wenig jung? Du weißt doch nie, was einmal ist. Vielleicht möchtest du ja doch noch einmal Kinder haben?«

Das »Nein!« kam sehr bestimmt. »Ich mag Kinder, aber ich will keine eigenen. Ich will keine Verantwortung für Kinder haben.«

Verdutzt schwieg ich.

»Und? Denkst du jetzt schlecht von mir?«, fragte Greg von der Seite, während er geschickt eine Schneewehe umfuhr.

»Nein, warum? Das ist deine Sache«, antwortete ich und wunderte mich dennoch im Stillen darüber, dass Greg Verantwortung für andere so strikt ablehnte.

Kurz nach Mitternacht erreichten wir die Stadtgrenze von Duluth. Bis Ely waren es noch zweihundert Kilometer in Dunkelheit und Schnee.

Zu meiner Erleichterung eröffnete mir Greg, dass wir in dieser Nacht nicht bis nach Ely durchfahren, sondern stattdessen in Duluth übernachten würden.

»Freunde von mir reisen für sechs Monate durch Südamerika. Sie haben mir einen Schlüssel für ihre Wohnung gegeben und mir erlaubt, dort zu übernachten, wenn ich einmal zum Paddeln hier bin.«

Gregs Freunde Joe und Liz waren beide Ingenieure und hatten sich im Anschluss an einen Auftrag in Brasilien eine Auszeit genommen. Sie besaßen ein Apartment in einem modernen Wohnkomplex am Nordufer des Lake Superior. Wir fuhren in die Tiefgarage und luden meinen Koffer, die Schlafsäcke, Decken und ein paar Essensvorräte aus. Der Aufzug brachte uns in den dritten Stock. Als Greg die Tür aufschloss, betraten wir einen stockdunklen Kühlschrank.

»Die beiden haben die Heizung und den Strom abgestellt, als sie weggefahren sind«, erklärte Greg. »Aber wenigstens funktioniert das Wasser – ist aber kalt.« So weit zu meinem Traum von einer heißen Dusche nach einem langen Flug. Mit der Taschenlampe leuchtete Greg den Weg durch das helle, großzügig geschnittene

Wohnzimmer. Flügeltüren aus Glas ließen sich zu einer Terrasse öffnen, die jetzt unter einer dicken Schneeschicht lag. Wir brachten das Gepäck ins Schlafzimmer. Auch hier bestand eine Wand fast vollständig aus raumhohen Glasscheiben mit einem breiten Bett direkt vor dem Fenster. Am Ufer des Sees türmten sich Eisschollen im Mondlicht zu bizarren Skulpturen auf.

Ich konnte mich kaum von dem Anblick losreißen. Greg hatte inzwischen die mitgebrachten Kerzen auf den Anrichten rund um das Bett verteilt und angezündet. Er bereitete eine Wolldecke auf dem Laken aus und den warmen Schlafsack darüber. Durch das Öffnen des Reißverschlusses hatte er ihn zu einer breiten Decke umfunktioniert. Obenauf legte er die Daunendecke von Joe und Liz. Befriedigt schaute er sein Werk an.

»Das müsste dich warm halten.«

»Und wo schläfst du?«, fragte ich mit betont unschuldigem Augenaufschlag.

»Im Wohnzimmer auf der Couch … wenn du willst.« Greg schaute mich an, während ich mich intensiv mit dem Zählen der Eisschollen auf dem Lake Superior beschäftigte.

»Also … Platz ist im Bett ja genug«, druckste ich herum. »Du kannst ruhig hier schlafen.«

»Bist du sicher?«

»Klar, warum nicht? Wir sind doch erwachsen.« Ich bemühte mich, meine Stimme betont lässig klingen zu lassen, während in meinem Kopf die Gedanken Purzelbäume schlugen. Was tun? Ich war verrückt nach diesem Mann und hatte gleichzeitig eine Höllenangst, wie es weitergehen sollte. Seit meiner Scheidung vor drei

Jahren war ich nicht mehr mit einem Mann zusammen gewesen. Würde ich überhaupt noch wissen, wie so etwas geht? Nun bereute ich es, nicht schon früher auf Schokolade verzichtet und mit einer Diät begonnen zu haben. Hätte ich doch bloß die sexy Unterwäsche angezogen statt der dicken Skiunterwäsche, die ich trug. Und überhaupt … ich war jetzt fast 24 Stunden unterwegs, ohne Dusche! Ich stank! Und der Angstschweiß vor dem, was kommen könnte, half auch nicht gerade, mich attraktiv zu fühlen.

Ich zog meinen Anorak noch ein wenig enger am Hals zusammen und setzte mich mit angezogenen Knien auf einen Stuhl in der modernen, blitzsauberen Küche, während ich Greg zusah, wie er einen Topf in den Schränken suchte, ihn mit Wasser füllte und auf den Gasherd stellte. Das kochende Wasser goss er in eine Tasse und tauchte einen Teebeutel hinein, den er aus einem großen Glas auf der Anrichte nahm. Er musste gemerkt haben, was mit mir los war, und tat geschäftig, um mich nicht ansehen zu müssen.

Ich war nervös und aufgeregt. Meine Hände zitterten und waren eiskalt, diesmal aber nicht von der Kälte im Zimmer. Das Zittern breitete sich aus, bis meine Zähne zu klappern anfingen. Greg, der mir gerade den Tee brachte, stellte die Tasse auf dem Esstisch ab und kam zu mir. Er nahm mich in den Arm.

»Du bist ja eiskalt.«

»Kein Wunder bei der Kälte hier, oder?«, fragte ich mit einem schiefen Lächeln.

»Du musst ins Bett. Komm, ich helf dir.« Er zog den Reißverschluss an meinem Anorak auf, ließ ihn auf den Boden gleiten.

Als ich in voller Montur unter die Decken schlüpfen wollte, sagte er: »Halt. Das bringt nichts. So wirst du nie warm. Zieh dich aus. Nur so kann die Wärme zirkulieren. Ich geh inzwischen ins Bad.«

Dankbar für seine Diskretion, streifte ich schnell die Hose herunter und zog den Pullover über den Kopf. Meine Skiunterwäsche behielt ich an. Dann sprang ich ins Bett und zog die Decke bis zur Nasenspitze; mein Herz klopfte zum Zerspringen.

Greg kam aus dem Bad. »Nur kaltes Wasser«, sagte er und zuckte bedauernd die Schultern. Er trug lange Unterhosen und ein langärmeliges Unterhemd mit geknöpftem Halsausschnitt. Als er zu mir ins Bett schlüpfte, rückte ich ein wenig zur Seite – zum einen um ihm Platz zu machen, zum anderen weil ich nicht die geringste Ahnung hatte, wie ich reagieren sollte. Greg nahm die Brille ab, legte sie auf den Nachttisch und schaute mich aus nunmehr tiefgrünen Augen liebevoll an; der Kranz von Lachfältchen vertiefte sich.

»Keine Angst. Alles ist gut«, sagte er und strich mir zart eine Haarsträhne aus der Stirn.

»Hast du Hunger?« Er zauberte eine Keksdose mit Weihnachtsplätzchen unter dem Kopfkissen hervor. Irgendwann, als ich im Bad war, musste er sie dort versteckt haben.

»Sind von meiner Mutter.«

Der verlegene Augenblick war vorbei. Ich entspannte mich. Jetzt erst merkte ich, dass ich schon lange nichts mehr gegessen hatte. Wir setzten uns beide auf, zogen die Decke unters Kinn, verdrückten die Chocolate Chip Cookies und tranken den frischen, heißen Tee. Dabei bestaunten wir die Eisschollen. Der Lake Superior ist der größte und tiefste der fünf nordamerikanischen Seen und friert selten vollständig zu. Weit hinten sah ich offenes Wasser, glatt und dunkel, während sich am Ufer wie in der Arktis das Packeis auftürmte. Aufgeworfene Eisplatten, so weit das Auge reichte, übereinandergeschoben, teilweise senkrecht aufragend, hier und da eine Spalte, an der es knirschte, knisterte und krachte. Am Sandstrand lagen schmutzig weiße, zusammengepresste Schneeklumpen, zwischen denen Kinder in bunten Anoraks herumkletterten und manchmal ganz verschwanden.

Der See war im Sommer Gregs Trainingsgebiet für ausgiebige Paddeltouren. »Vielleicht können wir hier auch einmal Kanu fahren«, freute er sich. Ich war froh, dass mir das noch eine Weile erspart bleiben würde, denn von Kanufahren und Paddeln hatte ich keine Ahnung.

Als die Keksdose leer war, fegte ich die letzten Krümel in die hohle Hand und hielt sie Greg hin.

»Meine Mutter hat mir immer verboten, im Bett zu essen. Sie zitierte dabei einen Spruch, den sie abgewandelt hat in: Wer nie sein Brot im Bette aß, der weiß auch nicht, wie Krümel pieken.«

Wie ein neugieriger Welpe lauschte Greg mit leicht geneigtem Kopf fasziniert, als ich das Zitat auf Deutsch aufsagte. Als er versuchte, es nachzusprechen, musste ich kichern, weil sein Akzent so lustig klang. Dabei zog er meine Hand zu sich und leckte zart die Krümel aus der Handfläche. Als seine Zunge meine Haut berührte, fing mein Herz an zu rasen. Noch während des Fluges hatte ich mir fest vorgenommen, alles langsam anzugehen. Ich hielt nichts von One-Night-Stands. Erst wollte ich Greg richtig kennenlernen. Aber jetzt sendete mein Körper andere Signale.

Acht Wochen hatte ich mich nach diesem Mann gesehnt, der jetzt im Bett neben mir lag. Er war mir fremd und doch so vertraut. Während ich meinen Blick nicht mehr von ihm lösen konnte, ließ ich alle Vorsätze und Konventionen hinter mir. Lebe gefährlich, war mein Motto. Was konnte gefährlicher sein, als sich Hals über Kopf zu verlieben? Was hatte ich zu verlieren? Wozu warten? Neben mir lag mein neues Leben.

Greg lag auf dem Rücken und hatte die Augen geschlossen. Ich stützte mich auf meinen Unterarm und strich mit der anderen Hand zaghaft über seinen Bart.

»Hmmm«, murmelte er und öffnete die Augen.

»Danke!«

»Wofür?«

»Mein Weihnachtsgeschenk – den Bart.«

»Gern geschehen«, flüsterte Greg mit belegter Stimme, und seine Augen verdunkelten sich.

Meine Fingerspitzen fuhren die Linien seiner Lachfalten nach, weiter über die Nasenflügel zu den Ohren, dem Hals und tiefer, bis ich die Knöpfe seines Unterhemds erreichte. Zart und sehr langsam öffnete ich den ersten Knopf und strich über die weichen Brusthaare, die sich keck hervordrängten.

Greg schien überrascht.

»Bist du sicher?«, fragte er mit heiserer Stimme.

Als Antwort beugte ich mich über ihn und hauchte zarte Schmetterlingsküsse auf seine Augen, Stirn, Wangen und Lippen.

»Ja!«, flüsterte ich dicht an seinem Ohr. Seine Augen glänzten im Licht der Kerzen, als er mich küsste und zu sich zog. Zuerst zögernd, dann immer entschlossener schälten wir uns gegenseitig aus der Skiunterwäsche. Unsere Körper verschmolzen mit einer Leidenschaft, die keinen Raum mehr ließ für die Eiseskälte, die uns umgab. Die Welt um mich herum verschwand und mit ihr meine Bedenken. Ich ließ ich mich fallen und gab mich dem Mann hin, den ich so lange aus der Ferne begehrt hatte. Als wir später nebeneinanderlagen, strich mir Greg mit den Fingerspitzen zart über die Lippen und flüsterte: »Das hatte ich erhofft, aber nicht erwartet.«

Ich auch, dachte ich und zog ihn erneut zu mir hinunter.

Jetzt wusste ich: Sex *ist* möglich bei minus dreißig Grad.

ANKUNFT

Am nächsten Morgen weckten mich die Strahlen der aufgehenden Sonne und Gregs zärtliche Küsse. Während ich den letzten lauwarmen Tee aus der Thermoskanne trank, konnte ich meine Augen nicht von dem riesigen See losreißen, der gefroren in Zeit und Raum vor mir lag. Ich war unsicher. War es richtig, was ich getan hatte? Ich versuchte mir nichts anmerken zu lassen und fragte betont forsch: »Wann fahren wir weiter?«

Zum Frühstücken war ich zu müde. Zu viel hatte ich in den vergangenen vierundzwanzig Stunden erlebt, das ich erst noch verarbeiten musste. Das kalte Wasser, das ich mir im eisigen Badezimmer ins Gesicht warf, machte mich hellwach. Wir schüttelten die Krümel aus Wolldecke und Schlafsack. Als wir das Betttuch glattstrichen, berührten sich unsere Hände. Gregs Grinsen war ansteckend und ließ mich erröten.

»Lass uns fahren. Sonst kommen wir hier nie raus«, unterbrach mein romantischer Liebhaber alle erneut aufkeimenden Lustgefühle.

Am Lake Superior entlang, vorbei an Silver Bay schlichen wir vorsichtig auf dem schneebedeckten Highway One nach Norden mitten durch die unberührte Wildnis von Minnesota. Es war Weihnachtsmorgen. In den festlich geschmückten Häusern Amerikas war in der Nacht Santa Claus durch den Kamin gekommen und hatte die Geschenke unterm Weihnachtsbaum verteilt. Jubelnde Kinder in Schlafanzügen rissen Päckchen auf, während die Eltern engumschlungen den Lieben zuschauten. Kinophantasie! Ob es bei meinem Wildnismann auch so gemütlich sein würde wie in meiner Vorstellung?

Eingehüllt in den Schlafsack, war ich fest eingeschlafen, als mich Greg nach zweieinhalb Stunden Fahrt weckte.

»Wir sind gleich da«, sagte er und zeigte auf das hölzerne Ortsschild von Ely, das zwischen mächtigen Rundhölzern hing: »Ely, Minnesota, founded 1888, historically rich – naturally pure«, stand auf dem ovalen Schild. Im Hintergrund waren die Wahrzeichen des Ortes eingeschnitzt: ein See mit Kanu und ein Bergwerksturm.

Aber wir fuhren nicht in die Stadt, sondern bogen kurz vorher auf den Pine Tree Trail ab und schlitterten eine halbe Stunde später auf den tiefverschneiten, kleinen Parkplatz von Gregs Cabin. Ich war hellwach und hielt Ausschau nach der Blockhütte, von der er mir so viel erzählt hatte.

»Wo ist dein Haus?«, fragte ich.

»Hinten im Wald«, antwortete er. »Noch etwa fünf Meilen zu Fuß!«

Während Greg ausstieg, blieb ich fassungslos sitzen und rechnete mir schnell aus: Fünf Meilen, das waren etwa acht Kilometer … zu Fuß … im tiefen Schnee …

Aus einem versteckt liegenden Geräteschuppen winkte mich Greg zu sich.

»Hilf mir mal.« Er zog er zwei große kufenlose Schlitten hervor. »Das sind Toboggans. Hier kannst du deine Ausrüstung draufladen.« Er drückte mir das Zugseil für einen der Schlitten in die Hand, während er schon dabei war, auf den anderen jede Menge prall gefüllter Kartons mit Lebensmitteln und Werkzeugen zu stapeln.

Ich zog meinen Koffer aus dem Van und legte ihn auf die Ladefläche des Toboggans. Obenauf packte Greg weitere Kisten und band schließlich alles fest. Hilflos und frierend stand ich dabei und schaute zu. Wie sollte ich dieses Gerät acht Kilometer durch den Schnee schleppen?

»Hier, zieh die an!« Greg zog aus dem Schuppen ein Paar Schneeschuhe und warf sie mir zu. Ratlos schaute ich auf die beiden ovalen, mit Tiersehnen bespannten Holzrahmen, die hinten spitz zuliefen. So etwas kannte ich bisher nur aus Jack-London-Filmen.

Greg sah meinen verzweifelten Blick.

»Bist du noch nie mit Schneeschuhen gelaufen?«, fragte er verwundert.

»Nein! Wo denn auch?«, schleuderte ich ihm ärgerlich entgegen. In meinen Briefen hatte ich ihm zwar erzählt, dass ich drei Jahre in Tirol gelebt und dort Skilaufen und Langlaufen gelernt hatte. Aber Schneeschuhe waren mir fremd. Ich schaute auf die Holzgestelle, den beladenen Schlitten und den Weg, der tiefverschneit in den dunklen Tannenwald führte. Worauf hatte ich mich da eingelassen?

Greg seufzte, warf die Augen zum Himmel und half mir beim Anziehen. Zum Schluss schnallte er mir einen Gurt um den Bauch und befestigte an ihm die Seile, die den Schlitten zogen. Dann drückte er mir zwei Skistöcke in die Hand. Total überrumpelt stand ich im Schnee, eingespannt wie ein Schlittenhund mit überdimensionalen Pfoten, der auf einen ersten Testlauf geschickt wird. Greg hatte sich inzwischen in Windeseile ebenfalls die Schneeschuhe angezogen und den Schlitten angeschnallt. Er warf mir einen Blick zu: »Du siehst toll aus!«, und fuhr fort: »Hier in der Wildnis muss jeder mit anpacken. Der Wintertrail ist noch nicht gespurt, also nehmen wir den Sommertrail zur Hütte. Das könnte schwierig werden. Pass gut auf, wo du hintrittst, und bleib dicht hinter mir.« Sprach's und war innerhalb kürzester Zeit im Schneetreiben verschwunden. Verdutzt schaute ich ihm nach. Ich hatte zwölf Stunden Flug, sechs Stunden Autofahrt und eine leidenschaftliche Liebesnacht in einer eiskalten Wohnung hinter mir und litt außerdem unter massivem Jetlag. Mir blieb keine Kraft mehr, um zu protestieren. Bei wem auch? Mein einfühlsamer Wildnismann war längst verschwunden. Ich holte tief Luft, zog an und stolperte seinen Spuren hinterher. Meine Entscheidung, hierherzukommen, verfluchend, schleppte ich mich mit der schweren Last vorwärts. Fünf Schritte … Stopp. Vier Schritte … Stopp. Noch einmal vier Schritte … Luft holen. Trotz der Ausrüstung sank ich tief in den weichen Schnee ein. Hin und wieder stieß ich an einen schneebedeckten Zweig und hatte die feuchte Masse im Nacken.

Mit jedem Schritt schien der Schlitten schwerer zu werden. Wenn ich stehen blieb, um Kraft zu sammeln, klopfte mir das Herz bis zum Hals. Immer wieder stürzte ich, weil ich mir selbst auf die Schneeschuhe stieg. In ein paar Stunden würde es dunkel werden. Was, wenn ich mich verlief? Greg hatte mir von einem

Wolfsrudel erzählt, das hier sein Revier hat. Natürlich greifen Wölfe keine Menschen an. Aber das theoretisch zu wissen, und mitten im Wolfsrevier vor Erschöpfung ständig hinzufallen, waren zwei Paar Schuhe. Ich schluchzte vor Müdigkeit und Wut.

Meine Füße waren eiskalt. An diesem Tag lernte ich meine erste Wildnislektion: Es gibt nichts Wichtigeres als warme, trockene Schuhe. Meine Stiefel mochten zwar für einen Winterspaziergang in der Stadt geeignet sein, aber nicht für ein derartiges Abenteuer und ganz sicher nicht für das Laufen in Schneeschuhen. Zum Glück waren es »nur« minus zehn Grad, also relativ mild für diese Jahreszeit.

Greg war weit und breit nicht zu sehen. Mir blieb nur, seinen Fuß- und Schlittenspuren zu folgen. Wieder landete ich in einer Schneewehe, weil ich meine Schritte nicht weit genug auseinander gesetzt hatte und mir selbst auf die Rahmen der Schneeschuhe getreten war. Meine Stöcke waren irgendwo eingetaucht, und ich lag wie ein Maikäfer auf dem Rücken. Wütend riss ich am Bauchgurt, um ihn zu öffnen. Schwer keuchend ließ ich mich in den Schnee zurücksinken. Dann würde ich eben hier sterben. Das hätte Greg dann davon. Geschah ihm recht. Sollte er doch sehen, wie er meine Leiche hier raustransportierte. Mit einem Mal wurde ich ganz still. Ich dachte an Lady, die zu Hause auf mich wartete, und an meine Familie, die nie erfahren würde, was geschehen war. Ich schaute durch die Gipfel der Tannenbäume nach oben. Die Schneewolken hatten sich verzogen und machten einem tiefblauen Himmel Platz. Eine gewaltige, weiße Stille hüllte mich ein – ungewohnt, unheimlich, überwältigend, nur übertönt vom lauten Trommeln meines Herzens. Nein, so einfach würde ich nicht aufgeben. Ich hatte gerade erst begonnen, »gefährlich« zu leben. Jetzt musste ich auch sehen, wie es weiterging. Entschlossen rollte ich mich auf den Bauch und die Knie, fand in der Schneewehe meine Stöcke und stützte mich mit deren Hilfe auf. Ich klopfte mir den Schnee aus Haar und Kleidung, schnallte den Toboggan um und startete mit neuer Kraft, immer Gregs Spuren nach.

Fünf Schritte … Stopp. Sieben Schritte … Stopp. Zehn Schritte … Stopp.

Nach etwa zwei Stunden tauchte eine Blockhütte zwischen den Bäumen auf. Postkartenidylle: eine Cabin aus massiven Fichtenstämmen im tiefverschneiten Wald, die Fenster hellerleuchtet und Rauch, der sich aus dem Kamin kräuselte. Schwer atmend blieb ich einen Moment stehen, um den Anblick in mich aufzunehmen. Das würde mein zukünftiges Zuhause sein; ich war angekommen.

Greg kam mir entgegen.

»Wo bleibst du denn?«, fragte er ungeduldig. Weitere Kommentare ersparte er sich beim Anblick meiner wütend blitzenden Augen und half mir stattdessen, den Schlitten und die Schneeschuhe abzuschnallen. Dann nahm er meine Hand und führte mich mit einem »Welcome home« ins Innere der Cabin, wo im Ofen lodernde Holzscheite die dringend benötigte Wärme verbreiteten.

Da ich an der vollbehängten Garderobe keinen freien Platz fand, ließ ich meinen Anorak einfach zu Boden gleiten und dort liegen. Greg räumte einen Stapel Zeitschriften von einem Stuhl und führte mich dorthin. Ich konnte mich kaum noch auf den Beinen halten.

»Zeig mal deine Füße«, sagte mein Wildnisbursche, zog sich einen zweiten Stuhl heran und setzte sich vor mich.

»Es tut so weh«, konnte ich nur stammeln. Ich hatte kein Gefühl mehr in den Füßen. Als Greg mich aus den nassen, unbrauchbaren Schuhen schälte und vorsichtig die Socken auszog, erschrak ich über meine weißen Zehen. Mit Kennerblick knöpfte Greg sein Flanellhemd auf, schob das Unterhemd hoch und legte meine Füße an seine nackte, muskulöse Brust. Als ich errötete, sagte er grinsend: »Hautkontakt ist das beste Rezept, Erfrierungen zu verhindern.« Das war Lektion Nummer zwei im Wildnisleben.

Gegen Hautkontakt hatte ich nichts, es wäre mir aber lieber gewesen, er wäre nicht so schmerzhaft wie jetzt, als sich meine Gliedmaßen mit heftigem Stechen ins Leben zurückmeldeten. Während Greg vorsichtig meine Füße rieb, warf ich einen ersten Blick auf das Innere der Cabin. Was ich sah, war so weit von meiner romantisierenden Vorstellung entfernt, dass ich beschloss, zu meinem eigenen Seelenfrieden den Anblick erst einmal auszublenden und mich mit dem Naheliegenden zu beschäftigen: Ich holte warme, trockene Kleidung aus dem Koffer und zog mich in einer Zimmerecke um. Unterdessen fütterte der Hausherr den eisernen Küchenherd mit Holz und begann mit der Zubereitung des Essens. In eine schwere Eisenpfanne gab er einen Löffel Schmalz und briet eine kleine geschnittene Zwiebel an. Der fügte er schmale Scheiben von Rehfleisch und in Scheiben geschnittene Kartoffeln und Möhren hinzu. »Alles aus eigenem Anbau«, berichtete er stolz. Seine weiteren Erklärungen zu biologischem Landbau nahm ich nur noch verschwommen wahr. Der lange Flug und die ungewohnte Anstrengung in frischer Luft forderten ihren Tribut. Mein Kopf sank auf die Unterarme, und ich schlief erschöpft am Esstisch ein.

»Darling!« Greg hauchte mir einen Kuss auf die Nasenspitze. »Das Essen ist fertig.«

Nur mühsam konnte ich die Augen öffnen. Jetzt spürte ich auch meinen Magen knurren. Greg schob mir einen Teller zu, auf dem Wild und Gemüse so gut dufteten, dass mir das Wasser im Mund zusammenlief. Für seinen eigenen Teller verschaffte er sich auf dem vollbeladenen Tisch Platz, indem er diverse Einmachgläser, Briefe, Bücher, schmutzige Tassen und Kleidungsstücke mit dem Unterarm zur Seite schob. Vergeblich suchte ich eine Gabel und machte es dann wie Greg, indem ich den verbeulten Löffel als »Besteck« benutzte. Ein Glas trübes Wasser stand vor mir. Mir war es egal. Mir war überhaupt alles egal. Ich war nur noch müde. Hungrig schaufelte ich das Essen mit dem Löffel in mich hinein und spülte mit dem Wasser nach. Greg war schon fertig, rülpste einmal kräftig und leckte seinen Teller ab.

»Dann brauch ich nicht so viel zu spülen.« Er grinste mit seinem Lausbubencharme, und obwohl die Angelegenheit nicht sehr appetitlich aussah, machte mein Herz einen kleinen Sprung.

»Du siehst müde aus. Ich bringe deinen Koffer hoch ins Schlafzimmer.«

Hoch?

In der Mitte der Cabin war eine Holzleiter mit einem Seil an der Decke befestigt. Die ließ Greg nun hinunter und stieg mit meinem Koffer auf eine kleine Empore, wo er ihn zwischen Holzkisten und Kartons abstellte.

»Du kannst schon mal auspacken. Ich hole noch Holz.« Damit ließ er mich allein. Wenig später hörte ich ihn draußen Holz hacken.

Die Empore und das angrenzende Schlafzimmer hatte Greg der Haupthütte nach ihrer Fertigstellung hinzugefügt. Ich schaute mich um auf der Suche nach einem Platz, um meine Kleidung zu verstauen. Keine Chance zwischen all den Stapeln von Industriepackungen Klopapier, alten Zeitungen und Kartons mit getragenen und ungetragenen Socken, Handschuhen und Mützen. Eine Kommode mit vier großen Schubladen sah vielversprechend aus, aber als ich die Laden herauszog, waren sie bis obenhin mit Kleidung und Wäsche vollgestopft. Ich gab den Gedanken auf, heute noch meinen Koffer auszupacken, und ließ ihn einfach auf dem Boden stehen. Vielleicht würde sich in den nächsten Tagen eine Möglichkeit finden, meine Kleider unterzubringen. Neben der Kommode führte eine Holztür ins Schlafzimmer. Ich öffnete sie und fiel fast in ein massives Holzbett, das den ganzen Raum einnahm. Es sah einladend aus. Nur einen kleinen Moment ausruhen. Müde setzte ich mich auf die Bettkante. Vom Ofen im unteren Teil der Hütte stieg warme Luft nach oben. Endlich warm. Müde …

In meinen Kleidern legte ich mich auf die weiche Daunendecke und schlief ein.

Es war dunkel, als ich die Augen aufschlug. Neben mir spürte ich Greg ruhig atmen, mein Kopf ruhte auf seinem Arm, der andere lag quer über meiner Brust, sein Bein angewinkelt über meinem Oberschenkel. Ich war nackt. Irgendwann gestern Abend musste er mich ausgezogen und unter die Daunendecke gesteckt haben. Ohne mich zu bewegen, ließ ich meinen Blick schweifen, konnte aber nichts erkennen, weil es stockdunkel war. Greg rührte sich im Schlaf und zog mich zu sich. Ich schmiegte mich an seine warme, muskulöse Brust und hörte dem ruhigen Pochen seines Herzens zu. Eine wohlige Schwere füllte meinen Kopf. Unsere Beine und Arme ineinander verschlungen, schlief ich im Gleichklang unseres Atems wieder ein.

Die Kälte weckte mich. Kopf und Nasenspitze ragten unter der Daunendecke hervor und waren eiskalt. Der Morgen kroch herauf und brachte die angekündigte Kaltfront. Die beiden Fenster am Kopfende des Bettes trugen bereits dicke Eisblumen. Vorsichtig schlug ich die Augen auf und sah über mir an der Zimmerdecke … einen raumgroßen Spiegel. Erschrocken setzte ich mich auf und weckte damit Greg.

»Hey, Hübsche, komm unter die Decke«, brummte der und wollte mich wieder zu sich ziehen.

»Was ist das?«, frage ich ihn abwehrend und deutete mit dem Daumen nach oben.

»Was soll das schon sein? Ein Spiegel! Das siehst du doch.«

»Aber warum?«, fragte ich reichlich dümmlich.

»Weil ich immer sehen will, wie schön du bist«, antwortete mein Romantiker schmeichelnd und versuchte erneut, mich an sich zu ziehen.

»Lass uns aufstehen«, lenkte ich ab und begann, mich über die Eigenarten meines Auserwählten zu wundern und mich zu fragen, ob der Entschluss, hierherzukommen, eine so gute Idee gewesen war.

»Warte, ich leg erst noch Holz auf, damit es warm wird.« Greg drückte mir fröhlich einen Kuss auf die Nasenspitze und sprang nackt aus dem Bett. Er schlüpfte in seine langen Unterhosen, die er unter der Bettdecke warm gehalten hatte, und zog sich ein kariertes Wollhemd über die leicht behaarte Brust.

»Bleib noch so lange liegen.« Dann stieg er die Leiter in den Wohnraum hinunter, hantierte mit der Ofenklappe und warf zwei unterarmlange runde Holzscheite auf die Glut.

Jetzt hatte ich Zeit, mich im Schlafzimmer umzuschauen. Das selbstgebaute Bett füllte fast den ganzen Raum. An der Seite blieb gerade noch Platz für ein paar Regale und Kisten, auf denen Bücher, Wäsche, Lebensmittel und alte Zeitschriften verstreut lagen. Ein paar abgeschnittene Tannenzweige deckten gnädig die schlimmste Unordnung zu. Ob das wohl die Weihnachtsdekoration war?

Das Bett bestand aus einem Rahmen aus massiven Holzbalken, einer festen Sperrholzplatte und einer etwa zwanzig Zentimeter dicken Schicht Schaumstoff. Als Zudecke diente ein bauschiger Daunenschlafsack. Die beiden Fenster erstreckten sich über die gesamte Breite der Wand am Kopfende des Bettes und vermittelten den Eindruck, als schliefe man direkt im Wald. Auf dem Fenstersims hatte Greg meine Briefe und Fotos ausgebreitet, was mich sehr berührte.

Der Schlafzimmer-Aufbau war nicht wie die Cabin aus Rundhölzern, sondern lediglich aus Sperrholzplatten zusammengezimmert. Als »Tapete« verwendete Greg Landkarten von Minnesota, Poster und Werbeflyer, mit denen er jede freie Stelle der Holzwand vollgeklebt hatte.

Während ich den Hausmann in der Küche hantieren und fröhlich vor sich hin pfeifen hörte, stand ich leise auf, um mich anzuziehen. Die Wärme des Ofens stieg schnell nach oben, und so zog ich lediglich ein paar lange Unterhosen und mein Sweatshirt über. Nach dem Frühstück würde es hoffentlich eine Gelegenheit geben, mich zu waschen. Aber zuerst musste ich meine Blase entleeren.

Gestern hatte mich Greg mit dem »stillen Örtchen«, dem Outhouse, vertraut gemacht. Es stand etwa fünfzig Meter von der Hütte entfernt und war kaum mehr als ein Bretterverschlag mit Dach zum Schutz vor dem Wetter, ein Loch im Boden mit einem schweren Deckel darauf und ein Griff an der Wand zum Festhalten. Das Plumpsklo war an drei Seiten geschlossen, nach vorne jedoch offen. Das Klopapier steckte in einer Blechdose.

»Die musst du immer gut verschließen, sonst nutzen die Mäuse das Papier zum Nestbau«, beendete Greg die Führung.

Ich stieg in meine Schuhe, die inzwischen wieder trocken waren, warf den Anorak über und stiefelte los. Greg hatte noch keine Spur getreten, denn er praktizierte seine eigene Technik: Er pinkelte von der Terrasse aus in hohem Bogen in den Schnee und nannte es »sein Territorium markieren«. Neidisch und zähneklappernd eilte ich zum Holzverschlag, während mir der hohe Schnee in die Stiefel rutschte. Zitternd war ich rechtzeitig zum Frühstück zurück und stellte mich vor den heißen Ofen, um mich aufzuwärmen. Greg half nach, indem er mich in den Arm nahm und mir fest den Rücken rieb.

»Was machst du, wenn du gerade auf dem Klo bist und Leute vorbeikommen?«, frage ich ihn. Das Projekt Outhouse faszinierte mich.

»Hier kommt normalerweise keiner durch. Es ist doch mein Privatgrundstück«, beruhigte er mich. »Nur im Sommer musst du auf Bären aufpassen.«

Nun gut, bis dahin war es noch eine Weile. Jetzt hatte ich erst einmal einen Bärenhunger.

»Setz dich, die Pancakes sind fertig.« Greg deutete auf den Tisch, den er sogar freigeräumt hatte. Zwei Teller, Löffel und Gläser standen dort neben mehreren Einmachgläsern mit Fruchtsoßen.

»Alles selbstgemacht«, fügte der Wildniskoch stolz hinzu und schob mir zwei große Pfannkuchen auf den Teller. Ich starrte auf die Gläser, die Greg gerade mit kaltem, trübem Wasser füllte, und fragte: »Hast du Kaffee?« Sein entgeisterter Blick ließ erkennen, dass es im Howardschen Haushalt so etwas Exotisches nicht gab.

»Nee, aber warte mal, ich glaub, ich hab irgendwo noch einen Teebeutel gesehen.« Greg sprang auf, eilte in die hintere Ecke der Cabin, zog zwei Pappkartons hervor und begann hektisch zu kramen, um kurz darauf zwei Teebeutel hervorzuziehen und stolz vor meiner Nase zu schwenken. Ich schluckte, setzte mein liebenswürdigstes Lächeln auf und lobte ihn überschwänglich. Besser ein alter Teebeutel als das trübe eiskalte Wasser. Greg hatte ein Einsehen und schrieb sogleich »Kaffee« auf die Einkaufsliste, die über dem Tisch an einen Holzbalken gepinnt war.

Ich fügte den Pfannkuchen zwei Riesenkleckse Blaubeersoße hinzu. Greg hatte die Beeren selbst gesammelt und als Fruchtsoße eingekocht.

»Wo hast du sie her? Die schmecken ja köstlich«, fragte ich mit vollen Backen.

»Das ist ein Geheimnis«, verriet er augenzwinkernd. »Es gibt ein paar ertragreiche Blaubeerfelder in der Nähe. Bei der Ernte muss ich aufpassen, dass ich schneller bin als die Bären. Entscheidend ist der richtige Zeitpunkt, wenn die Beeren reif sind, aber die Bären noch nicht da waren.« Hätten die großen Räuber erst einmal die süße Speise entdeckt, sei es besser, den Rückzug anzutreten. So viel war sicher: Allein würde ich keine Blaubeeren sammeln gehen.

Mein Wildnismann schaufelte in Windeseile einen Riesenberg Pfannkuchen in sich hinein und verteilte dabei einen Teil der Soße malerisch in seinem Bart. Als ich gerade nach dem zweiten Pfannkuchen griff, war er schon fertig. Mit dem letzten Stück wischte er das Fett aus der Pfanne und leckte zufrieden seine Finger und den Teller ab. Sorgfältig stellte er alles in die Spülschüssel zum anderen schmutzigen Geschirr.

»Das spülen wir am Abend, jetzt geht's an die Arbeit.« Er zog Jeans über die langen Unterhosen und eine Fleecejacke über das Wollhemd, stieg in die Sorel-Stiefel, schob sich die Mütze über die Ohren und stürmte aus der Tür, um Holz zu hacken. »Du kannst mir nachher helfen, Wasser zu holen«, rief er mir noch im Hinauseilen zu.

Verdattert blieb ich sitzen und sah ihm nach. Hektik beim Frühstück mochte ich gar nicht. Zu Hause nahm ich mir immer bewusst Zeit für die für mich wichtigste Mahlzeit des Tages. Und so vertilgte ich in aller Ruhe meine Pfannkuchen und wischte mit dem letzten Bissen die Reste der Fruchtsoße fort. Das ersparte mir das Ablecken des Tellers, den ich zum restlichen Geschirr stellte. Die Spülschüssel versteckte ich unter der aus Holzbrettern gebauten Anrichte hinter einem Vorhang.

Jetzt endlich hatte ich auch einmal Zeit, mich um meine Körperpflege kümmern. Doch wie sollte ich das anstellen? Es gab keinen privaten Raum in der Hütte. Ich zog die Stiefel an, trat vor die Tür und rief nach Greg.

»Was ist los?«, ungehalten schaute er um die Ecke.

»Wo kann ich mich waschen?«

»Na, in der Cabin«, antwortete er verständnislos. »Such dir eine Schüssel und nimm dir heißes Wasser vom Herd.«

»Aber du musst mir versprechen, dass du nicht reinkommst«, rief ich verlegen und trotzig zugleich. Es war mir peinlich, ihn um so etwas zu bitten.

»Meine Güte. Ich weiß, wie du aussiehst. Wir haben uns geliebt – erinnerst du dich? Gestern!« Greg grinste breit. »Ihr Weiber stellt euch immer an … Mach nur, ich muss eh Holz hacken.«

Erleichtert rannte ich zurück in die Cabin. Zwar fand ich keine leere Schüssel, aber große, weiße Plastikeimer gab es genug. Zwei riesige verbeulte Blechtöpfe mit heißem Wasser standen auf dem Herd. Das goss ich in den Eimer und noch einen Topf kaltes Wasser dazu, das ich aus dem alten Ölfass hinter dem Herd nahm, in dem Schnee zum Schmelzen aufbewahrt wurde.

Seife? Ich wagte nicht zu fragen und kramte in meinem Koffer. Den Hotels sei Dank für ihre kleinen Gästeseifen. Ich schnappte mir Zahnbürste und Zahnpaste und machte mich auf die Suche nach einem halbwegs sauberen Handtuch. Irgendwo fand ich eines, das eine dunkle Grundfarbe hatte und einigermaßen unbenutzt roch. Ich zog mich aus – immer ein wachsames Auge auf die Tür – und erledigte in Windeseile meine Körperhygiene. Endlich fühlte ich mich wieder frisch – und dennoch beschämt. Wenn ich etwas brauchte, dann war es meine Privatsphäre in gewissen Situationen. Der Gedanke, dass Greg jederzeit und völlig unbekümmert reinplatzen und mir beim Waschen zusehen könnte, gefiel mir gar nicht. Da würde ich mir etwas einfallen lassen müssen.

Mit weitem Schwung goss ich den Wassereimer von der Terrasse in den Schnee und füllte die Töpfe auf dem Herd erneut mit Schmelzwasser auf.

Jetzt hatte ich Zeit, mein neues Heim näher zu erkunden. Das Innere war so weit entfernt von meinem romantischen Hüttentraum wie meine Heimatstadt von Ely.

Mit ihren vielen Fenstern wirkte die Hütte hell und freundlich. Den Mittelpunkt bildeten drei Öfen: der mächtige Eisenofen zum Heizen, der Küchenherd zum Kochen und ein kleiner Ofen für die Sauna, die in den Wohnraum hineingebaut war. Wenn man nicht vergaß, Feuerholz nachzulegen, sollte es in der Cabin eigentlich nie kalt werden. An eine Küchenzeile aus Holzbrettern, hinter deren Vorhang auch unsere Spülschüssel stand, schloss sich ein Eckfenster an. Davor stand ein Holztisch mit einer Tischplatte, die in jeder Großstadtgalerie einen Preis für das schönste Möbelstück erhalten würde: Eine etwa einen Quadratmeter große, zehn Zentimeter dicke, natürlich gewachsene Baumscheibe lag auf vier massiven Holzstämmen. Sie war so oft geschliffen und lackiert worden, dass die Baummaserung in ihrer ganzen Schönheit hervortrat. Fasziniert bestaunte ich dieses einzigartige Kunstwerk, das so gar nicht zum Rest des Haushalts passte. Die beiden wackeligen Essstühle vom Sperrmüll waren eine Beleidigung für den Tisch.

Alle Möbel hatte der Hausherr selbst gezimmert oder irgendwo aufgelesen.

Die Regale an den Wänden quollen über mit Kleidungsstücken, Büchern und teilweise undefinierbarem Inhalt. Die Farbe des abgeschabten, fleckigen Teppichbodens, der ebenfalls vom Sperrmüll stammte, vermochte ich nicht zu identifizieren.

In jeder freien Lücke auf dem Boden stapelten sich Kisten, Boxen mit alten Zeitungsausschnitten, Erinnerungen, alten Liebesbriefen, gefundener Kleidung und vielem mehr. Nicht funktionierende Radiogeräte, gelesene und ungelesene Bücher, Geschirr, Lebensmittel, Familienfotos, mindestens fünf Rucksäcke, Broschüren und Zeitschriften, Klopapier und Weihnachts- und Osterkarten aus vergangen Jahren türmten sich in Regalen und auf Tischen. Ich drehte mich im Kreis, um alles aufzunehmen, und wusste nicht, ob ich über das Chaos schockiert oder amüsiert sein sollte.

Ich kramte mein Vorjahresmotto »Gelassenheit« hervor, um nicht gleich auf typisch deutsche Art Ordnung zu schaffen. Immerhin war ich erst seit gestern hier. Irgendwann würde ich Greg einmal vorsichtig fragen, ob er etwas dagegen hätte, wenn ich ein wenig aufräumte. Ich war mir sicher, dass er überhaupt keine Notwendigkeit dazu sah.

An den wenigen regalfreien Wänden klebten Landkarten, Angebotszettel vom örtlichen Supermarkt, Wolfs- und Bärenposter und Aufkleber wie »Nutze den Tag« oder »Tu was!« In den Bücherregalen zeugten Natur- und Tierführer von Gregs Wissenshunger. Neben dem Herd hing der wichtigste Einrichtungsgegenstand einer Wildniscabin: der Feuerlöscher.

Ein Stampfen vor der Eingangstür unterbrach meine Inspektion und kündigte den Hausherrn an, der sich den Schnee von den Schuhen trat. Mit einem Arm voller Holzscheite kam er in die Stube und brachte einen Schwall kalter Luft mit sich.

»Na, bist du fertig mit Waschen?«, grinste er. Dabei schaute er mich so verlangend an, dass mir die Hitze in den Kopf stieg. Er legte das Holz neben den Ofen und schob ein Scheit ins Feuer.

»Komm, wir müssen Wasser holen.«

»Ich dachte, wir nehmen das Schmelzwasser aus der Tonne.«

»Nur zum Spülen und Waschen. Das Wasser zum Trinken holen wir aus dem See. Zieh dir was Warmes an und komm mit!«

Ich zog meine Winterhose und den Anorak über. Zum Glück hatte ich die Mukluks in den Koffer gepackt, die ich im letzten Herbst in Ely gekauft hatte. Diese Eskimostiefel waren für die Arktis geeignet und ersetzten meine immer noch feuchten »Stadtstiefel«.

Mit minus achtzehn Grad war es jetzt deutlich kälter als bei meiner Ankunft. Greg zog die Schneeschuhe an und bedeutete mir, dasselbe zu tun. Er drückte mir zwei leere Zwanzigliterplastikkanister in die Hand und marschierte los.

In einem seiner Briefe hatte er mir etwas von vierzig Acre Land geschrieben, die er besaß. Ich hatte mir nichts darunter vorstellen können, begriff jetzt aber, dass es ein beträchtliches Ausmaß sein musste. Als ich mit den Schneeschuhen Gregs Spuren folgte und über eine Bergkuppe stapfte, riss ich die Augen auf. Etwa einen Kilometer unter mir im Tal erstreckte sich der Timber Lake unter einer dicken Schneedecke, die von zahlreichen Tierspuren durchfurcht war. Nur die Bäume am Ufer ließen die Ausmaße des Sees erahnen, der nach einer langen Kurve hinter dem nächsten Hügel verschwand.

Steil führte der Weg bergab. Mehrmals rutschte ich aus und fiel hin; die Schneeschuhe waren zu groß für mich. Ob ich jemals lebend den Berg wieder hinaufkommen würde?

Am Ufer lagen zwei lange, eiserne Meißel, von denen mir Greg einen an das Handgelenk band. »Damit kannst du das Eis durchstoßen. Wenn der Meißel ins Wasser fällt, ist er wenigstens nicht verloren«, erklärte er und überprüfte noch einmal, ob das wertvolle Stück ordentlich befestigt war. Das Wasserloch, das er täglich benutzte, hatte schon wieder eine Eisschicht von zwanzig Zentimetern. Greg war in seinem Element. Unter einem von drei Kanus, die umgedreht am Ufer lagen, zog er einen Besen hervor und fegte mit heftigen Schwüngen den Schnee vom See.

»Los! Durchstoß das Eis und füll Wasser auf«, wies er mich an. Ich tat wie befohlen und wuchtete die vollen Kanister aufs Eis. Aus den Augenwinkeln sah ich, wie Greg seine Behälter mit Leichtigkeit füllte und auf die Schlitten lud, die er unter einer Plane hervorzog. Meine Gedanken kehrten zu den Frauen im Wilden Westen zurück. Damals soll es Cowboys gegeben haben, die ihre Ladys so verehrten, dass sie ihre Jacken in eine Pfütze warfen, damit die Angebetete trockenen Fußes die Straße überqueren konnte. Greg gehörte sicher nicht in diese Kategorie. Ungerührt sah er zu, wie ich mich abmühte. Ob das eine Art Eignungstest für die Wildnis war?

Erneut kam meine Fähigkeit als »Schlittenhund« zum Einsatz, als ich die schweren Behälter schnaufend den Berg hinaufzog – so schnell wie möglich, damit das Wasser unterwegs nicht gefror. Mich erfasste eine ungeheure Müdigkeit. Es dauerte eine Ewigkeit, bis ich oben war. Hatte ich eine so schlechte Kondition?

Auf der Bergkuppe blieb ich stehen, um meinen rasselnden Atem zu beruhigen. Die Cabin lag versteckt und war vom Ufer aus nicht zu sehen gewesen. Mit ihren zahlreichen Nebengebäuden und den Auf- und Anbauten bot sie den pittoresken Anblick eines mittelalterlichen Dorfes.

»Wo bleibst du?«, rief Greg, der längst mit seinem Schlitten die Hütte erreicht hatte, und winkte mir ungeduldig zu. Ich beeilte mich, die schweren Behälter so schnell wie möglich ins Haus zu schaffen. Dort füllten wir das Wasser in große, bauchige Glasflaschen um. Mit allerlei schwimmenden Winziglebewesen sah es sehr lebendig aus. Auf meinen skeptischen Blick hin versicherte Greg: »Alle Seen hier oben haben Trinkwasserqualität. Was da schwimmt, ist völlig natürlich.«

Vorsichtig nahm ich einen Schluck – und war begeistert: Es schmeckte überraschend gut und frisch. Eins war klar: Jetzt erst wusste ich das Wasser so richtig zu schätzen. Wie bequem hatte ich es doch zu Hause in Deutschland. Einfach nur den Wasserhahn öffnen und die Heizung aufdrehen. Ich nahm mir vor, das nie wieder als Selbstverständlichkeit zu betrachten.

Es war Mittag geworden, ich hatte schon wieder Hunger. Erstaunlich, wie viel Energie das Leben in der Kälte kostete. Greg stellte eine Schüssel Studentenfutter auf den Tisch: Erdnüsse, Rosinen und kleine Schokoladenstücke in Tropfenform.

»Das ist gesund und gibt Kraft.« Gierig schlang ich die Energienahrung hinunter. Wenn ich jetzt noch einen Kaffee hätte …

»Wollen wir noch ein wenig langlaufen?«, fragte Greg aufgedreht. »Linda, eine Freundin von mir, hat mir ihre Langlaufski und Schuhe für dich mitgegeben. Wir können sie zurückbringen, wenn wir sie nicht mehr brauchen. Ich möchte dir gerne die Umgebung zeigen.«

Eigentlich war ich nach dem anstrengenden Wasserholen viel zu müde für weitere körperliche Aktivitäten. Außerdem litt ich noch unter Jetlag und hätte mich gern hingelegt. Andererseits wollte ich bei Greg nicht gleich als Weichei dastehen. Also willigte ich ein. Langlaufen war kein Problem für mich. Lindas Schuhe passten perfekt, nur die Ski waren ein wenig breiter, als ich sie gewohnt war. Klar, hier gab es keine gespurten Loipen, man fuhr querfeldein. Die Ski fanden fast von allein ihren Weg. Mit hoher Geschwindigkeit sausten sie den Berg hinunter auf den See. Dort stoppte der Harsch, in den sich der Schnee verwandelt hatte, die rasante Fahrt und katapultierte mich aus der Bindung. Meine Phantasie von einem leichten Dahingleiten endete unsanft im Matsch. Ich klopfte den Schnee ab und stieg wieder in die Bindung, fiel aber ständig hin. Schließlich zog ich die Ski aus und versuchte, zu Fuß weiterzukommen. Greg lief schon weit voraus und sorgte sich herzlich wenig um das, was hinter seinem Rücken geschah. Warum war ich überhaupt hierhergekommen, wenn er sich nicht um mich kümmerte? Wütend drehte ich um und stapfte in knietiefem Schnee allein zur Hütte zurück. Mit einem Buch verzog ich mich beleidigt auf die Holzbank vor dem Ofen. Es dauerte eine Weile, bis mein Kavalier auftauchte.

»Du warst so plötzlich verschwunden. Ich hab dich gesucht«, flötete er mit Unschuldsmine.

Vielleicht hättest du dich einmal umdrehen sollen, dachte ich mir, bemühte mich aber, ihn zu ignorieren.

Sein »Versöhnungsvorschlag«, gemeinsam noch eine Runde Schneeschuhe zu laufen, blieb ihm angesichts meiner blitzenden Augen im Hals stecken. Ich war viel zu erschöpft, um auch nur ein Augenlid zu heben, geschweige denn meine Beine.

Fast hätte ich auf meiner Ofenbank das Abendessen verschlafen, wenn mich nicht ein betörender Duft geweckt hätte. Greg wärmte die Reste vom gestrigen Rehfleisch auf und hoffte so auf gut Wetter bei mir. Mit vollem Magen lässt es sich nur schwer schmollen, und so kramte ich zur Versöhnung noch eine Tafel deutsche Schokolade aus meinem Koffer, die wir beide mit vielen »Aaaahs« und »Hmmms« verdrückten.

»Es tut mir leid, dass ich nicht auf dich gewartet habe.« Greg zog mich auf seinen Schoß. »Ich bin es nicht gewohnt, jemanden bei mir zu haben. Dann vergesse ich manchmal, dass ich nicht allein bin.«

»Das verstehe ich«, lenkte ich ein. »Aber du musst auch mich verstehen. Für mich ist hier alles völlig neu. Ich habe keine Kraft mehr und bin müde und erschöpft. Du musst Geduld mit mir haben.« Mir kamen vor lauter Selbstmitleid die Tränen.

»Tut … mir … so … leid. Kannst … du … mir … verzeihen?« Zwischen jedem Wort presste er mir einen Kuss auf die Lippen. Und dann: »Ich liebe dich.«

Da war es! Das L-Wort! Und das schon am zweiten Tag. Ich war überwältigt und vergaß, dass ich sauer auf ihn sein wollte. Zart nahm ich sein Gesicht in beide Hände und schaute ihm tief in die Augen. »Ich liebe dich auch.«

Vergessen waren Muskelkater, Müdigkeit und Jetlag. Uns gelang der akrobatische Akt, die Leiter zur Empore hinaufzuklettern und uns dabei gleichzeitig gegenseitig zu entkleiden. Sanft bettete mich Greg auf die weiche Decke. Seine Zärtlichkeiten ließen mich alle Zweifel vergessen. Müde und glücklich schlief ich in seinen Armen ein.

EINGEWÖHNUNG

In den nächsten Tagen begann ich, die Cabin und das Gelände zu erforschen. In den Northwoods, wie man diesen nördlichsten Teil von Minnesota nennt, bauen die Menschen ihre Häuser eigenhändig, anders als in Deutschland. Viele Gebäude werden begonnen, ohne eine Idee, wie sie fertig aussehen sollen. Dann wird je nach Lust und Laune – und Platzbedarf – immer mehr hinzugefügt. Eine Bauaufsicht, wie wir sie kennen, gibt es nicht; jeder ist selbst verantwortlich für die Stabilität seines Eigenheims. Wenn – wie behauptet wird – ein Haus das innere Abbild seines Erbauers widerspiegelt, was sollte ich dann von Gregs Cabin halten?

Sie hatte eine Grundfläche von etwa fünfundzwanzig Quadratmetern und erstreckte sich über mehrere Etagen in den Himmel. Der Herr der Minnesotaversion von Neuschwanstein schien einer Art Bau-Sucht verfallen zu sein. Zahlreiche Anbauten und Aufstockungen machten die ursprüngliche, einfache Hütte aus selbstgeschlagenen und geschälten Kiefernstämmen mit jeder Neuerung unübersichtlicher. Wann immer der Bauherr an Abrisshäusern vorbeikam, nahm er Spanplatten mit und nutzte sie für den Ausbau. Zuerst errichtete er innerhalb der Cabin eine Empore für das Schlafzimmer, später kam ein hoher Turm dazu, in dem er sich seine Bibliothek und ein »Aussichtszimmer« einrichtete. Eine »Sommerküche« auf der Terrasse hinter dem Haus bestand aus einem offenen Raum mit Koch- und Sitzmöglichkeit und Wänden aus Fliegengittern – eine äußerst nützliche Innovation, wie ich im Sommer herausfand, als die Stechmückeninvasion uns heimsuchte.

Mit einem Stich Heimweh entdeckte ich in der Cabin eine alte Tretnähmaschine, wie sie meine Großmutter besessen hatte. An ihr schneiderte Greg die bunte Voyageurtracht, die er bei Vorträgen und Veranstaltungen trug, und flickte seine Kleider.

Eines meiner ersten Projekte im neuen Heim war die Einrichtung eines Arbeitsplatzes, denn um meinen Wildnistraum finanzieren zu können, würde ich Artikel schreiben und verkaufen müssen. Im Wohnraum entdeckte ich unter Kisten und Paketen einen Sperrholztisch am Fenster, den ich freiräumte und zum Schreibtisch umfunktionierte. Auch wenn die Cabin nicht über fließendes Wasser verfügte, so gab es doch Strom: Solarzellen auf dem Dach speisten mehrere Autobatterien. Das enthob mich der Sorge, ob ich auch meinen Laptop nutzen konnte. Handyempfang gab es allerdings nicht. In dieser Hinsicht war das nördliche Minnesota noch Entwicklungsgebiet, es fehlte an den notwendigen Sendemasten.

»Computer in der Wildnis«, brummte Greg und schüttelte den Kopf. Er lehnte »den ganzen technischen Kram« ab und hatte sich vor vierzehn Jahren hierher zurückgezogen, um zu leben wie einst seine »Vorfahren«.

»Ein Drittel italienisch, ein Drittel irisch und ein Drittel indianisch«, prahlte er großspurig, auch wenn dies keine Ahnentafel nachwies. Ich selbst fand die Kombination von Wildnis mit modernster Technik äußerst zweckmäßig und konnte nun jede freie Minute schreiben – sofern ich nicht gerade vor Erschöpfung einschlief.

In einer Ecke richtete ich meinen Lieblingsplatz ein: eine Bank unter dem Fenster, ein Platz zum Lesen. Ich räumte Kisten und Rucksäcke fort und stopfte sie in ein schon überquellendes Regal hinter einem Vorhang. Die Wäsche und nassen Socken, die auf kreuz und quer durch den Raum gespannten Leinen hing, schob ich außer Sichtweite. Mag sein, dass das einen Naturburschen wie Greg nicht störte, ich aber wollte mir wenigstens in einer kleinen Ecke einen Sinn von Schönheit und Ordnung erhalten. Auf das Büchersims über dem Fenster stellte ich die Natur- und Tierführer des Hausherrn, und aus einem postkartengroßen Bilderrahmen, den ich beim Aufräumen gefunden hatte, entfernte ich das Werbebild eines Südseeatolls und steckte stattdessen ein Foto von Lady hinein, das ich immer bei mir trug. Das hing jetzt in Augenhöhe und erinnerte mich an sie. Noch zwei Kissen mit Tiermotiven auf die Bank, und voilà – meine Leseecke war fertig.

Greg betrachtete überrascht mein Werk und zeigte auf den Bilderrahmen: »Ist das dein Hund?«

»Ja, das ist meine Lady. Ich vermisse sie so sehr. Ich hoffe, dass du sie irgendwann einmal kennenlernen wirst.«

Statt zu antworten, setzte sich Greg auf die Bank und streckte mir die Hand entgegen.

»Was hältst du davon, wenn wir deine Leseecke einweihen?« Sein begehrlicher Blick ließ mein Herz schneller klopfen. Trotzdem wich ich zwei Schritte zurück.

Nein, jetzt nicht. Meine Gedanken waren noch bei meiner Hündin. Ich erinnerte mich an eine Andeutung von Greg, dass er keine Hunde mochte. Ich hatte mich gescheut, weiter nachzufragen oder das Thema noch einmal anzusprechen, mein Bauchgefühl warnte mich davor. Jetzt sollte diese Leseecke mir allein gehören, ein letztes Stück Heimat in der Fremde. Ich wollte seinem Drängen nicht nachgeben.

»Was hältst du davon, wenn du einkaufen fährst?«, lenkte ich ab. Wir hatten nur noch wenige Grundnahrungsmittel, und ich brauchte dringend Kaffee. Mein Naturbursche lebte weitgehend autark. Jedes Jahr im Herbst schoss er einen Hirsch, den er den Winter über komplett aufbrauchte. Das Fleisch lagerte in einer ausgedienten Kühltruhe, in der quadratische Eisblöcke es frisch hielten. Hier bewahrte Greg auch die Fische auf, die er im See angelte. Was zu viel war, brachte er zu seinem Freund John, in dessen Garage ein monströser Gefrierschrank stand, in dem die Einheimischen sich einzelne Lagerfächer mieten konnten.

Das Land bot alles, was ein Mensch zum Überleben braucht: Gemüse und Kartoffeln aus dem Garten, Früchte und Beeren aus dem Wald.

Welch ein Gegensatz zu meinem Leben in Deutschland. Dort fuhr ich zehn Minuten bis zum Supermarkt und bekam das Fleisch portioniert und abgepackt aus der Tiefkühltruhe. Zwar hatte ich auch ein Gemüsebeet und Johannisbeersträucher im Garten, musste aber zum Glück nicht im Wettstreit mit Bären liegen.

Die wenigen Grundnahrungsmittel, die Greg

brauchte, wie Mehl, Zucker und Salz, kaufte er im Supermarkt.

Ich hatte keine Lust, in die Stadt zu fahren, und wollte lieber zu Hause bleiben. Nach dem ständigen Aufeinanderhocken brauchte ich eine Auszeit. Es würde uns beiden guttun, einmal ein paar Stunden allein zu verbringen. Aufgekratzt verabschiedete ich Greg mit einem leidenschaftlichen Kuss und versprach mehr, wenn er mir ein paar Leckereien mitbringen würde. Als er mit den Schneeschuhen und dem Schlitten im Schlepptau im Wald verschwand, winkte ich ihm nach.

Wenn man bedachte, dass die nächste Einkaufsmöglichkeit dreißig Kilometer entfernt lag und jedes einzelne Pfund Mehl oder Zucker acht Kilometer auf dem Schlitten zur Cabin transportiert werden musste, wusste man, wie wichtig es war, seine Einkaufsliste sorgfältig vorauszuplanen. »Liebling, fahr doch mal eben los, wir haben das Salz vergessen«, war nicht möglich. Ich nahm mir vor, alles, was ich aus der Stadt brauchen würde, immer sofort aufzuschreiben.

Endlich allein. Greg würde mindestens vier Stunden fort sein. Der Ofen knisterte und verlangte Nachschub. Ich setzte mich an meinen Schreibtisch und schrieb einen langen Brief nach Hause. An einem der nächsten Tage würde ich ihn zum Briefkasten an der Straße bringen. Dann beschloss ich, Trinkwasser zu holen. Zum ersten Mal stiefelte ich allein den Berg hinunter zum See, schlug das Eis auf, füllte die Kanister auf und zog sie mit dem Schlitten zur Cabin. Oben angekommen, fühlte ich mich unglaublich stark und selbständig. Na also, ging doch! Ich würde auch ohne meinen

Wildnismann überleben können – oder zumindest nicht verdursten. Das Gefühl, eine Herausforderung allein angepackt und bewältigt zu haben, machte mich fast euphorisch.

Voller Tatendrang beschloss ich, mich zu duschen. Greg hatte mich in die Geheimnisse seiner Dusche eingewiesen, die sich im Wohnraum versteckte. Jetzt wollte ich sie ausprobieren, vor allem, weil ich diesmal gänzlich ungestört war.

Zuerst schmolz ich eine Riesenmenge Schnee auf dem Holzofen und erhitzte das Wasser. Dieses schleppte ich mit einem Eimer über eine Leiter auf eine kleine Empore, auf der in ein genau ausgeschnittenes Loch ein Blechbottich eingepasst war. Vorsichtig goss ich das heiße Wasser hinein und versuchte dabei, so wenig wie möglich zu verschütten. Noch zwei weitere Ladungen Wasser, dann hieß es blitzschnell die Leiter hinunterklettern, sich die Kleider vom Leib reißen und in eine Plastikwanne unter dem Bottich springen. Jetzt flink das Ventil am Duschkopf geöffnet, und schon floss das Wasser. Einmal Körper und Haare nass machen, Ventil schließen, einschäumen, Ventil öffnen und alles so schnell wie möglich wieder abspülen, bevor das Wasser kalt wurde oder versiegte. Beim Duschgenuss stand allerdings die Geduld, die ich zum Schneeschmelzen brauchte, in direktem Gegensatz zur Schnelligkeit, mit der ich mich waschen musste. Als der letzte Tropfen lauwarmes Wasser in die Wanne fiel, hatte ich es geschafft. Blitzsauber und sehr stolz fühlte ich mich, als könnte ich Bäume ausreißen.

Ich goss das Duschwasser von der Terrasse in den Schnee, trocknete die Überschwemmung, die bei der hektischen Aktion nicht ausgeblieben war, und zog den rotbraunen Vorhang wieder vor die Dusche. Jetzt noch die Fässer hinter dem Ofen mit Schnee auffüllen und frisches Wasser auf den Herd stellen. Zufrieden trat ich einen Schritt zurück und betrachtete mein Werk. Im kleinen Rasierspiegel über dem Esstisch blickte mir unter noch nassen, blonden Haaren ein strahlendes Gesicht entgegen, dessen blaue Augen selbstbewusst leuchteten.

Aber ich hatte keine Zeit mehr, mich auf meinen Lorbeeren auszuruhen. Greg kam vom Einkaufen zurück.

Als er den Schlitten entlud, hörte ich ihn über all den »unnötigen Kram« fluchen, den er nur wegen mir habe kaufen müssen. Ich half, die Kisten ins Haus zu tragen und auszupacken. Mehl, Salz, Zucker, Milchpulver, dann die Artikel von meiner Liste: Erdnussbutter, Tee, Marmelade und sogar Margarine. Glücklich schaute ich auf die weihnachtliche Bescherung, die da vor mir auf dem glänzenden Holztisch lag.

»Noch nie im Leben hab ich so etwas eingekauft«, sagte Greg grimmig und zog dann mit einem breiten Grinsen hinter seinem Rücken ein Glas … Pulverkaffee hervor.

»Oh, ich liebe dich!«, juchzte ich und sprang ihn an, indem ich beide Beine um seine Taille schlang und ihm die Arme um den Hals warf. »Ich liebe dich. Ich liebe dich. Ich liebe dich.« Wild küsste ich sein Gesicht.

»Wow, dafür geh ich öfter einmal einkaufen«, lachte Greg. Er tauchte seine Nase in mein Haar. »Hmmm, du riechst gut.«

»Ich hab geduscht! Für dich! Und Wasser hab ich auch aus dem See geholt.«

Skeptisch sah sich der Hausherr in seinem Heim um. Nichts deutete darauf hin, dass irgendetwas schiefgelaufen war. Anerkennung blitzte in seinen Augen auf, während er mich in seiner Umklammerung leidenschaftlich küsste. Das weitere Auspacken wurde erst einmal verschoben.

»Ich gehe in die Werkstatt«, sagte Greg kurze Zeit später. »Ich hab heute in der Stadt einen neuen Auftrag bekommen: ein Kinderkanu. Es soll in zwei Wochen fertig sein, ein Geburtstagsgeschenk. Wenn du Lust hast, komm doch mal vorbei und schau dir meinen Arbeitsplatz an.«

Liebevoll küsste er mich, bevor er die Tür hinter sich zuzog und verschwand. Ich gab Pulverkaffee in zwei Henkeltassen, füllte sie mit heißem Wasser auf und balancierte die Flüssigkeit durch den Schnee zu Gregs Werkstatt.

Sie lag etwa fünfhundert Meter von der Cabin entfernt zwischen Bäumen versteckt. In der großen, aus Spanplatten gebauten Holzscheune baute er Kanus und Kajaks für Privatleute und das örtliche Sportgeschäft. Er besaß über dreißig Boote, vom Kinderkajak bis zum Voyageurkanu, in dem etwa zwölf Personen Platz fanden. Die meisten seiner Kanus lagerten im Laden in Ely, wo er sich auch als Schreiner etwas hinzuverdiente. Der Verkauf der Boote und die gelegentliche Arbeit als Guide für Kanutouren warfen genug für seinen Lebensunterhalt ab.

Die Werkstatt war hell und im Gegensatz zu unserer Cabin penibel aufgeräumt. Ein monumentaler Eisenofen spendete Wärme, Werkzeug hing säuberlich aufgereiht an der Wand. Greg nahm mir die Tasse aus der Hand und stellte sie neben den Dieselgenerator, den er gerade versuchte in Gang zu bringen. Ich schaute mich um.

Mehrere fertige und halbfertige Boote lagen auf Gestellen entlang der Wand oder hingen von der Decke. Auf einem Holzgestell stand die Form eines Kinderkanus, Pinsel und einige Eimer Leim daneben. Der Boden war mit Sägespänen bedeckt. Eine Längswand der Werkstatt bestand fast vollständig aus Fenstern und ließ so genügend Licht zum Arbeiten herein. Der Eisenofen glühte, um den Wärmeverlust wieder wettzumachen.

Als ich mich weiter umsah, fiel mir vor Schreck fast die Tasse aus der Hand. Auf einer Wand von etwa drei Meter Breite klebten unzählige, äußerst persönliche Fotos von Frauen, deren Posen deutlich ausdrückten, was sie für den Empfänger der Fotos empfanden. Einige der Fotos trieben mir die Schamesröte ins Gesicht. Entsetzt drehte ich mich zu Greg um, der vor dem Dieselmotor kniete und zu mir hochschielte. Auf meinen fragenden Blick hin zuckte er nur die Schultern und sagte mit einem Unterton von Stolz in der Stimme: »Alles alte Freundinnen von mir!« Ich rang um Fassung und überlegte, wie ich darauf reagieren sollte. Ich wollte nicht eifersüchtig scheinen, gleichzeitig wirkten viele der Bilder so vertraulich, dass sich ein leichtes Ziehen in meiner Magengrube meldete.

»Das hat nichts zu bedeuten. Du bist jetzt die Einzige.« Mein Casanova stand auf, klopfte sich die Sägespäne von der Hose und versuchte mich mit seinem charmantesten Lächeln zu beruhigen.

Warum zum Teufel hast du dann nicht die Fotos von der Wand genommen, als du wusstest, dass ich komme?, dachte ich, gab mich aber nach außen völlig gelassen und tolerant. Ich war wütend. Wieso waren Männer Frauen gegenüber so unsensibel?

Er hat die Fotos bestimmt absichtlich hängen lassen, um dir zu zeigen, wie begehrt er ist, provozierte mich meine innere Stimme, während Greg mich zu sich zog und mit leidenschaftlichen Küssen vergessen ließ, dass nur wenige Meter hinter uns gefühlte tausend Frauen lasziv lächelnd zuschauten.

»Du bist so still«, wunderte sich Greg später beim Abendessen.

»Ich kann die Fotos in deiner Werkstatt nicht vergessen«, antwortete ich. »Warum hast du sie nicht abgenommen, als du wusstest, dass ich komme?«

»Warum sollte ich?«, fragte mein Schwerenöter mit unschuldigem Augenaufschlag. »Ich hab an diese Frauen sehr schöne Erinnerungen und zu vielen von ihnen auch immer noch eine sehr enge Verbindung.«

»Wie eng?«

Ärgerlich antwortete er: »Was interessiert dich das überhaupt? Du bist doch jetzt hier bei mir. Das allein zählt doch, oder? Ich werde ganz sicher meine Freundschaften mit anderen Frauen nicht aufgeben, nur weil du es so willst. Wenn du damit nicht klarkommst, ist das dein Problem.«

Für ihn war das Thema damit erledigt. Ein kleines Körnchen Eifersucht war auf fruchtbaren Boden gefallen. In dieser Nacht schob ich die klassische Frauenausrede vor, um mich seinen Berührungen zu entziehen: Kopfschmerzen.

In den nächsten Tagen sprachen wir nicht mehr über Gregs Frauenbekanntschaften. Ich versuchte weiter, mich in den harten Wildnisalltag einzuleben. Die ungewohnten täglichen Verrichtungen und die viele Bewegung im Schnee und an der frischen Luft forderten ihren Tribut.

Greg kannte kein Pardon und erwartete, dass ich meinen Teil zum Leben beitrug. Also lief ich regelmäßig runter zum See, um Wasser zu holen, oder half ihm, das Brennholz, das er schlug, im Holzschuppen aufzustapeln.

Mit jedem Tag, der verging, wurde ich müder und erschöpfter und war dabei stets bemüht, mir nichts anmerken zu lassen. Greg schien beeindruckt von meiner Anstrengung, ihm zu gefallen. Manchmal hatte ich das Gefühl, eine seiner Prüfungen bestehen zu müssen.

Und so versuchte ich stöhnend und mit zusammengebissenen Zähnen meine Muskeln dazu zu bringen, weiter zusammenzuarbeiten, egal, wie müde ich war und welche Schmerzen ich litt. Zeitweise schrie mein Körper nur noch Protest, aber es ist erstaunlich, wie viel man dem schwachen, menschlichen Gewebe abverlangen kann, wenn es sein muss. Oft glaubte ich, keinen Schritt mehr gehen zu können, und dennoch – irgendwie – ging es weiter.

Warum tat ich mir das alles an? Diese Frage stellte ich mir schon bald täglich, stündlich. Aus meinem gemütlichen, komfortablen Haus war ich in die raue Wildnis katapultiert worden. Das hatte ich mir anders vorgestellt: romantische Abende vor dem Kamin, zärtliche Nächte, ein Mann, der mir jeden Wunsch von den Augen ablas. Stattdessen bestand ich nur noch aus

Müdigkeit und Erschöpfung. Wir alle müssen für das Leben, das wir führen wollen, einen Preis bezahlen; meiner bestand aus Schmerzen und Muskelkater.

Greg, dessen Muskulatur an die körperliche Arbeit gewöhnt war, verstand nicht, was in mir vorging und wie erschöpft ich war. Als er mich eines Tages, nachdem ich mein Pensum an Wasserholen und Holzschichten bereits erledigt hatte, drängte, mit ihm doch ein paar Stunden Langlaufen oder Schneeschuhwandern zu gehen, brach es aus mir heraus:

»Lass mich in Ruhe! Ich bin fertig, ich kann nicht mehr. Siehst du das nicht?«, fauchte ich ihn an.

Sein erschrockener und verletzter Blick tat mir weh. Das hatte ich nicht gewollt. Er konnte ja nichts dafür, dass ich unbedingt ein Wildnisabenteuer erleben wollte und meine Vorstellung und die Realität deutlich voneinander abwichen.

Trotz meiner enormen Erschöpfung bestand Greg darauf, dass ich ihm bei den täglichen Aufgaben half: Holz hacken, Wasser holen, Schnee schmelzen. Das sicherte uns das Überleben in der Wildnis und machte etwa siebzig Prozent des Tages aus. Meine Versuche, mich mit »Ich muss noch einen Artikel schreiben« herauszureden, ließ er nicht durchgehen.

»Hier sind Frauen gleichberechtigt. Sie erledigen dieselbe Arbeit wie ein Mann.« Zeitweise kam mir Gregs Grinsen wie eine Drohung vor, während ich die Zähne zusammenbiss und durchhielt. Schließlich wollte ich mir keine Blöße geben. Gleichzeitig war ich wütend auf mich selbst, weil ich mir das alles gefallen ließ, statt zu protestieren und in den Streik zu treten.

Aber mein Charmeur kannte seine – und meine –

Grenzen. Meist gelang es ihm, mich mit zärtlichen Küssen zum Weitermachen zu »überreden«, und die bewundernden Blicke, die er mir ab und zu zuwarf, gaben meinem Selbstbewusstsein neuen Auftrieb. Ich würde es ihm schon zeigen, er sollte stolz auf mich sein und sehen, dass ich es wert war, von ihm geliebt zu werden.

Wir kannten uns erst wenige Tage, aber ich malte mir bereits in schillernden Farben die Zukunft aus:

Ich zog bei Greg ein, schrieb Artikel und Bücher, flog einmal im Jahr auf Lesereise nach Deutschland, genoss dort den Luxus der »Zivilisation« wie Badewanne, Fernseher oder Restaurant – vielleicht sogar zusammen mit Greg. Danach kehrten wir glücklich in die Wildnis zurück und paddelten gemeinsam in den Sonnenuntergang. Das perfekte Leben mit den Vorteilen beider Welten.

Ich hatte keine Ahnung, dass es für Greg nur *eine* Welt gab – seine. Und die lernte ich jetzt kennen.

Wir waren uns in vielem ähnlich, das wussten wir durch unsere Briefe und erlebten es nun auch im Alltag. Beide liebten wir die Natur, die wilden Tiere und das einfache Leben. Wir schätzten die gleichen Bücher von Autoren wie Henry David Thoreau, Edward Abbey, Aldo Leopold oder Robert Service. Wenn wir abends aneinandergekuschelt im Bett lagen, lasen wir uns daraus gegenseitig besonders schöne Stellen vor. Meist fielen mir darüber die Augen zu, weil ich von der Tagesarbeit zu müde war. Schaffte ich es einmal, wach zu bleiben, nutzte mein Casanova dies schamlos aus und ließ mich mit seinen Zärtlichkeiten meine Müdigkeit und Erschöpfung rasch vergessen.

HEIMWEH

»Für die Wolfsfrau am Timber Lake. Liebe Neujahrsgrüße aus Deutschland von deiner Familie und deinen Freunden aus … Wetzlar!« Dem Sprecher bereitete der Name meiner Heimatstadt Schwierigkeiten. Fast hätte ich mich an meinem Pfannkuchen verschluckt, als ich am Silvestermorgen die Meldung im Radio hörte. Noch zu Hause in Deutschland hatte ich erfahren, dass man in der Wildnis über den Rundfunk kommuniziert. So konnte ich Greg aus der Ferne hin und wieder eine Nachricht schicken, indem ich den lokalen Rundfunksender WELY 94,5 FM »End of the Road Radio« anrief und einen Text durchgab, der später in der Radiosendung verlesen wurde.

Meine Familie besaß die Telefonnummer des Senders als Notfallnummer. Und jetzt übermittelten sie mir am Silvestermorgen Grüße aus der Heimat. Mir schossen Tränen in die Augen, ich vermisste sie.

Während wir frühstückten, lauschten wir den anderen Durchsagen:

»An Linda und Bo: Earl ist gestorben. Wir lassen euch wissen, wann die Beerdigung ist. In Liebe, Mutter.«

»Für Bill Martin auf Hostess-Island: Der Gegenstand, den ich mitgenommen habe, ist als ein Bärenschädel identifiziert worden. Wir hatten ein tolles Wochenende. Danke von Gordon und den Jungs.«

»Für den Old North. Ich hoffe, du und dein Schatz bleiben schön warm. Du hast Glück, dass ich nicht zu der eifersüchtigen Sorte gehöre. Juniper.«

Schmunzelnd hörten wir – zusammen mit vermutlich weiteren tausend Zuhörern – die privaten Meldungen für die Bewohner in den entlegenen Gebieten von Minnesota und Ontario.

Die kostenlosen Nachrichten waren eine Seltenheit in der Radiogeschichte. Sie enthielten Klatsch und gaben den Menschen, die durch Wälder, Berge und Wasser voneinander getrennt waren, ein Gefühl der Gemeinschaft. Dieser Service war ihre Verbindung zur Außenwelt. Greg erzählte mir, dass er einmal, als es seinem Vater nicht gutging, das Transistorradio zum Baumfällen mitgenommen habe, um so jederzeit erreichbar zu sein.

Wegen der hohen Konstruktionskosten gab es in der Wildnis lange Zeit überhaupt keine Telefonleitungen. Die ersten stationären digitalen Radiotelefone waren extrem teuer, nur wenige konnten sie sich leisten. Handy- und Internetempfang waren in dieser entlegenen Ecke des Landes fast gar nicht möglich. Es gab kaum Sendemasten mit einer entsprechenden Satellitenverbindung. Außerdem wollten viele Aussteiger, die sich in die Wildnis zurückgezogen hatten, nicht ständig erreichbar sein. Auch Greg lehnte diese technischen Errungenschaften ab. »Wenn ich einmal telefonieren muss, gehe ich zu meinem Freund John. Er hat ein Telefon in seiner Garage, das wir benützen dürfen.« John war Anwalt und arbeitete in Minnesota. Er kam nur am Wochenende nach Ely.

Ich telefonierte zwar auch nicht gerne, konnte mir

aber nur schwer vorstellen, im Notfall nicht erreichbar zu sein.

»Was machst du, wenn du dich mit deinen Freunden verabreden willst?«, fragte ich Greg.

»Wir planen rechtzeitig voraus. Wenn wir alle zusammen auf einer Party sind, machen wir bereits einen Termin für die nächste aus. Außerdem funktioniert das Buschradio ganz gut«, fügte er hinzu und zwinkerte mir zu. »Ich treffe irgendwo jemanden – zum Beispiel beim Einkaufen – und erfahre den neuesten Tratsch, was wo wann los ist, und erzähle es weiter. So wusste jeder in Ely, dass Elli aus Deutschland zu Besuch kommt.« Er lachte.

Ich war noch längst nicht beruhigt.

»Aber was ist, wenn etwas passiert? Wenn du dich beispielsweise beim Holzhacken verletzt. Wie bekommst du dann Hilfe?«

»Gar nicht«, antwortete Greg unbekümmert. »Dann hab ich halt Pech gehabt. Das ist das Risiko, wenn man hier draußen lebt … und auch der Reiz.«

Wenn ich also einmal ganz allein hier wäre und mich verletzte, oder wenn mir Gefahr durch wilde Tiere drohte, könnte mir niemand helfen. Das konnte mir zu Hause kaum passieren. Dort war ich eingebunden in ein Netz fürsorglicher Nachbarn und Freunde. Wenn ich mich einmal zwei Tage nicht blicken ließ, kümmerte sich sofort jemand. Plötzlich fühlte ich mich sehr einsam.

Die Radionachricht von meiner Familie hatte mich glücklich gemacht, aber auch traurig, weil ich sie auf einmal sehr vermisste.

Greg sah, wie ich litt, und schlug vor: »Willst du deine Eltern anrufen? Wir könnten nachher zu Linda und Bo fahren und die Langlaufski zurückbringen, die sie dir geliehen haben. Auf dem Rückweg fahren wir dann bei John vorbei. Dort kannst du telefonieren.«

Dankbar fiel ich ihm um den Hals.

Drei Stunden später schlitterte der Van die Einfahrt zum gemütlichen Holzhaus von Gregs Freunden hinauf. Die beiden öffneten die Tür, als sie uns kommen sahen, und heraus stürmten fröhlich bellend zwei große Malamutes.

Ich war begeistert und sank auf die Knie, um sie zu begrüßen. Endlich nasse Hundenasen und dicker Pelz zum Streicheln. Während Greg mit Bo ins Haus ging, blieb Linda in der Tür stehen und schaute mir lächelnd zu. Ich vergrub mein Gesicht im Fell der Hunde und ließ sie meine Tränen ablecken. Das hatte mir gefehlt. Wir drei genossen die Streicheleinheiten, meine Sehnsucht nach Lady wurde dadurch nur noch heftiger.

»Kommt rein, ihr drei!«, rief Linda, und ich rannte ins Haus, im Schlepptau die Hunde, die spielend um mich herumsprangen. Jetzt erst begrüßte ich das Paar und entschuldigte mich.

»Keine Sorge, wir kennen das. Die Hunde kommen immer zuerst«, lachte Bo. Der sympathische Mann und seine blonde Frau wirkten trotz ihrer etwa fünfzig Jahre wie zwei Highschool-Lehrer. Mit ihren Jeans und Norwegerpullovern sahen sie aus, als seien sie einem Outdoor-Katalog entsprungen. Die Stube war gemütlich eingerichtet mit weichen, breiten Ledersesseln, denen man ihr Alter ansah, und einem runden Esstisch, auf den Linda nun für jeden Platzdeckchen legte und darauf kleine Teller, Gabeln und mächtige Kaffeepötte stellte.

»Ich habe gerade Apfelkuchen gebacken. Lasst es euch schmecken«, lud sie uns ein. Offensichtlich hatten die Einheimischen im Norden immer etwas für unerwartet hereinschneienden Besuch im Ofen, denn angekündigt hatten wir uns ja nicht. Ich ließ mir den Kuchen schmecken und versuchte, die bettelnden Blicke der Vierbeiner zu meinen Füßen zu ignorieren.

»Pass auf. Die Monster versuchen, dich rumzukriegen«, warnte Bo und lachte laut, als beide Hunde synchron die Pfoten hoben und mich anstupsten. Greg beobachte die Szene schweigend mit unbeweglichem Gesichtsausdruck.

»Wir müssen los«, drängte er zum Aufbruch.

»Komm ruhig wieder, wenn du Sehnsucht nach Hundeküssen hast«, rief mir Linda zum Abschied nach. »Die zwei stehen gerne zur Verfügung.«

Im Auto sprudelte ich meine Begeisterung über die Schlittenhunde heraus. Greg schwieg.

»Ach, war das schön. Ich hab das so vermisst. Warum hast du keine Hunde?«, fragte ich.

»Ich habe nichts gegen Hunde«, sagte er in einem Tonfall, der mich frösteln ließ. »Aber ich will keine haben. Domestizierte Tiere lehne ich grundsätzlich ab.«

Auf eine weitere Diskussion wollte er sich nicht einlassen. Er verstärkte sein Tempo und kam in einer schneebedeckten Kurve gefährlich ins Schlingern. Mein Wildnistraum bekam einen ersten Riss, denn ein Leben ohne meine Hündin konnte und wollte ich mir nirgendwo vorstellen. Ich schob den Gedanken zur Seite. Greg liebte mich. Das hatte er mir oft genug gesagt. Alles andere würde sich ergeben – hoffte ich. Aber ich erinnerte mich auch an das Gespräch auf der Fahrt vom Flughafen nach Duluth, wo Greg mir erzählt hatte, dass er weder Kinder noch Verantwortung wolle. Jetzt fürchtete ich, dass auch ein Hund »Verantwortung« für ihn bedeuten könnte. Bevor ich weiterreden konnte, rutschten wir in die Einfahrt zu Johns Haus. Alle Fenster waren dunkel, John war nicht zu Hause. Die große Garage war nicht verschlossen. Greg stieg aus und öffnete das Garagentor. Dort hing an der Wand ein Telefon, daneben lag ein Notizbuch mit Bleistift. Hier trug jeder ein, wie lange und wohin er telefoniert hatte. John rechnete dann die Einheiten aus und kassierte sie später. Ich zog meine Telefonkarte hervor und rief die kostenfreie Servicenummer an, die mich mit meinen Lieben verband. Diese Gebühren wurden direkt meiner Kreditkarte belastet und erschienen nicht auf Johns Telefonrechnung. Als ich die Stimme meiner Mutter hörte, musste ich schlucken. In Deutschland war bald Mitternacht, und es begann ein neues Jahr. Ich erzählte ihr, dass es mir gutgehe, und versuchte, meiner Stimme einen fröhlichen Klang zu geben. Aber Mütter kann man nicht täuschen. Sie wusste, was ich jetzt brauchte: »Deiner Lady geht es gut. Sie liegt gerade im Fernsehsessel und lässt sich von mir den Bauch kraulen. Willst du mit ihr reden?«

Sie tat das, was nur Hundebesitzer fertigbringen. Sie hielt meiner Hündin den Telefonhörer ans Ohr, und ich brüllte siebentausend Kilometer entfernt in einer Garage im eisigen Minnesota: »Laaaaadyyyy! Süße! Hier ist Fraaauchen!«

Greg verdrehte die Augen.

»Sie lässt sich nicht stören. Hat nur mal kurz mit den Ohren gezuckt«, sagte meine Mutter. Ich war beruhigt, dass es ihr gutging und sie mich nicht vermisste. Kein Wunder. Sie bekam bei »Oma« auch das volle Hunde-Wellnessprogramm. Schweren Herzens verabschiedete ich mich von meinen Eltern. Mit Tränen in den Augen stieg ich in den Van. Greg lenkte schweigend das Auto zum Parkplatz.

Gemeinsam liefen wir den Weg zur Cabin zurück, mein Wildnismann wie immer forsch vorweg.

»Die Hunde …« Ich machte einen erneuten Versuch, mit Greg zu sprechen.

»Jetzt nicht«, unterbrach er mich. »Wir reden ein anderes Mal darüber.«

»Aber …«

»Nein!« Er drehte sich abrupt zu mir um. Seine Augen blitzen mich wütend an. Wie erstarrt blieb ich stehen und schluckte meine weitere Rede hinunter, während Greg weiterlief, diesmal deutlich schneller, und mich im Wald stehenließ.

Als ich an der Hütte ankam, sah ich, dass in der Werkstatt Licht brannte. Ich lief an der Cabin vorbei weiter in den Wald zu einer kleinen Felsenklippe, die über den Timber Lake ragte. Sie war inzwischen mein Lieblingsort geworden. Ich hatte sie letzte Woche bei einer meiner Erkundungstouren entdeckt. Sie lag etwa drei Kilometer von der Cabin entfernt und hatte einen freien Blick auf den See und die umliegenden Wälder. Wann immer mich etwas bedrückte, zog ich mich hierher zurück. Mit den Handschuhen fegte ich den Schnee fort und setzte mich auf den Felsen. Ich schaute über den See und die dunklen Wälder bis zum Horizont. Dort hinten, viele tausend Kilometer entfernt, war meine Familie. Sie stießen gerade auf das neue Jahr an. Meine Lady hatte sicher wieder Angst vor dem Feuerwerk, und ich war nicht da, um sie zu trösten und im Arm zu halten. Ich fühlte mich elend. Noch nie hatte ich sie so lange allein gelassen.

Und so saß ich an diesem Spätnachmittag auf einem Felsvorsprung über dem verschneiten Timber Lake und weinte bittere Heimwehtränen.

Natur und Stille haben etwas Heilendes. Nach einer Weile fühlte ich mich besser. Zwar war momentan keine Lösung in Sicht, ich hoffte aber, dass sich Gregs Meinung zum Thema Hund im Laufe der Zeit ändern würde.

Bei meiner Rückkehr zur Cabin empfing mich ein betörender Duft. Der Hausherr hatte gekocht: Forelle aus dem Timber Lake mit wildem Reis. Die Cabin war aufgeräumt, und überall brannten Kerzen. Greg sah meine verheulten, geschwollenen Augen, sagte aber nichts. Statt dessen führte er mich zum Tisch, schob mir den Stuhl zurecht und hauchte mir einen Kuss auf die Stirn, als ich Platz genommen hatte. Als wir im Kerzenlicht beim Essen saßen, tönte aus dem Radio eine Nachricht: »Für Elli, die Wolfsfrau. Greg dankt dir, dass du die Cabin warm hältst.«

Die nächsten Tage vergingen wie im Flug. Die harte Arbeit ging mir leichter von der Hand, der Muskelkater verschwand, und ich fing an, den Blockhüttenalltag zu genießen.

Etwa alle drei Tage lief ich mit den Schneeschuhen

die acht Kilometer zum Briefkasten an der Straße. Ich nahm die Briefe mit, die ich meinen Eltern und Freunden geschrieben hatte, steckte sie in die metallene Box und klappte das Fähnchen hoch. Das war das Zeichen für den Postmann, dass er etwas mitnehmen musste. Mit klopfendem Herzen hoffte ich bei jedem Öffnen des Briefkastens auf eine Nachricht von daheim. Aber es dauerte lange, bis ein Brief aus Deutschland seinen Weg in die Einsamkeit fand, und meine Familie sowie die meisten meiner Freunde waren keine leidenschaftlichen Briefeschreiber. Sie lasen lieber, was die Auswanderer-Abenteurerin ihnen zu berichten hatte.

Es machte mir nichts mehr aus, allein im Wald zu sein. Ich wurde immer mutiger, zumal ich auch sicher sein konnte, dass jetzt im Winter die Bären noch ruhten. Um sie würde ich mir erst im Frühjahr Sorgen machen müssen.

Meist musste ich etwas mit zum Auto nehmen und im Wagen oder Schuppen am Parkplatz einlagern, oder ich brachte umgekehrt etwas von dort zurück. Der Schuppen diente auch als eine Art Lagerraum für Artikel, die Greg bei einem seiner Stadtausflüge gekauft oder bestellt hatte: Ersatzteile fürs Auto, Baumaterial oder Werkzeug für die Werkstatt. Die Lieferanten stellten die Waren dort ab, und wir zogen sie auf dem Schlitten zurück zur Cabin.

Ich fühlte mich weiterhin wie ein Schlittenhund, nur dass sich inzwischen meine Füße an die Schneeschuhe gewöhnt hatten und mir meine »Pfoten« daher nicht mehr allzu riesig vorkamen. Dass ich einmal acht Kilometer zum Briefkasten laufen würde, hätte ich mir nie träumen lassen.

Immer mehr machte mir aber das neue Gefühl zu schaffen, das seit dem Anruf bei meinen Eltern und der Auseinandersetzung mit Greg danach an mir nagte: Ich hatte Heimweh. Damit hatte ich nicht gerechnet. Als Stewardess und Reisejournalistin hatte ich so etwas nie gekannt. Ich war ein Weltenwanderer, rastlos, nie lange an einem Ort, immer unterwegs, und jetzt das. Dabei war es nicht neu für mich, in die Fremde zu ziehen und dort zu leben. Das hatte ich in Arizona getan, in Maine und in Alaska. Ich hatte keine Probleme damit, mich einer fremden Umgebung und fremden Menschen anzupassen. Was war jetzt anders? Warum warf mich das Leben hier so sehr aus der Bahn, dass ich Heimweh bekam?

Ich ahnte den Grund, wollte ihn mir aber nicht eingestehen, geschweige denn mit Greg darüber reden. Es ging um meinen Hund. Ich liebte Lady und vermisste sie. Aber ich liebte auch diesen Mann und das Leben in den Wäldern. Ich wollte beides haben. Warum sollte das nicht möglich sein? Würde ich Lady jemals mit hierherbringen können?

Greg lehnte es strikt ab, mit mir über dieses Thema zu reden, und ich hatte Angst, es anzusprechen, weil ich schon ahnte, dass sich dann alles ändern würde. Ich war noch nicht so weit. Ich hatte gerade erst begonnen, dieses neue Leben zu leben. Ich hatte Angst, mich für die eine oder andere Liebe entscheiden zu müssen.

Ich wusste nicht, wie ich mit meinem Heimweh umgehen sollte, und machte erst einmal emotional dicht, baute eine Mauer. In diesem Gefühlschaos konnte mir nur noch die Natur helfen. Wenn ich auf meinem Felsen saß oder mit Schneeschuhen durch den Wald stapfte, fielen alle Sorgen und Ängste von mir ab, und ich wurde ruhig. Die Wildnis gab mir Kraft und führte mich zurück zu mir selbst.

Greg sah, dass ich unglücklich war, und bemühte sich, mir zu helfen. In einer klaren Vollmondnacht schlug er vor, im Aussichtsturm zu übernachten, der sich hoch über das Blockhaus erhob. Er war der letzte Anbau an sein Holzhüttenimperium und erstreckte sich über zwei Stockwerke. In der Zwischenetage gab es eine Bibliothek mit allen nur denkbaren Büchern zu den Themen Natur, Tiere, Psychologie und Philosophie. Greg las viel, und er versuchte sich ständig weiterzubilden, was ihn für mich besonders anziehend machte. Ich mochte intelligente Männer. Er erzählte mir, dass er täglich aus dem Lexikon ein neues Wort lerne – neuerdings und mir zuliebe auch Deutsch. Eine Etage über der Bibliothek thronte das Turmzimmer, dessen Glasfenster einen 360-Grad-Ausblick boten. In der Mitte stand ein Bett, das fast den kompletten Raum einnahm. Für einen Einsiedler besaß Greg erstaunlich viele Riesenbetten. Der kleine Holzofen reichte bei extremer Kälte nicht aus, um das Zimmer zu heizen. Daher nutzte er diesen Ausguck fast nur im Sommer. Diesmal jedoch hatte er ordentlich eingeheizt; der Ofen glühte. Ich war zum ersten Mal hier und wusste gar nicht, wo ich zuerst hinschauen sollte: auf den See, die Wälder oder in den wolkenklaren Himmel, in dem jetzt die ersten Sterne aufblitzten.

»Das ist so wunderschön«, flüsterte ich aus Angst, den Zauber durch ein lautes Wort zu zerstören.

»Im Sommer schlafe ich oft hier«, sagte Greg, und

seine Augen funkelten mit den Sternen um die Wette. Er setzte sich auf das Bett, zog mich vor sich auf den Schoß und schlang seine kräftigen Arme um mich. Ich spürte die Muskeln seiner Brust an meinem Rücken und drehte den Kopf nach hinten, um ihn zu küssen … da sah ich sie: Graue Schatten huschten über den zugefrorenen See. Aufgeregt sprang ich auf, meine Wangen begannen zu glühen.

»Greg! Schau nur!« Ich zeigte auf den See: »Wölfe!«

Greg räusperte sich. »Hier, nimm das Fernglas«, sagte er und reichte mir den Feldstecher. Gespannt verfolgten wir das Treiben der Raubtiere. Fünf Wölfe spielten miteinander und jagten sich gegenseitig über den See. Sie sprangen übereinander, leckten sich die Schnauzen, warfen sich auf den Rücken und balgten wie kleine Kinder. An den aufgestellten Nackenhaaren erkannte ich, dass es Jungwölfe waren, vermutlich Jährlinge. In der Ferne hörten wir das Heulen eines Wolfes. Schlagartig unterbrachen die Vierbeiner ihr Spiel und starrten in die Richtung, aus der der Ruf gekommen war.

Aufgeregt antworteten sie, wobei sich ihre Stimmen teilweise überschlugen. Dann rannten sie los, aufgereiht wie an einer Schnur dunkler Perlen, nach Hause zu ihrer Familie.

Ich hatte Wölfe während eines Ethologie-Praktikums in Wolf Park, einem Forschungsgehege im US-Staat Indiana, kennengelernt; hatte sie beobachtet und gestreichelt. Aber das hier war anders, das waren wilde Wölfe. In Minnesota gab es etwa zweitausend von ihnen, alle extrem scheu. Sie zu sehen war ein besonderes Geschenk.

Als der letzte Wolf im Wald verschwunden war, stand ich noch lange am Fenster und schaute in die Nacht. Viel zu aufgedreht, um zu schlafen, setzte ich mich auf die Bettkante und suchte ununterbrochen mit dem Fernglas die Seeoberfläche ab. Irgendwann wurde mir kalt, und ich kroch zu Greg in den Schlafsack. Schläfrig zog er mich in seinen Arm und schlief weiter, während ich noch bis zum Morgengrauen dem Heulen der Wölfe lauschte.

Mit der Dämmerung kam die Kälte. Der kleine Holzofen gab keine Wärme mehr ab. Greg zog den Schlafsack sanft über mich und legte noch einmal zwei Scheite Holz nach. Während der Nacht war das Thermometer auf fünfunddreißig Grad unter Null gefallen, und fast vierzig Zentimeter Neuschnee glitzerten in der aufgehenden Sonne. Als der Eisblumenteppich an den Fensterscheiben zu wachsen begann, standen wir auf. Mit einem letzten Blick auf den See nahm ich Abschied vom Aussichtsturm.

»Lass uns bald wieder hier raufkommen«, bat ich Greg und nahm seine Hand.

»Jederzeit«, grinste der und öffnete die Luke im Boden, die zur Leiter abwärtsführte.

Als Greg später in die Werkstatt ging, um das Kinderkanu weiterzubauen, beschloss ich, mich auf die Suche nach den Wölfen zu machen. Ich fütterte noch einmal den Ofen in der Cabin mit dicken Holzscheiten, zog die Schneeschuhe an und machte mich auf den Weg zum See. Da waren sie, die Spuren der Tiere, die wir in der Nacht beobachtet hatten. Vorsichtig folgte ich ihnen in den Wald. Sie führten ins tiefe Dickicht, und ich musste die Schneeschuhe abschnallen, um vorwärtszukommen. Die Fährten leiteten mich über Stock und Stein, durch Gebüsch, an Klippen und Felsen vorbei und über schneebedeckte Felder. Nur mühsam kam ich im meist knietiefen Schnee voran. Ich versuchte, leise zu sein, aber sowohl mein angestrengtes Keuchen als auch das Krachen der Zweige ließen mir keine Chance gegen den lautlosen Beutegreifer, der sich elegant und sicher vor mir bewegte. Gelegentlich traf ich auf eine runde Vertiefung, vermutlich die Ruhestelle eines Hirsches. Ausgiebige gelbe Markierungen im Schnee wiesen darauf hin, dass auch die Wölfe die Stelle bemerkt hatten. Plötzlich entdeckte ich weitere Wolfsspuren, die aus anderen Richtungen zusammentrafen; anscheinend befand sich das komplette Rudel auf der Jagd. Dennoch galt mein Mitgefühl weniger dem Hirsch als seinen wilden Jägern, denn im tiefen Schnee war die Beute mit ihren langen Beinen eindeutig im Vorteil.

Die Wölfe hatten Glück gehabt. Nach einer Stunde Fährtensuche fand ich frische Blutspuren im Schnee und entdeckte kurze Zeit später einen jungen Weißwedelhirsch tot im Gebüsch. Ich kniete nieder und berührte ihn; er war noch warm. Der Bauch war aufgerissen, und ein Hinterbein fehlte. Der Magen lag abseits, das Herz und die Leber fehlten. Bisswunden an den Beinen und der Kehle deuteten darauf hin, dass dieses Tier nicht lange hatte leiden müssen.

Die Wölfe waren weit und breit nicht zu sehen, nur ihre Spuren. Ich wusste, sie würden mich nicht angreifen. Selbst wenn ich ihnen dieses harterkämpfte Futter wegnehmen würde, hätte ich nichts zu befürchten. Dazu haben sie zu viel Angst vor uns Zweibeinern. Ich hatte noch nie Angst vor Wölfen gehabt. Als Kind wuchs ich mit einem Schäferhund auf, der zumindest äußerlich einem Wolf glich. Er war mein bester Freund und Vertrauter. Die Liebe zu den Wölfen ließ mich nie wieder los und hatte mich schließlich auch nach Minnesota geführt.

Plötzlich spürte ich, dass ich beobachtet wurde. Die Tiere waren sicher hungrig, und ich wollte sie durch meine Anwesenheit nicht vertreiben. Darum zog ich mich zurück und beschloss, später noch einmal herzukommen.

Am späten Nachmittag kehrte ich zum Hirschkadaver zurück, um zu sehen, wie viel die Wölfe gefressen hatten. Nur ein paar Haare und wenige Blutspuren zeugten vom morgendlichen Drama. Die vielen Raben, die in den letzten Stunden über dem See gekreist waren, hatten dafür gesorgt, dass nichts übrig geblieben war. Die Wölfe waren satt geworden.

Ich freute mich für sie. Plötzlich hörte ich ein einsames Heulen, ein Klang, der mehr als jedes andere Naturgeräusch missverstanden wird. Für die Wölfe ist es eine Bestätigung ihrer gegenseitigen Zuneigung: Wir hören dich, wir sind da und lassen dich nicht allein. Bei vielen Zweibeinern löst es Angst und Panik aus. Nicht so bei mir. Ich fühlte mich auf eine besondere Weise verstanden und getröstet.

EISLEBEN

Ich liebte den Winter in Minnesota. Die Cabin lag unter einer dicken Schneedecke, und an die Außentemperaturen von minus dreißig bis minus vierzig Grad gewöhnte ich mich rasch. Die feuchtkalten Winter in Deutschland machten mir mehr zu schaffen. Die tiefen Minusgrade hielten die Einheimischen in Minnesota nicht davon ab, sich draußen aufzuhalten. Ich staunte über die zahlreichen Aktivitäten, die die Menschen hier in der Wildnis zusammenbrachten.

Das Eisangeln gehörte zu den beliebtesten Sportarten. An schönen Wochenenden brach in unsere idyllische Einsamkeit eine Armada ein. Ganze Familien machten sich aus der Großstadt Minneapolis in den Norden auf, um sich ihre Wochenration frischen Fisch zu holen. Völlig verdattert blieb ich beim alltäglichen Gang zum Wasserholen auf der Kuppe des Hügels stehen und schaute auf den See. Wo kamen all die Menschen her?

Ich rannte zurück zum Haus und holte Greg, der mich aufklärte: Etwa zwei Kilometer entfernt gab es einen öffentlichen Zugang zum See. Dort parkten die Eisangler und schleppten ihre Ausrüstung auf das Eis. Der See war für die Öffentlichkeit freigegeben, unser Ufer und unsere Wasserstelle dagegen blieben als Privatbesitz tabu. Der Timber Lake war bekannt für seine prächtigen Lachsforellen. Sie konnten bis zu 80 Zentimeter lang und acht bis zehn Kilo schwer werden. Mit Geräten, die wie riesige Korkenzieher aussahen, bohrten die Angler zwanzig bis dreißig Zentimeter große Löcher ins Eis und warteten geduldig, bis eine der Forellen anbiss. Die ganz Faulen schleppten motorbetriebene Bohrer auf den See. Andere wiederum versuchten, mit kleineren Handbohrern Zeit und Schweiß zu sparen. Dumm nur, wenn ein großer Fisch anbiss, der nicht durchs Loch passte. Dann ertönte auch schon einmal lautes Fluchen über den See. Erfahrene Eisangler hatten stets eine Axt in Reichweite, mit der sie im Notfall das Loch vergrößern konnten.

Am interessantesten fand ich das Theater drumherum. Überall saßen bunte Grüppchen auf Campingstühlen vor ihren Löchern. Sie hatten kleine Lagerfeuer auf dem Eis entfacht, grillten und verzehrten die soeben gefangene Mahlzeit. An schlechten Tagen mussten Würstchen oder Hamburger als Ersatz herhalten. Dazu gab es heißen Kaffee aus der Thermoskanne.

Gelegentlich kam ein Langläufer vorbei oder ein Schlittenhundeteam. Es blieb immer genügend Zeit für ein Schwätzchen. Ich liebte die Abwechslung, die dieses Inferno in unser Leben brachte, und genoss die Gespräche mit den Menschen. Gemütlich schlenderte ich über den See, blieb hier und da stehen, wurde oft auf einen Hotdog oder einen Kaffee eingeladen und versetzte die Angler in Erstaunen, wenn ich ihnen erzählte, dass ich aus Deutschland kam. Nicht wenige erzählten mir sofort von ihren Vorfahren – »Wikinger« –, die aus den nordischen Ländern Europas nach Minnesota eingewandert waren, weil das Land ihren Heimatländern so ähnlich sei.

Wie die meisten Amerikaner waren auch die Einwohner von Minnesota sehr offen und freundlich. Greg waren die sonntäglichen Invasionen meist zu viel Trubel. Er arbeitete lieber in seiner Werkstatt.

»Hör mal, ich habe von einem der Angler erfahren, dass am Wochenende hier irgendwo eine Eremitenparty stattgefunden hat. Was ist das?«, fragte ich Greg und wunderte mich über die Gepflogenheiten der Einheimischen.

»Da treffen sich alle, die wie ich als Einsiedler im Busch leben«, erklärte er. »Jeder bringt etwas zu essen mit, der Gastgeber stellt Kaffee und Tee.« Alkohol wurde hier draußen kaum getrunken, die in Deutschland so beliebten heißen, alkoholischen Getränke wie Glühwein oder Grog kannte man nicht. Vermutlich ist es zu gefährlich, sich im nordischen Winter in der Wildnis zu betrinken; sollte sich jemand auf dem Heimweg verirren, wäre er unweigerlich verloren.

Nach dem Essen aktivierten die Einheimischen das »Buschradio«: »Wir unterhalten uns über Neuankömmlinge oder was alles in letzter Zeit passiert ist.«

Erstaunlich, wie geschwind sich in dieser entlegenen Gegend Klatsch verbreitete. Der Abend endete meist mit einem gemeinsamen Saunagang und einer Schlittenfahrt.

»Nackt natürlich!«, betonte Greg. »Immer pärchenweise!« Ich riss die Augen auf. Für ihn schien das völlig normal zu sein.

»Und wie erfahrt ihr von solchen Partys?«

»Durch das Radio.« Na klar, wie auch sonst. »Wenn

du magst, kannst du beim nächsten Mal mitkommen«, schlug Greg vor.

Für die meisten Bewohner von Ely war ich eine Exotin. Dass sich eine aus Deutsche im Winter in die Wildnis wagte, konnten sie nicht fassen. Sicher wäre ich ein interessanter Gast auf einer solchen Eremitenparty gewesen. Die Teilnahme erübrigte sich jedoch erst einmal für mich – nicht aus Menschenscheu, sondern aus reiner Eitelkeit. Durch die Anstrengungen, das ungewohnte Leben und den Schlafmangel breitete sich auf meiner Lippe plötzlich ein gigantischer Herpes aus.

»Stress!«, erklärte ich Greg verschämt und hätte mich jetzt gern im Wald verkrochen. Da verliebte ich mich über beide Ohren, wollte einen möglichst attraktiven Eindruck auf den Mann meiner Träume machen, und dann zierte ein solches Geschwulst die Kusslippen. Ein Albtraum!

»Du wirst für mich immer die Schönste sein«, versicherte Greg und küsste jede unversehrte Stelle meines Gesichts. Ich schmolz dahin. Dennoch verzichtete ich für die nächste Zeit erst einmal auf öffentliche Auftritte, bis ich wieder »normal« aussah.

Nach und nach erkundete ich nun auch den Rest von Gregs Imperium. Die vierzig Acre seines Grundstücks entsprachen etwa sechs Quadratkilometern, das hatte ich inzwischen herausgefunden. Ein beachtlicher Teil davon grenzte an den Timber Lake, der wiederum vom National Forest umgeben war, was bedeutete, dass das Gebiet nicht mehr bebaut werden durfte. Unser »Hinterhof« erstreckte sich also über mehrere tausend Quadratkilometer.

Um die Cabin herum hatte Greg eine Art Blockhüttendorf errichtet mit zahlreichen Holzhäusern, deren Zweck er teilweise selbst noch nicht kannte; er baute einfach gern. Eine der Hütten diente als Lagerhaus für Lebensmittel: Im in die Erde gegrabenen Vorratskeller hielten mit Sand gefüllte Holzfässer Kartoffeln und Möhren bis zur nächsten Ernte frisch. Auf Regalen stand eingemachtes Obst und Gemüse. In diesem Keller herrschte sommers wie winters eine gleichmäßige Temperatur.

In einer weiteren Cabin lagerten die Eisblöcke, mit denen Greg die Kühltruhe bestückte und so Fisch und Fleisch für den baldigen Verzehr aufbewahrte. In der großen Holzscheune befand sich Gregs Werkstatt. Die anderen Hütten lagen halbfertig im Winterschlaf.

Mit jeder Erkundungstour lernte ich das Land besser kennen. Es war aufregend, sich in einem fremden Territorium zurechtzufinden. Die Neugier, was hinter der nächsten Kurve wohl kommen mochte, war belebend.

Anfangs war ich noch unsicher. Vieles war ungewohnt, und ich hatte Angst, etwas falsch zu machen oder mich zu blamieren. Ich lernte jetzt täglich neue Fertigkeiten. Greg brachte mir bei, mit Motorsäge und Axt umzugehen, und ich merkte, wie ich von Tag zu Tag kräftiger wurde. Mit jeder Herausforderung, die ich meisterte, wurde ich stärker – körperlich *und* mental.

Unser Alltag war wohltuend einfach und überschaubar. Wenn Greg in seiner Werkstatt arbeitete, verfasste ich an meinem Schreibtisch vor dem Fenster Artikel für Tier- und Naturzeitschriften. Genug Anschauungsmaterial hatte ich ja direkt vor meiner Nase.

Ich verbrachte viel Zeit damit, die Tiere zu beobachten und Aufzeichnungen zu machen. Mit Hilfe der Naturführer, die überall in der Cabin herumstanden, lernte ich, ihre Spuren zu identifizieren. Ein vorwitziger Baummarder und seine Familie bewohnten ein ausladendes Nest mit mehreren Eingängen in schwindelnder Höhe in einer Tanne, das sie irgendwann von einem Greifvogel besetzt hatten. Die Marder fraßen an den Resten des Hirschkadavers, den Greg für sie ausgelegt hatte. Mit ihren neugierigen Knopfaugen schauten sie oft durchs Fenster und beobachteten mich beim Schreiben. Weißwedelhirsche überquerten vorsichtig das Land und scharrten auf der Suche nach ein wenig Grün mit ihren Hufen die Schneedecke fort.

Greg kaufte regelmäßig einen Sack Sonnenblumenkerne. Damit fütterte ich die zutraulichen Spechte, Meisen, Eichelhäher und die anderen leuchtend gelben und roten Vögel, die sich täglich ein Stelldichein vor dem Küchenfenster gaben und innerhalb kürzester Zeit die mühsam zur Cabin transportierten Körner vertilgten.

Nachmittags unternahmen wir oft Schneeschuhwanderungen, wobei Greg sich als ausgezeichneter Guide erwies. Er zeigte mir Schwarzbärenhöhlen, die es hier reichlich gab, und warnte davor, im Frühjahr allein in Höhlennähe zu wandern.

»Jetzt schlafen sie noch und bringen in den Höhlen ihre Babys zur Welt. Aber warte nur, wenn sie wach und hungrig sind. Dann hältst du lieber Abstand.«

Moorschneehühner jagten mir auf so manchem Spaziergang einen Riesenschreck ein, wenn ich mich einer kleinen Erhebung im Schnee näherte und sich dieser »Schneehügel« plötzlich flatternd in die Luft erhob. Diese Fasanenart gräbt, um Nahrung zu finden oder sich vor Räubern zu schützen, Löcher in die Schneedecke und lässt sich bei ungünstiger Witterung auch komplett einschneien.

Oft fand ich die Fährten von Wölfen vor der Hütte und beim Outhouse. Vorsichtig kundschafteten sie uns in der Nacht aus, schnüffelten hier und markierten dort. Manchmal glaubte ich, ihre Nähe zu spüren, und fühlte mich von ihnen beobachtet.

Nach dem Abendessen hörten wir Radio, lasen und führten lange Gespräche über Natur, Philosophie oder Politik. Greg erzählte mir von seinem Leben und den Tieren hier am Timber Lake und von der Naturverbundenheit der Aussteiger im hohen Norden. Von mir erfuhr er, was in »der Welt da draußen« vor sich ging. Ich erzählte ihm von meiner Zeit als Stewardess und von fremden Ländern und von dem Frust, den mir die Arbeit als Anwältin bescherte und der mich dazu bewogen hatte, die Robe an den Nagel zu hängen und stattdessen Bücher zu schreiben. Es machte Spaß, Gemeinsames zu entdecken. In diesen Momenten schien uns nichts trennen zu können.

Bevor wir abends die Leiter zum Schlafzimmer herunterzogen, legten wir ein paar Scheite Holz aufs Feuer. Wann immer in der Nacht jemand zur Toilette ging, musste er den Ofen füttern. Dann kuschelten wir uns ins Bett, zogen die Decken bis zum Hals und ließen unsere Körperwärme die Kälte vertreiben. Ich war angekommen.

An einem kalten, sonnigen Wochenende lud Greg zur »Eisparty« ein, einem der größten gesellschaftlichen Ereignisse im hohen Norden. In der Wildnis übernimmt das Eishaus die Funktion des Kühlschranks, ähnlich wie in der Nachkriegszeit bei uns. Damals, als es noch keine Gefrierschränke gab, fuhr der Eismann durch die Stadt und verkaufte Eisblöcke zur Kühlung.

Das Herstellen von Eis ist in Minnesota nicht nur ein Bindeglied zur alten und traditionellen Lebensweise der letzten Einsiedler, sondern eine Lebensnotwendigkeit und außerdem auch ein Gemeinschaftsprojekt aller Freunde und Nachbarn. Und so holten im Winter, wenn das Eis im Timber Lake so hart war wie die Granitfelsen, die ihn umgaben, die Einwohner von Ely ihre langen, warmen Unterhosen und die Ohrenschützer aus dem Schrank und nahmen an diesem Ritual teil.

Schon einige Tage vorher begannen wir mit den Vorbereitungen. Greg kramte seine Spezialwerkzeuge heraus und vergewisserte sich, dass sie funktionierten. Ich kochte aus Hirschfleisch einen riesigen Topf Gulasch und versuchte, Ordnung in das Hüttenchaos zu bringen. Am Tag vor dem Ereignis fegten wir von einem Teil der Seeoberfläche den Schnee fort, bis sie glasklar war. Fehlt die schützende Isolierschicht, wird das Eis dicker. Greg teilte diese Fläche in quadratische Abschnitte auf und schnitt mit einer Motorsäge tief in das Eis, um so eine Anzahl von jeweils hundert Kilo schweren Blöcken vorzubereiten.

Am nächsten Tag versammelten sich Einheimische und Freunde am See. Das Radio, WELY, hatte die Einladung zum Eismachen am Abend gesendet. Viele brachten die bis zu zwei Meter langen Handsägen mit, die auch ihre Väter und Großväter einst benutzt hatten. Mit diesen alten Werkzeugen zersägten sie den Rest des vorbereiteten Eises. Anschließend holten sie mit übergroßen Greifzangen die einzelnen Blöcke aus dem See und luden sie auf die Schlitten. Rasch zogen sie gemeinsam die kalte Fracht den Berg hinauf und stapelten sie in einem eigens dafür gebauten Blockhaus. Jede weitere Lage wurde mit einer dicken Schicht Sägemehl bedeckt, die so gut isolierte, dass das Eis oft bis in den nächsten Winter nicht schmolz. Von der Last befreit, rodelten die Helfer anschließend mit Gejohle den Berg hinab.

Nachdem auf diese Weise mehrere Tonnen Eis verstaut waren, kam der krönende Abschluss, auf den mich schon alle neugierig gemacht hatten, indem sie sich breit grinsend gegenseitig die Ellbogen in die Rippen stießen.

»Wart's nur ab. Wir verraten nichts.« Sie kicherten wie übermütige Kinder.

Wir gingen noch einmal zusammen zum See hinunter, in dessen Oberfläche nun das Wasser dunkel schimmerte. Plötzlich begannen Greg und seine Helfer sich die Jeans herunterzustreifen, die Wollhemden aufzuknöpfen und unter dem Gejohle aller nackt in den See zu springen. Nach ein paar Schwimmzügen kletterten sie bibbernd aufs Eis, zogen sich die Kleider über die nassen Körper und rannten den Berg hoch in die Cabin, wo sie sich mit hausgemachter Suppe, wildem Reis und Hirschgulasch stärkten. Am Abend beschrieb ich in meinem Tagebuch die merkwürdigen Gebräuche der »Eingeborenen«.

Der Januar neigte sich dem Ende entgegen, und es wurde Zeit für mich, nach Hause zu fliegen. Erst vier Wochen war ich hier, und doch schien es mir wie eine Ewigkeit.

»Warum lässt du nicht deine Sachen hier bei mir«, schlug Greg vor. »Du kommst doch zurück, oder?«

Natürlich wollte ich wiederkommen, ein Teil von mir würde am liebsten für immer so weitermachen. Aber es gab noch so viele offene Fragen.

Ich war mit einem tollkühnen Satz in dieses wilde Leben gesprungen, ohne mir Gedanken zu machen, wie es weitergehen sollte. Ich wohnte in Deutschland, hatte eine Familie, Freunde, ein Haus, einen Job und eine Zukunft. Wollte ich das alles eintauschen gegen das harte Dasein an der Seite eines Mannes, den ich zu lieben glaubte und mit dem ich phantastischen Sex hatte? Wir hatten über vieles gesprochen, nur nicht über diese entscheidenden, persönlichen Dinge.

Mich quälte vor allem die Frage, ob ich bei meiner Rückkehr Lady mitbringen konnte. Ich hatte mich weiterhin gescheut, das Thema anzusprechen, vermutlich weil ich ahnte, wie die Antwort ausfallen würde.

Ich packte nur einen Handkoffer und ließ den Rest meiner Sachen in der Cabin. Auf einmal gelang es Greg sogar, Platz zwischen seinen Kisten zu schaffen, um meine Pullover und Hosen unterzubringen. Wir fuhren nach Minneapolis zum Flughafen. Da mein Flug am frühen Vormittag ging und die Fahrt etwa sechs Stunden dauerte, übernachteten wir an diesem Abend in einem einfachen Motel in der Stadt und aßen eine Kleinigkeit in einem Schnellimbiss. Greg war schlechtgelaunt und hielt mir unentwegt Vorträge, wie sehr es der Natur schade, so viel Benzin zu verfahren und so viel Geld für ein Hotel oder ein Essen auszugeben. Er fühlte sich sichtbar unwohl.

»Ich bin wie ein Indianer und möchte in der Wildnis leben«, knurrte er, während ich mich bemühte, unsere letzten gemeinsamen Stunden harmonisch ausklingen zu lassen.

Wir schliefen wenig. Der ungewohnte Lärm von der Straße und die Unsicherheit, wie es weitergehen sollte, sorgten für eine bedrückte Stimmung. Eng aneinandergeschmiegt verbrachten wir schweigend die Nacht, und ich versprach, so schnell wie moglich wiederzukommen.

Als ich am nächsten Morgen im Flugzeug nach Deutschland saß, versuchte ich meine Gedanken zu ordnen. Vor vier Wochen war ich ins Unbekannte aufgebrochen, zu einem Mann, den ich nicht kannte. In dieser Zeit hatte ich ein Leben kennengelernt, das immer mein Traum gewesen war. Ich hatte körperlich hart gearbeitet und emotional eine Achterbahn der Gefühle durchlebt. Bis über beide Ohren verliebt, sehnte mich schon jetzt, nachdem ich kaum von ihm getrennt war, nach Greg und seiner Cabin zurück.

Wie würde unsere Zukunft aussehen? Hatten wir überhaupt eine Zukunft? Dieser Mann, der so selbstverständlich in der Wildnis lebte, kam mit der Zivilisation gar nicht zurecht. Ich dagegen fühlte mich sowohl in seiner als auch in meiner Welt wohl und wollte weder auf die eine noch auf die andere gänzlich verzichten. Ob das gutgehen konnte?

In Deutschland wurde ich mit einem Schlag aus der Wildnis ins 20. Jahrhundert katapultiert. Auf dem Frankfurter Flughafen landete ich in Lärm, Eile, Enge – und Liebe. Meine Eltern waren gekommen, um mich abzuholen, und hatten Lady mitgebracht. Als ich aus dem Zollbereich kam und sie dort warten sah, kniete ich neben meiner Hündin und umarmte sie, während sie mir winselnd das Gesicht leckte. Die Passagiere und Abholer sahen uns lächelnd zu. Wir beide gehörten zusammen.

Meine Familie war glücklich, mich wieder sicher daheim zu haben. Ich musste viel erzählen, in den ersten Tagen nach meiner Rückkehr wollten alle, die meine überstürzte Abreise erlebt hatten, wissen, wie es war. Mit glänzenden Augen lauschten meine Freundinnen den Abenteuern aus der Wildnis und schwärmten verzückt, dass sie auch einmal so etwas Romantisches erleben wollten. Ich hatte natürlich schamlos übertrieben und nur wenig vom harten Alltagsleben erzählt.

In der ersten Zeit schlief ich unendlich viel und merkte daran, wie erschöpft ich war. Dann stürzte ich mich in die Arbeit. Auf meinem Schreibtisch lagen große Stapel Post und warteten auf Erledigung. Die Artikel, die ich in der Cabin geschrieben hatte, mussten für den Versand fertiggemacht werden. Die nächste Ausgabe des Wolf Magazins war längst überfällig. Einen Großteil hatte ich schon in der Cabin geschrieben, aber für das Layout brauchte ich meinen Desktopcomputer zu Hause. Briefe wollten beantwortet werden, Abgabetermine für Reiseartikel drängten. Ich war froh, dass ich so viel zu tun hatte, denn so dachte ich nicht allzu viel an Greg.

Mein Leben hatte jetzt eine andere Qualität. Heißes Wasser aus der Leitung und jederzeit Strom. Das Thermostat an der Heizung aufdrehen, und es wurde warm. Kein Holz hacken, keine stundenlangen Wanderungen zum Briefkasten. Auf der einen Seite genoss ich es, andererseits fehlte mir etwas: klare, kalte Luft, Stille.

Dann begannen Gregs Briefe einzutreffen. Fast täglich kamen Liebesbriefe. Jeden dritten Tag rief er mich an. Ich wusste ja, welche Mühe er auf sich nahm, um mit mir zu sprechen: zwanzig Kilometer bis zu Johns Garage.

Und plötzlich teilte sich mein Leben wieder in die Abschnitte zwischen den Telefonaten und dem Warten auf Post. Greg schien ungeduldig zu werden. Es gefiel ihm nicht, wenn sich etwas seiner Kontrolle entzog.

»Wann kommst du?«, fragte er zum wiederholten Male und drängte: »Ich vermisse dich und will dich bei mir haben.«

»Ich kann nicht, ich muss meine Arbeit fertigmachen. Außerdem weiß ich nicht, wie ich das Ticket bezahlen soll.«

Ich hatte nur noch wenig Geld. Erst wenn meine Artikel gedruckt waren, würde wieder Geld in die Kasse fließen. Dabei liefen meine laufenden Kosten unverändert weiter: Krankenkasse, Steuer, Strom, Heizung, Versicherungen. Der Aufenthalt in Minnesota hatte mich weit zurückgeworfen. Mein Notpolster wollte ich auf keinen Fall angreifen.

Greg zeigte wenig Verständnis; er wollte mich sehen und wusste nur zu genau, dass ich ihn auch vermisste.

»Ich gebe am Wochenende eine Eremitenparty«, erzählte er mir eines Tages mit einem trotzigen Unterton, als ich ihm immer noch keine konkreten Reisedaten nennen konnte.

»Eine *dieser* Partys?« Ich schluckte.

»Klar! Mit Sauna, Schlittenfahren und allem Drum und Dran.« Das Wörtchen »nackt« sprach er nicht aus, aber es stand im Raum, ebenso wie sein Grinsen. Er hatte gezielt und meinen wunden Punkt getroffen.

»Schade, dass du nicht kommen kannst.«

Ich fing an zu weinen. Das konnte ich nun wirklich nicht gebrauchen. Neben all der Arbeit zu Hause auch noch die Vorstellung, wie Greg mit einer (Ex?)Freundin nackt Schlitten fährt.

Mein einfühlsamer Wildnismann bemühte sich, die Situation zu retten, und besänftigte mich:

»Es wird immer Augenblicke geben, in denen du zweifelst, ob du mich liebst oder ob ich dich liebe. Alles, was dir dann noch bleibt, ist dein Vertrauen. Du musst darauf vertrauen, dass ich dich liebe.«

Damit legte er auf, und ich starrte den Hörer an. Warum hatte er das getan? Dass er sich gerne mit Psychologie beschäftigte, wusste ich durch die zahlreichen Bücher in seiner Bibliothek. Gleich mehrere Regale enthielten Lektüre zu Themen wie Beziehungen, Menschenführung, Manipulation. War das wieder einer seiner »Tests«?

In den nächsten Tagen weinte ich viel, einmal, weil ich eine erneute Trennung von Lady kommen sah, aber auch weil ich Greg vermisste. Unsere Telefongespräche wurden seltener. Dafür kamen weiterhin täglich leidenschaftliche Liebesbriefe, deren Inhalt ein vertrautes Kribbeln in meinem Körper hervorriefen. Das Packpapier oder die alten Werbeflyer, die er dazu recycelt hatte und auf deren freie Rückseiten er seine Gedichte und Nachrichten schrieb, rochen nach Holzfeuer und der Cabin. Greg beschrieb seinen Alltag, die Arbeit und das Heulen der Wölfe auf dem See.

»Sie vermissen dich – so wie ich!«

Siebentausend Kilometer entfernt, zog er alle meine Fäden.

Ich wusste nicht mehr, wo ich hingehörte, und war innerlich völlig zerrissen. So wollte ich auf Dauer nicht leben. Aber wie sollte meine Zukunft aussehen? Jetzt schon eine Entscheidung für später zu treffen, war absurd. Dazu kannte ich meinen Traummann zu wenig.

Nach nur drei Wochen in Deutschland kratzte ich den Rest meiner Ersparnisse zusammen und buchte erneut einen Flug nach Minneapolis. Ich wollte meinen vierzigsten Geburtstag unbedingt mit Greg feiern. Meine Freunde sorgten sich um mich.

»Bleib doch erst einmal hier und denk darüber nach«, rieten sie mir.

»Du kennst diesen Mann doch gar nicht und willst schon alles für ihn aufgeben?«

»Was wird mit Lady? Nimmst du sie mit?«

Lady! Was tun? Sollte ich sie einfach mitnehmen auf die Gefahr hin, dass Greg sie ablehnte? Der Flug allein war schon eine Strapaze. Als sie mit mir von Amerika nach Deutschland geflogen war, hatte sie Tage gebraucht, um sich zu erholen. Das konnte ich ihr auf eine bloße Hoffnung hin nicht zumuten. Hinzu kamen die tiefen Temperaturen, die sie nicht gewohnt war; sie war ein Sofa-Hund und kein Schlittenhund, dem die Kälte nichts ausmacht. Nein, solange ich nicht wusste, wie es mit Greg und mir weiterging, war es das Beste, sie zu Hause bei meinen Eltern zu lassen. Ich fühlte mich wie eine Verräterin, als ich sie zum Abschied umarmte. Trotzdem musste ich fliegen. Es war wie ein Zwang. Ich musste herausfinden, wer ich war und was ich wollte.

Abermals flog ich in die Wildnis. Diesmal brauchte ich mir keine Gedanken darüber zu machen, wie man sich bei Minustemperaturen sexy anzieht. Greg holte mich vom Flughafen ab, und wir fuhren ohne Unterbrechung direkt nach Ely. Der Weg in der Dunkelheit zur Cabin fiel mir jetzt deutlich leichter als beim ersten Mal am Tag. Ich war besser trainiert, der Wintertrail ausgetreten und mein Gepäck auf ein Minimum reduziert. Der Mond schien hell, so dass wir auch ohne Stirnlampen den Weg fanden. Als die runden Kiefernhölzer der Blockhütte tiefverschneit im Mondlicht auftauchten, empfand ich ein leises Gefühl von Heimat.

Am nächsten Morgen trat ich nur mit einer Daunenjacke und den Sorels bekleidet vor die Hütte und nahm die Welt um mich herum ganz bewusst wahr: die Cabin, die Kälte, die glasklare Luft, die Stille. Kein Verkehrslärm, keine Abgase, kein Radio. So viele Menschen erfahren ihr Leben lang nicht, wie es ist, ohne menschlichen Lärm zu leben. Sie kennen nicht die Schönheit der Stille. Und wenn sie sie erlebten, würden sie sie vermutlich sofort zerstören. Tränen des Glücks und der Dankbarkeit schossen mir in die Augen.

Leise war Greg aus der Tür getreten und schlang seine Arme von hinten um mich. Auch er trug nur eine warme Jacke und hüllte mich darin ein.

»Ich bin so froh, dass du wieder da bist«, flüsterte er mir ins Ohr und biss in mein Ohrläppchen. Gestern Abend war ich nach der Ankunft sofort zur Empore hochgeklettert und ins Bett gekrochen. Als ich am Morgen wach wurde, war Greg schon aufgestanden und hatte für mich Kaffee gekocht. Jetzt zauberte er einen Schlafsack hinter seinem Rücken hervor, den er im Schnee auf der Terrasse ausbreitete.

»Komm!« Er streckte seine Hand aus und zog mich zu sich auf die Decke. Als die warme Jacke in den Schnee fiel, spürte ich keine Kälte, denn mein Geliebter hielt mich fest in seinen Armen, als wir im Gleichklang der Bewegungen miteinander verschmolzen.

Zurück im Alltag, begann ich mich neu zu orientieren. Greg hatte ausreichend Holz geschlagen, so dass ich nur noch die Scheite aus dem Schuppen ins Haus zu holen brauchte, um den Ofen zu füttern. Mein Körper schien sich schnell an die ungewohnten Bewegungsabläufe zu erinnern und gehorchte mir.

Es schneite fortwährend, und ich füllte den großen Tank hinter dem Herd ständig mit Schnee, um daraus Wasser zum Duschen oder Abwaschen zu schmelzen. Ich lernte, den Holzherd zu bedienen und Sauerteigbrot zu backen. Der Sauerteigansatz wird hier von Hütte zu Hütte weitergeben und wie eine Kostbarkeit behandelt. Mein erstes selbstgebackenes Brot war reichlich »knusprig« an der Außenseite, Greg nannte es »verbrannt«. Ich mochte es so – im Gegensatz zum amerikanischen Pappbrot, das es im Supermarkt gab. Dieses eigene Brot war für mich etwas Besonderes: ein Symbol von Heimat, ein Zeichen von Dauerhaftigkeit,

Wärme, Stabilität, eine Art Absichtserklärung: Ich habe vor, zu bleiben.

Die Cabin sah ordentlicher aus als beim ersten Mal. Alle Kisten waren fein säuberlich aufeinandergestapelt. Greg hatte Staub gewischt und den Teppichboden gekehrt. Der Raum schien größer und heller. Im Küchenregal stand ein Vorrat an Pulverkaffee und Tee.

Unser Tisch war fertig geworden. Noch im Januar hatten wir gemeinsam begonnen, einen neuen Ess- und Arbeitstisch zu bauen. Statt einer massiven Baumplatte hatten wir Holzplanken genommen, aneinandergeklebt und mehrfach geschliffen. Jetzt glänzte er frisch lackiert in meiner Arbeitsecke. In die Tischplatte hatte Greg unsere Initialen geschnitzt: E&G. Ich war gerührt über die Mühe, die er sich gemacht hatte.

»Lass uns ein Iglu bauen«, schlug Greg am Valentinstag vor. Bei strahlendem Sonnenschein und Temperaturen von minus fünfzehn Grad gingen wir zum See hinunter. Für die Umrisse des Iglus zogen wir einen perfekten Kreis auf dem Eis. Dazu stand ich in der Mitte und hielt ein Seil in der Hand, während Greg mit dem gespannten Seil um mich herumlief und mit einem Stock die Markierung zog. Wir bereiteten die Unterlage für das Eisheim vor, indem wir den Schnee aus dem Umriss herausschaufelten. Ein Stück weiter schnitt Greg mit einer Kettensäge mehrere Blöcke Eis aus dem See, etwa sechzig mal vierzig Zentimeter groß und fünfzehn Zentimeter dick. Diese Blöcke setzten wir auf unserem Iglu-Grundriss spiralförmig aufeinander, jeden Eisblock ein wenig mehr nach innen versetzt. Von außen schaufelten wir rundherum Schnee auf diese

Konstruktion und gossen regelmäßig Wasser darüber; immer wieder in mehreren Lagen. Sie füllten nach und nach die Lücken und zementierten das Iglu an der Außenwand steinhart. Am ersten Tag schafften wir drei Reihen, am folgenden Tag sollte es fertig werden. Der Wetterbericht kündigte minus dreißig Grad an, und tatsächlich, am nächsten Tag wurde es noch kälter, aber ohne Wind konnte man es gut aushalten. Wir mussten dennoch beim Arbeiten vorsichtig sein. Tiefe Minustemperaturen sind am gefährlichsten, wenn man sich anstrengt und schwitzt, denn dann kühlt der Körper zu stark aus. Solange wir uns bewegten, konnten wir auf dicke Jacken verzichten. Jeans, Skiunterwäsche, Rolli und ein leichter Fleece-Pullover reichten. Erst wenn wir uns ausruhten, zog ich die Daunenjacke über.

Der Bau des Iglus gestaltete sich immer schwieriger, je mehr wir uns dem Ende näherten. Ich kämpfte mit den Eisblöcken gegen die Schwerkraft, und nur dank der tiefen Temperaturen fror das Eis rasch fest. Die Decke schlossen wir mit Zweigen und bedeckten sie mit einer weiteren Schicht Schnee. Am Ende übernahm ich noch die Feinarbeiten, indem ich mit Schneematsch sämtliche Lücken füllte und schließlich noch einmal Wasser über das fertige Iglu goss. Wir hatten einen kleinen Eingang freigelassen, um den wir mit Eisblöcken einen Tunnel bauten.

Ein Iglu ist ein grandioses Bauwerk, das schon seit Jahrtausenden zur Konstruktion von Winterheimen genutzt wird. Zusammengepresster Schnee hat ausgezeichnete Isoliereigenschaften. Ein solches Eishaus kann von einer einzigen Petroleumlampe angenehm erwärmt werden, während es die Kälte, die vom Himmel heruntersteigt, blockiert. Der Wind kann von außen nicht durch die Wände eindringen, aber Sauerstoff und die verbrauchte Luft können ungehindert durch die Schneewände und den Eingangstunnel fließen.

In dieser Nacht wollten wir in unserem neuen Heim schlafen. Greg kramte aus einer seiner Vorratshütten alte Teppiche und Isomatten hervor. Sie sorgten für die nötige Isolierung auf dem Boden. Zum Schluss schleppten wir unsere dicken Daunenschlafsäcke hinein. Mit abgestorbenen Ästen aus dem Wald bereiteten wir ein Lagerfeuer auf dem See. Wir hatten es geschafft. Das Iglu war fertig. Stolz trat ich einen Schritt zurück und betrachtete das Werk. Mich bekam das überwältigende Gefühl, dass ich für mich sorgen und überall überleben konnte. Übermütig warf ich mich in den Schnee und machte einen Schnee-Engel.

Als die Sonne unterging, saßen wir lange am Feuer und beobachteten den Sternenhimmel, bevor wir uns ins Eishaus zurückzogen. Die Temperatur im Inneren betrug nur minus fünf Grad. Dank des warmen Schlafsackes schlief ich sofort ein und wurde erst wach, als in der Nähe Wölfe heulten. Es war Paarungszeit und die Tiere entsprechend unruhig und aktiv.

Auch uns packte die Leidenschaft. Wir liebten uns mit einer Intensität, die mich fürchten ließ, dass sie unser neuerbautes Iglu zum Schmelzen bringen würde. Erschöpft von den körperlichen Aktivitäten des Tages und der Nacht, schlummerte ich beim Gesang der Wölfe in Gregs Armen ein.

In den nächsten Tagen lebte ich meinen Wildnistraum. Unser Alltag spielte sich auf natürliche Weise ein. Jeder tat seine Arbeit, wir waren zusammen und hatten doch genügend Freiraum für eigene Interessen. Greg arbeitete in seiner Werkstatt, und ich schrieb auf dem Laptop Artikel. Dies ging jedoch nur an sonnigen Tagen, wenn die Solarzellen auf dem Dach für genügend Strom in den Autobatterien sorgten, die unsere schwache Stromversorgung aufrechterhielten. Gemeinsam nahmen wir die Mahlzeiten ein und führten abends lange Gespräche über Gott und die Welt, wobei ich nach unserem ersten Zusammenstoß beim Thema »Gott« beschloss, Glaubensdiskussionen künftig zu vermeiden. Während ich christlich erzogen bin und an Gott glaube, lehnte Greg alles, was mit Religion zu tun hatte, als »Teufelszeug« ab, das die Welt verderbe. Bei jedem Gespräch in diese Richtung wurde er so wütend, dass ich mich schlussendlich bemühte, das Thema nicht mehr aufzugreifen, obwohl ich ahnte, dass ich es, wenn unsere Beziehung dauerhaft sein sollte, nicht ewig würde vermeiden können.

Politisch dagegen lagen wir auf einer Wellenlänge. Wir waren das, was die Amerikaner als »liberal tree hugger« bezeichneten. Wir interessierten uns für die Natur und die Umwelt und schmiedeten Pläne für eine bessere Welt. Auch Gregs Freunde waren politisch interessiert und über alle Umweltthemen gut informiert. Ich lernte, dass die Menschen, die in und mit der Natur leben, ein natürlicheres und unmittelbareres Interesse daran haben, was mit ihrer Umwelt passiert, als die Bewohner von Großstädten.

Während die normalen Radiosender fast nur Country Musik spielten, brachte der lokale Nachrichtensender WELY, neben den täglichen privaten Meldungen für die Einheimischen, überwiegend BBC-Nachrichten aus Kanada. So dicht an der Grenze war der Empfang zum Nachbarland besser als zu den amerikanischen Sendern. Auf diese Weise erfuhr ich alle wichtigen politischen Ereignisse aus Europa und war gut informiert, was das Weltgeschehen anging.

Jeden Samstagabend hörten wir beim Kerzenschein im National Public Radio unsere Lieblingssendung: »A Prairie Home Companion«. Seit 1974 wurde diese Serie aus St. Paul, Minnesota, in alle Welt ausgestrahlt. Erfunden hatte sie der Autor Garrison Keillor. Der Höhepunkt der zweistündigen Sendung waren seine Geschichten über den fiktiven Ort Lake Wobagon, in denen er den Alltag im Mittelwesten liebevoll aufs Korn nahm. Ich mochte die intelligente Mischung aus Sketchen, Livemusik und Persiflagen und höre sie auch heute noch so oft es geht sonntags über Mittelwelle.

In der Wildnis ist ein Buch für den Zeitvertreib an den langen Winterabenden unerlässlich. Greg und seine Freunde waren begeisterte Leser. Bei jedem Treffen wurde über neue Bücher und Autoren diskutiert. Gregs Bibliothek hielt genügend Lesestoff für die nächsten Jahre bereit. Er fand seine Bücher auf Flohmärkten, bekam sie geschenkt oder sammelte auch das eine oder andere auf der Straße oder aus einem Mülleimer auf. Bücher waren meine Welt, in der ich mich verstanden fühlte. An diesen Abenden war ich einfach nur glücklich. Die Zeit bekam eine andere Bedeutung, und ich empfand eine immense innere Ruhe und Ausgeglichenheit.

So oft wie möglich ging ich raus, stapfte mit Schneeschuhen über den See oder erforschte die umliegenden Wälder. Dort gab es nur noch mich und die Natur. In der intensiven Stille war mein eigener Herzschlag zuweilen das einzige Geräusch, das ich hörte. Die Schönheit und das Gefühl des Eingebundenseins in die Schöpfung nahmen mir den Atem und überwältigten mich. Ich konnte mir keinen schöneren Augenblick, kein tieferes Glück vorstellen. Mein Herz zersprang – und schlug doch unbeirrt weiter, ließ mich mit einem unperfekten Leben in einer perfekten Welt zurück. Ich wusste, dass ich all dies nicht festhalten konnte. Ich wollte hier bleiben, an diesem friedlichen Ort, wagte es aber nicht, mit Greg darüber zu sprechen. Ich war erst wenige Wochen hier, zu kurz für ein »für immer«.

LERNEN

Der erste Streit kam unerwartet. An einem gemütlichen Abend mit Kerzenlicht und Musik fragte ich Greg: »Sag mal, wann besuchst du mich eigentlich in Deutschland?«

»Was soll ich da?«, kam die Antwort wie aus der Pistole geschossen.

»Naja, ich dachte … wenn ich schon hierher… und … willst du nicht auch wissen, wie ich lebe?«, stammelte ich verwirrt.

»Nein! Ich habe nicht die Absicht, irgendwohin zu fliegen in ein fremdes Land und zu Menschen, die ich nicht kenne.«

»Ja, aber …« Ich sah sie kommen, die bei Männern so gefürchtete Grundsatzdiskussion. Gegen jede Vernunft wollte ich es jetzt wissen und konnte nicht aufhören, weiterzubohren.

»Also, das ist nicht fair«, warf ich empört ein. »Von *mir* erwartest du, dass ich immer hierherfliege, um dich zu sehen, aber was tust *du* für unsere Beziehung?«

»Naja, immerhin hab ich dich ja jetzt schon dreimal in Minneapolis vom Flughafen abgeholt oder hingebracht. Überleg nur, wie viel Benzin das gekostet hat und wie umweltschädlich das war.«

»Ha!«, brach es aus mir heraus, »was glaubst du, wie viel schädlicher es für die Umwelt ist, wenn ich zu dir hierher*fliege*! Aber das ist dir recht, solange ich diese Mühe auf mich nehme.« Tränen stiegen mir in die Augen. Das war ungerecht!

Hilflos druckste Greg herum und gab schließlich kleinlaut zu, dass er sich vor meiner Welt fürchtete.

»*Du* hast Angst vor *meiner* Welt?«, warf ich erstaunt ein. »Was glaubst du denn, wie *ich* mich fühle? Für mich ist das hier doch völlig neu und ungewohnt. Ich hatte einen Riesenbammel, hierherzukommen. Alles ist mir hier fremd, aber ich tue es, weil ich mit dir zusammen sein will. Warum kannst du nicht auch einmal etwas für *mich* tun?« Ich wurde von einem heftigen Schluchzen geschüttelt.

»Lass uns ein anderes Mal darüber reden.« Greg stand auf und schenkte sich ein Glas Wasser ein. Geschickt lenkte er ab: »Was hältst du davon, wenn wir gemeinsam in den Urlaub fahren?«

»Wohin?« Ich zog die Nase hoch und wischte mir die Tränen mit dem Ärmel fort.

»Wir könnten eine Kajaktour in der Nähe von New Orleans machen«, schlug Greg vor. »Ich war da ein paar Mal auf einer Insel vor der Küste. Ist ein tolles Paddelgebiet! Wir nehmen das Zelt mit und besuchen auf dem Weg meine Eltern, die dort überwintern. Außerdem können wir unterwegs bei meiner Schwester übernachten.«

Auch wenn dies nicht gerade die Art Urlaub war, die ich mir in diesem Augenblick vorgestellt hatte, überwog die Vorfreude auf ein spannendes Abenteuer. Meinen Ärger, dass wir genau das tun würden, was Greg gefiel, schluckte ich runter. Immerhin wollte er mich seiner Familie vorstellen. Das war doch ein gutes Zeichen für eine gemeinsame Zukunft – dachte ich damals noch und schöpfte Hoffnung.

Greg holte Land- und Seekarten aus einer seiner Kisten und breitete sie auf dem Tisch aus. Aufgeregt zeigte er mir die Route, die wir fahren würden, und deutete mit dem Finger auf eine kleine Insel im Meer südlich von New Orleans.

»Hier werden wir paddeln. Da sind wir völlig allein.« Er strahlte über das ganze Gesicht. Fürs Erste war die Situation gerettet.

Die Aussicht auf eine Paddeltour versetzte Greg in Euphorie. Er zog mich auf seinen Schoß.

»Sag mal, willst du deine Post aus Arizona nicht hierher umleiten lassen? So sparst du dir die Nachsendungen und hast hier eine feste Adresse«, schlug er vor. »Ich liebe dich und will, dass du bei mir bleibst«, fügte er hinzu und küsste mich stürmisch.

Weil ich als Reisejournalistin ständig in den USA unterwegs war, hatte ich mir vor einiger Zeit in Phoenix ein Postfach als Ersatzadresse eingerichtet. An diese Anschrift erhielt ich Briefe von meinen amerikanischen Freunden oder meine amerikanischen Zeitschriftenabonnements, die ich mir an meinen jeweiligen Aufenthaltsort nachsenden ließ.

»Was hältst du davon, wenn ich dir eine der angefangenen Hütten als Schriftstellerhaus ausbaue?«

Wow, das ging aber fix. Erst wollte er mich den Eltern vorstellen und dann mir ein eigenes Arbeitshaus bauen. Wenn das nicht ein gutes Zeichen war. Überglücklich war ich mir sicher: Unserer gemeinsamen Zukunft stand nun nichts mehr im Weg.

Wenige Tage vor meinem Geburtstag fuhren wir einkaufen. Greg wollte mir ein paar Langlaufski schenken und einige Erledigungen machen. Ich genoss die freie Zeit in Ely.

Die Stadt hatte knapp viertausend Einwohner und war das Outdoor-Zentrum im nördlichen Minnesota, ein Dorado für Angler und Kanuten. Entlang der einzigen Hauptstraße lagen ausgezeichnete Galerien, gemütliche Cafés und zahlreiche Sportgeschäfte. Davor parkten mit laufenden Motoren benzinhungrige Pickups mit Motorschlitten auf den Anhängern und ab und zu einem Hund auf der Ladefläche. Greg ließ mich aussteigen, und wir vereinbarten einen Treffpunkt im Café.

Einer meiner ersten Wege führte mich zur Brandenburg-Galerie. Die Bilder des National-Geographic-Fotografen hatten mich schon im Vorjahr fasziniert. Als ich die vielen Wolfsfotos an den Wänden betrachtete, hörte ich hinter mir Jim Brandenburg sagen: »Hallo, du bist doch die Deutsche, die im letzten Herbst hier war.« Ich freute mich, dass er mich noch erkannte, und erzählte ihm, dass ich jetzt nicht mehr nur zu Besuch hier sei, sondern länger bleiben wolle.

»Vielleicht sind wir ja Nachbarn? Ich lebe auch in einer Blockhütte im Wald, mitten im Wolfsgebiet. Die Tiere vertrauen mir. Darum konnte ich all diese Fotos machen.«

Mit einer weit ausholenden Geste zeigte er auf die wunderschönen Wolfs- und Naturfotos an den Wänden.

»Wo wohnst du?«, fragte er mich. Ich erzählte ihm von Greg und seiner Cabin.

»Ah, bei Greg, oben am Timber Lake … Nimm dich in Acht.«

Ich stutzte. Was meinte er? Ich wagte nicht, nachzufragen. Ich fürchtete, dass mir das, was er mir erzählen könnte, nicht gefallen würde. Unauffällig lenkte ich das Thema zurück auf die Wölfe. Der Fotograph schien zu verstehen, dass ich nicht über Greg reden wollte, und wechselte das Thema.

Wir unterhielten uns noch eine Weile über die Wildnis und die scheuen Wölfe, bevor er sich mit einem »Viel Glück!« verabschiedete.

Ich ging zum Sportgeschäft, in dem Greg arbeitete, und suchte mir ein Paar Langlaufski aus. Sie sollten mein Geburtstagsgeschenk sein, darum ließ ich sie auf seine Mitarbeiterrechnung schreiben. Mit ihrer breiteren Lauffläche konnte ich mit diesen Ski auch abseits von gespurten Loipen mitten durch den Wald oder im Tiefschnee fahren.

Im Log House Café erholte ich mich bei einer Tasse heißem Kakao vom Einkaufen und vertiefte mich in die herumliegenden Bücher. Das war ein »Stadttag« nach meinem Geschmack. Der Abstecher in die Zivilisation tat mir gut.

Als Greg zum vereinbarten Zeitpunkt nicht im Café erschien, machte ich mir keine großen Gedanken. Er hatte vielleicht noch zu tun. Nachdem fast eine Stunde vergangen war, flog die Tür auf, und mein Naturbursche stand mit hochrotem, zornigem Gesicht im Eingang. Er winkte mir zu, rauszukommen, und knallte die Tür hinter sich zu. Schnell zahlte ich, ließ ein Trinkgeld für die Bedienung liegen und eilte zum Auto, das mit laufendem Motor wartete.

»Was ist los? Du wolltest doch ins Café kommen?«, fragte ich.

»Ich geh in kein Café! Du hättest rauskommen sollen«, antwortete Greg wütend.

»Woher soll ich das wissen? Was hast du denn gegen Cafés?«

»Ich halte nichts von dem ganzen Zivilisationskram. Das ist nur eine Verschwendung von Ressourcen.« Mit dieser für mich absolut unlogischen Erklärung war für ihn die Sache erledigt. Sein Tonfall sagte mir, dass es jetzt besser war, nicht weiter zu insistieren. Ich legte den Sicherheitsgurt an, und schon brauste Greg verärgert los.

Ich hatte den Tag sehr genossen – bis auf das unschöne Ende. Ich liebte das Blockhüttenleben, aber ich wusste auch, dass ich nach einer Weile Schnee und Wildnis ab und zu ein paar Stunden »Auszeit« brauchte, um anschließend um so dankbarer für mein »wildes« Leben zu sein. Wie kam Greg nur mit seiner Ablehnung der Zivilisation auf Dauer zurecht? Merkwürdig auch, dass er trotz seiner massiven Verachtung für alles Moderne mit größter Selbstverständlichkeit Geräte wie Auto, Solarzellen oder Kettensägen fleißig nutzte. Diese Doppelmoral war mir absolut unverständlich.

Unsere erste gemeinsame Urlaubsreise sollte im Februar, zwei Tage vor meinem Geburtstag, beginnen. Ein solcher Plan geht stets mit einigen Vorbereitungen einher, denn in der Wildnis schließt man nicht einfach die Haustür, steigt ins Auto und fährt los. Es war noch tiefster Winter, und so mussten wir alles, was in der Cabin bei starken Minustemperaturen einfrieren konnte, in das Lagerhaus bringen und dort im Keller deponieren. Auch das Trinkwasser aus dem See, das noch in der Hütte stand, schafften wir dorthin, damit es nicht gefror und die Glasbehälter zerplatzten. Anschließend zogen wir mit dem Schlitten schon einen Großteil unserer Ausrüstung wie Zelte, Kochgeschirr und auch die beiden Kajaks zum Auto. Wir würden mit zwei Seekajaks fahren. Ich, die ich noch nie in meinem Leben in einem solchen Gefährt gesessen hatte, schwankte zwischen Angst und Aufregung und träumte nachts von meterhohen Wellen.

Am nächsten Morgen zogen wir die Tür der Cabin zu und legten einen massiven Holzriegel vor. Die aus Holzbrettern gebaute Haustür hatte ebenso wie die Tür zur Terrasse kein Schloss, sondern nur Holzriegel von innen und außen, die vorgeschoben werden konnten.

»Hier oben im Norden sind die Häuser immer offen, falls es einen Notfall gibt und jemand übernachten muss«, klärte mich der Hausherr auf. Für mich deutsches Stadtkind war das völlig neu.

»Habt ihr keine Angst vor Einbrechern?«, fragte ich.

»Wer läuft schon acht Kilometer, um in eine ärmliche Hütte einzubrechen und dann das ganze Diebesgut wieder acht Kilometer zum Auto zu bringen?« Greg wollte sich ausschütten vor Lachen.

Nachdem wir die letzten beiden Schlitten mit Lebensmittelvorräten zum Auto gezogen und verladen hatten, fuhren wir los. In der ersten Nacht wollten wir bei Gregs Schwester in einer Kleinstadt in Wisconsin übernachten. Er erzählte mir, dass sie Hunde züchtete.

»Jeanne züchtet Golden Retriever, das gefällt dir sicher«, sagte er mit einem schrägen Blick auf mich, den ich nicht deuten konnte. Aufgeregt freute ich mich auf das Treffen.

Jeanne und ihr Mann Richard begrüßten mich mit offenen Armen. Richard war Automechaniker, und Jeanne arbeitete im Büro eines Hotels. Die beiden waren kinderlos und wohnten in einem gepflegten Mobile Home in einem modernen Trailerpark. Sie führten uns ins Haus und zeigten uns das Gästezimmer. Ich fühlte mich in der Familie sofort wohl – bis ich die Hunde sah. Jeannes Hündin hatte am Abend zuvor Junge bekommen.

»Kann ich sie sehen?«, fragte ich gespannt.

»Klar. Sie sind draußen. Komm!«

Jeanne ging voraus in den Hinterhof. Dort in einem kleinen Zwinger lagen die Hündin und ihre Kleinen in einer Hundehütte auf dem nackten Boden. Außer einer achtlos hineingeworfenen Decke gab es kein Stroh und keine Unterlage. Die Hündin musste ihre Welpen im Schneesturm zur Welt gebracht haben, denn ein Teil des Zwingers war voller Schnee.

Ich versuchte, meinen Schock über den Anblick zu verbergen, und fragte: »Wie viele sind es?« Ich konnte die Hundebabys nicht zählen, weil sie sich alle zitternd an die Mutter drängten.

»Es waren acht«, sagte Jeanne. »Einer der Welpen kam tot zur Welt, ein anderer starb gleich nach der Geburt.«

»Aber die können doch nicht hier draußen in der Kälte ohne Unterlage bleiben?« Jetzt war mein Entsetzen deutlich sichtbar und hörbar.

Jeanne reagierte ungehalten.

»Warum nicht? Die leben sowieso nicht mehr lange.«

Weil sie keine reinrassigen Welpen seien und somit keinen Wert hätten, sollten sie am nächsten Tag alle mit der Schaufel erschlagen werden, denn die Kosten für einen Tierarzt wollte man sich sparen.

Ich starrte sie fassungslos an. Jeanne schien völlig mit sich im Reinen zu sein. Spontan sagte ich: »Dann nehme ich ein oder zwei von ihnen.«

Mitleidig fasste sie mit beiden Händen meine Schultern und schaute mir in die Augen, aus denen jetzt die Tränen schossen: »Das wird Greg ganz sicher nicht erlauben.«

Sie zog die Tür zum Zwinger zu und ging ins Haus, um das Abendessen zuzubereiten. Mir war der Appetit vergangen, und ich täuschte Kopfschmerzen vor, um nicht mit Jeanne am Tisch sitzen zu müssen. Ich wollte weder mit ihr noch mit ihrem Mann etwas zu tun haben … mit dieser ganzen Familie nicht.

Im Gästezimmer warf ich mich schluchzend auf das Bett.

Als Greg kam, um nach mir zu sehen, warf ich meine Arme um seinen Hals und klammterte mich an ihn.

»Du musst was tun. Du musst das verhindern!«, schrie ich.

»Was denn?«

»Na, dass die Hunde erschlagen werden.«

»Das gefällt mir auch nicht, aber das ist Jeannes Sache. Sie ist seit vielen Jahren Züchterin und weiß, was sie tut.«

»Dann nehmen wir zwei der Welpen mit!«

»Kommt überhaupt nicht in Frage«, sagte Greg sehr bestimmt. »Ich will keinen Hund. Das weißt du.«

»Aber sie werden sie töten«, schluchzte ich immer hysterischer.

»Das geht uns nichts an«, sagte er leise und gefährlich ruhig. Seine Augen waren schmal und hart. So hatte ich ihn noch nicht gesehen.

»Ich kann das nicht. Ich muss was tun.« Ich wollte aus dem Bett springen und rausstürmen, aber Greg packte mich hart am Handgelenk und zog mich zu sich.

»Was willst du machen? Die Polizei holen?«

»Ja, wenn es sein muss …«

»Bist du jetzt völlig durchgedreht?« Seine Stimme klang hart wie ein Peitschenknall.

»Du kannst keinen Hund mitnehmen, und du kannst sie nicht retten. Das musst du einsehen.« Seine Umklammerung wurde immer fester. Sie sollte mich beruhigen, aber sie war eher eine Fesselung. Er ließ mich nicht mehr los, während ich hemmungslos schluchzend und außer mir nach ihm trat und versuchte, mich aus seinen Armen zu winden. Irgendwann verließen mich die Kräfte, und ich sackte zusammen. Er legte mich aufs Bett und streichelte hilflos meinen Rücken, bis ich mich in den Schlaf geweint hatte.

Am nächsten Morgen schlich ich früh aus dem Haus und setzte mich in den Van. Ich wollte weder mit Jeanne und Richard frühstücken noch einen weiteren Blick auf den Zwinger und die Hunde werfen.

Greg sah ein, dass ich im Moment mit niemandem reden wollte, und stieg ins Auto.

»Gute Besserung!«, riefen die beiden mir freundlich zu und winkten uns zum Abschied nach.

Mir war egal, was er seiner Schwester erzählt hatte, ich wollte weg von hier, weit weg, am liebsten auf direktem Weg nach Hause, nach Deutschland. Stumm fuhren wir in Richtung Süden. Es dauerte Stunden, bis ich an etwas anderes denken konnte. Zwischen uns schien eine unüberwindbare Mauer zu stehen.

Einen Tag später, an meinem vierzigsten Geburtstag, stand ich allein und frierend auf der Interstate 65, südlich von Chicago am Straßenrand. Unser Van hatte eine Panne. Schon länger hatte es Probleme mit den Bremsen gegeben. Greg hatte sie stets selbst repariert, denn so harte Jungs wie er brauchten keine Autowerkstatt, wie er mir versicherte. Vor Chicago waren wir in einen gewaltigen Schneesturm geraten. Ich hatte Greg zuvor am Steuer abgelöst, als ich bemerkte, dass die Bremsen nicht mehr funktionierten. Es gelang mir, den Wagen am Straßenrand zum Stehen zu bringen. Ziemlich kleinlaut machte sich Greg auf die Suche nach einem Telefon, während ich beim Auto blieb. So hatte ich mir meinen runden Geburtstag nicht vorgestellt. Eine große Feier mit Freunden und Familie oder ein romantischer Abend mit Greg – alles hätte ich mir denken können, aber nicht das. Eigentlich feierte ich nie Geburtstage. Nicht, weil ich Angst habe, älter zu werden, im Gegenteil – ich freue mich über jedes neue Lebensjahr. Aber ich mochte den Trubel an einem solchen Tag nicht. So war es ein schönes Ritual für mich geworden, an meinen Geburtstagen zu »flüchten« – meist in ein schönes Hotel – und den Tag alleine zu genießen. Aber dieser vierzigste Geburtstag sollte etwas Besonderes sein, ein neuer Lebensabschnitt, ein Aufbruch in mein Leben mit Greg.

Stattdessen stand ich allein an der Autobahn und fror.

Wenn so der Rest meines Lebens aussehen sollte, dann Mahlzeit.

Ich stieg zurück ins Auto. Eingehüllt in den Schlafsack, dachte ich über meine ursprüngliche Lebensplanung nach. Eine Familie mit Kindern war nie eine Option für mich gewesen. Dafür war ich zu gern allein und unabhängig. Dennoch lagen zwei gescheiterte Ehen hinter mir. Dass ich meinen ersten Mann aus lauter jugendlicher Dummheit verlassen hatte, war der größte Fehler meines Lebens gewesen. Beim zweiten sollte alles besser werden. Vielleicht hielt ich darum viel zu lange an dieser Ehe fest. Wir waren zwei verlorene Seelen, die ihre Erfüllung suchten und hofften, sie beim anderen zu finden. Da wir beide in den USA leben wollten, reisten wir monatelang im Camper kreuz und quer durch die Staaten auf der Suche nach Arbeit und lebten vom Ersparten. In der verzweifelten Hoffnung, doch noch etwas Beständiges zu schaffen, heirateten wir in Las Vegas in einer kurzen, schmucklosen Zeremonie. Als das Geld zu Ende ging, mussten wir zurück nach Deutschland. Ohne eine feste Arbeit oder ein Zuhause drifteten wir von Job zu Job und wohnten in möblierten Apartments, die wir über Mitwohnzentralen fanden. Die Arbeitslosigkeit, der Geldmangel und letztendlich auch der übermäßige Alkoholgenuss rieben uns auf. Unsere Streits wurden häufiger und aggressiver. Ich verließ meinen Mann – und kehrte kurze Zeit später wieder zu ihm zurück, als er Besserung gelobte. Aber es wurde nicht besser, ich fühlte mich nicht mehr sicher. Am Ende war es mein Hund gewesen, der mir half, mich aus dieser Ehe zu befreien. Ich hatte den schwarzen Mischlingsrüden mit in die Ehe gebracht. Er war immer ein Teil unserer kleinen Familie und stets dabei, auch als wir längere Zeit in den USA lebten. Als unser Alltag mehr und mehr zum Rosenkrieg wurde, stand er mir zur Seite und war mein einziger Halt. Dann wurde er schwer krank, und ich musste ihn einschläfern lassen. Jetzt, wo ich meinen Mann am meisten gebraucht hätte, ließ er mich im Stich. Statt mir zur Seite zu stehen, regte er sich über das »Theater« auf.

»Stell dich nicht so an, es ist doch bloß ein Hund«, war das Letzte, was er zu mir sagte. Noch in der Nacht verließ ich ihn endgültig und reichte die Scheidung ein. Im Grunde war es nicht mehr um den Hund gegangen, sondern um meine Gefühle für ihn und den nicht vorhandenen Respekt meines Ehemannes für diese Gefühle.

Ich begann, mein Leben neu zu ordnen. Ich übernahm das Haus meiner Eltern und richtete es mir ein, hatte mehrere Teilzeitjobs und zahlte alle Schulden zurück. Ich holte mir sogar meine Anwaltszulassung zurück, die ich zwei Jahre hatte ruhen lassen, und versuchte erneut mein Glück als Rechtsanwältin. Aber ich konnte und wollte mich nicht mehr mit negativen Dingen wie Scheidungen und Verbrechen beschäftigen. Zum zweiten Mal in meinem Leben hängte ich die Robe an den Nagel. Ich wollte frei sein – um jeden Preis. Wollte reisen, schreiben und wieder einen Hund haben, der mein Leben teilte. Dann fand ich Lady, und mein Leben begann neu.

Vor mir auf der Standspur hielt ein Abschleppwagen. Aus der Beifahrertür sprang Greg und lief zum Van, während der Fahrer des Abschleppwagens rückwärtsfuhr und den Van an den Haken nahm. Greg riss die Tür auf und sprang auf den Fahrersitz; ein Schwall kalter Luft drang in den Wagen.

»Das ist Tom. Er hat eine Werkstatt in Merrillville und wird uns dorthin schleppen.«

Ich war erleichtert, dass ich an meinem runden Geburtstag doch nicht den Kältetod würde sterben müssen. Tom schleppte das Auto in seine Werkstatt. Während er und Greg sich mit dem Wagen beschäftigten, lief ich zu Fuß zu einem Familienrestaurant nur wenige Straßenzüge weiter und bat Greg, mich dort abzuholen. Seinen missbilligenden Blick ignorierte ich.

Im Restaurant war es warm und gemütlich. Nur wenige Gäste saßen auf den Bänken in den Sitzecken. Ich rutschte auf eine Bank mit leuchtend rotem Kunstlederbezug und faltete die Speisekarte auf. Eine Kellnerin weit jenseits der Siebzig kam auf mich zu und goss mir ein Glas Eiswasser ein. Ihr Gesicht legte sich in tausend Falten, als sie mich mit einem warmen Lächeln fragte: »Was kann ich für Sie tun, Herzchen?«

»Ich brauche dringend einen Kaffee«, strahlte ich zurück, während ich die umfangreiche Speisekarte studierte. Ich bestellte mir einen großen Caesar Salad mit gegrilltem Huhn. Es war mein Geburtstag, und den wollte ich mit Genuss feiern, ob es Greg nun passte oder nicht.

Wie sollte es weitergehen? Nach dem gestrigen Tag war nichts mehr, wie es war. Ich hatte eine Seite an Greg erlebt, die mir ganz und gar nicht gefiel. Lag es vielleicht an mir? Suchte ich mir immer die falschen Männer aus, und wenn ja, warum? Ich hatte meinen

Wildnismann bisher nur von seiner zärtlichen, liebevollen Seite kennengelernt. Die Kaltherzigkeit, die ich gestern gesehen hatte, war neu und erschreckte mich.

Die Bedienung brachte den Salat und füllte das Eiswasser auf. Das Essen schmeckte köstlich. Als ich fertig war, kramte ich mein Tagebuch aus dem Rucksack hervor und tat das, was ich in schwierigen Situationen immer tue: Fein säuberlich zog ich eine Linie in der Mitte einer Seite. Oben schrieb ich »Pro« und rechts »Kontra«. Dann listete ich alle Argumente für und gegen das Leben mit Greg auf.

Pro:	Kontra:
Lebt meinen Traum	Chaos und Unordnung
Wildnis	andere Frauen
Abenteuer	will Kontrolle
Einsamkeit	Einsamkeit
Gigantischer Sex	mag keine Hunde!!!

Beide Seiten schienen ausgewogen, wobei Gregs Abneigung gegen Hunde die Skala gewaltig nach unten zog. Denn im Grunde ging es nicht mehr darum, ob er Hunde genauso toll fand wie ich, es ging vielmehr darum, ob er meine Liebe zu Hunden, diesen wichtigen Teil von mir, respektieren würde.

Als die Bedienung kam, um meinen Teller abzuräumen, fragte ich sie spontan: »Haben Sie einen Hund?«

»Oh ja«, strahlte sie, »zwei Hunde und drei Katzen.«

»Wenn Sie ein Mann vor die Wahl stellen würde, Hund oder er, wie würden Sie entscheiden?«

»Schätzchen, ich habe schon so viel erlebt und so viele Männer gehabt. Ein Mann, der mich vor diese Wahl stellen würde, wäre kein Mann für mich.« Sie zwinkerte mir zu und eilte mit meiner Nachtischbestellung zur Küche. Kurze Zeit später kam sie mit einem großen Bananensplit zurück und goss heißen Kaffee nach.

»Machen Sie sich keine Sorgen. Alles wird gut«, strahlte sie, als sie die Rechnung auf den Tisch legte. Manchmal kommen Engel in Form einer Seniorenbedienung mit Lachfalten.

Draußen hupte Greg ungeduldig. Das Auto war fertig. »Dreihundert Dollar!«, schimpfte er. »Wucher!«

Mich kümmerte es nicht. Ich hatte mein Gleichgewicht wiedergefunden. Alles würde gut werden.

Da es für die Weiterfahrt in den Süden zu spät werden würde, schlug ich vor, in Lafayette zu übernachten, das nur etwa zwei Autostunden von Merrilleville entfernt war. Dort befand sich Wolf Park, das Wolfsforschungszentrum, in dem ich im letzten Jahr drei Monate gelebt und gearbeitet hatte. Ich freute mich darauf, meine zwei- und vierbeinigen Freunde wiederzusehen. Greg war einverstanden.

Mit freudigem Hallo begrüßten uns Erich Klinghammer, der Leiter des Zentrums, und die Mitarbeiter. Ich führte Greg über das Gelände und zeigte ihm die Wölfe, mit denen ich gearbeitet hatte. Liebevoll lockte ich sie mit ihrem »Welpenruf«, den ich bei ihrer Handaufzucht verwendet hatte: »Putzeliiiis!«

Sie rissen den Kopf hoch, spitzten die Ohren und rannten aufgeregt zum Zaun. Sofort erkannten sie mich. Gemeinsam mit zwei Mitarbeitern betrat ich das Gehege und konnte mich vor begeisterten Wölfen kaum retten, die immer wieder versuchten, mir das Gesicht zu lecken und an mir hochzuspringen. Die »Putzelis« hatten mich nicht vergessen.

Greg stand mit großen Augen draußen am Zaun. Als ich dann noch meinen Lieblingskojoten Wild Bill in seinem Gehege besuchte und zusammen mit ihm ein Kojotenheulen anstimmte, sah ich Bewunderung auf seinem Gesicht. Eine Frau, die Wölfe küsste und mit Kojoten »sprach«, gehörte bisher nicht zu seiner weiblichen Fangemeinde.

Als wir später alle gemeinsam um Erichs runden Küchentisch saßen und in Erinnerungen schwelgten, konnte ich zum ersten Mal die gestrigen Ereignisse vergessen und entspannen. Greg war ungewöhnlich schweigsam und blickte nur ab und zu von der Seite zu mir herüber. Diesmal stand er nicht im Mittelpunkt, und es war mir auch egal. Ich war froh, dass wir hier einen Stopp eingelegt hatten.

Wir übernachteten im Gästezimmer von Wolf Park. Als wir uns am nächsten Morgen nach dem Frühstück auf die Weiterfahrt nach Süden machten, verabschiedete ich mich schweren Herzens von meiner wölfischen und menschlichen »Ersatzfamilie«.

Wir fuhren fast den ganzen Tag und schliefen in der Nacht im Auto, die Schlafsäcke eingequetscht zwischen Isomatten und Paddelausrüstung. Am Tag darauf erreichten wir New Orleans. In einem Hotel trafen wir Gregs Eltern, Linda und Mark. Die warmherzige Linda erinnerte mich an meine Mutter, und Mark riss mich gleich in seine Arme und drückte mich an seinen Bierbauch, der auf und ab hüpfte, wenn er in ein tiefes Lachen ausbrach, was er gern und oft tat.

»Na, habt ihr schon was gewonnen?«, wollte ich wissen.

»Mal gewinnt man, mal verliert man«, lachte Linda. »Es ist wie im richtigen Leben.«

»Was spielt ihr eigentlich?«, fragte ich.

»Alles. Die Slot-Maschinen, Roulette und Baccara, am liebsten aber Poker.«

»Ich mag am liebsten das tolle Essen und die kostenlosen Drinks im Kasino«, dröhnte Mark und strich sich genussvoll über den Bauch. »Hier kann man billig leben. Die Hotels bieten Sonderpreise, wenn du länger bleibst.«

Ich beobachtete Greg, der keine Miene verzog.

»Was hältst du davon?«, frage ich provozierend. »Das ist doch der totale Gegensatz zu deinem eigenen Leben.«

Als er antwortete: »Ich bin sehr tolerant und habe kein Problem damit, die Meinungen und Lebensweisen anderer zu akzeptieren«, verschluckte ich mich fast an meiner Cola, die mir Linda gerade gereicht hatte. Sie grinste und zwinkerte mir zu. Einige Monate später sollte ich mich schmerzlich an diese Aussage erinnern.

Als uns Gregs Eltern zum Essen einladen wollten, lehnte er ab.

»Ich halte nichts davon, in einem Restaurant zu essen.« Er kramte kaltes Rehfleisch und Karotten aus seinen Vorratskisten. Ich schluckte meine Enttäuschung und das Wasser hinunter, das mir wie Pawlows Hund schon im Mund zusammengelaufen war. In dieser Nacht schliefen wir im Auto auf dem Hotelparkplatz. Eine Übernachtung im Hotel kam selbstverständlich nicht in Frage.

Die Frühstückseinladung von Linda und Mark am nächsten Morgen nahmen wir zum Glück doch an. Greg hatte keine moralischen Bedenken, sich beim All-You-Can-Eat-Buffet den Bauch vollzuschlagen. Danach verabschiedeten wir uns von den liebenswerten Menschen.

In New Orleans war Karneval. Ich war noch nie in dieser Stadt gewesen und hätte mir zu gern den großen Mardi-Gras-Umzug angeschaut, der an diesem Tag stattfinden sollte. Aber Greg ließ sich nicht überreden, er drängte zum Aufbruch.

»Wir haben schon viel zu viel Zeit vergeudet«, brummte er gereizt. »Ich will jetzt endlich ans Meer und paddeln.«

Um des lieben Friedens willen gab ich nach und redete mir ein, dass es bei so einem Karnevalsumzug für meinen Geschmack vermutlich sowieso zu voll sein würde.

Wir steuerten das östliche Ende des Lake Pontchartrain im Norden von New Orleans an. Hier sollte ich paddeln lernen. Das Gewässer ist dreimal so groß wie der Bodensee und eigentlich kein See, sondern eine Lagune. Die öffentlichen Zugänge, die zum See führten, lagen einsam und verlassen. Vermutlich waren alle Besucher beim Karneval. So konnten wir in aller Ruhe die Kajaks ausladen und üben. Wir hatten einen großartigen Blick auf den Lake Ponchartrain Causeway, der sich mitten über den See erstreckt. Das beeindruckende vierzig Kilometer lange Bauwerk steht auf neuntausend Betonpfeilern und ist die drittgrößte Brücke der Welt.

Greg schickte sich an, mich in die Geheimnisse des Kajakfahrens einzuführen. Er war in seinem Element und ein wunderbarer und sehr geduldiger Lehrer. Damit ich mich mit dem Boot vertraut machen konnte, sollte ich zunächst auf dem Trockenen üben, bevor es am nächsten Tag in die großen Wellen ging. Ich erhielt meine erste Lektion im Kajakfahren. In Trockenübungen lernte ich, wie man ein Paddel hält und den Oberkörper einsetzt, um kräftesparend zu paddeln. Greg beruhigte mich, dass die langen und schweren Seekajaks im Gegensatz zu den kürzeren und wendigeren Wildwasserkajaks äußerst stabil seien und es wegen des tiefen Schwerpunktes fast unmöglich sei, damit zu kentern. Endlich startete ich zu meiner ersten Fahrt auf »richtigem« Wasser.

Insgeheim hatte ich mich in den letzten Tagen vor diesem Moment gefürchtet. Was, wenn ich vor lauter Angst nicht fähig wäre, irgendetwas zu tun? Was, wenn ich das Paddeln hassen würde? Wäre es dann auch vorbei mit unserem jungen Glück?

Zu meiner Überraschung war diese Angst völlig unbegründet, denn von dem Augenblick an, in dem ich in dem schmalen Boot saß, wurde ich eins mit ihm. Besonders aber, als ich entdeckte, dass ich das Kajak mit dem Paddel dazu bringen konnte, mir zu behorchen, öffnete sich eine neue Welt für mich. Es dauerte keine halbe Stunde, und ich fühlte mich im Wasser wie zu Hause. Stolz betrachtete Greg meine Paddelversuche und lobte mich unentwegt.

»Toll machst du das! Bleib jetzt da, ich komme auch.«

Er hatte das zweite Kajak startklar gemacht und paddelte zu mir.

Mit einem »Komm hinter mir her!« fuhr er am Seeufer entlang unter der großen Brücke durch, bis er schließlich in einem scharfen Winkel in einen schmaleren Kanal abbog. Wir waren in den Bayous.

Diese Sumpflandschaften des Mississippi-Deltas sind oft die einzigen Verkehrswege für die auf kleinen Inseln versteckt liegenden Holzhütten der Ureinwohner, der Cajuns. Wir paddelten in einem einzigartigen Ökosystem, mysteriös und voller Geheimnisse. Ineinander verwobene kleine, langsam fließende Ströme, die vom Wasser des Mississippi gespeist werden. Lautlos glitten wir im sumpfgrünen Wasser durch einen Märchenwald. Überall hing Spanisches Moos von den Bäumen herab, das von den Indianern treffend als »Baumhaar« bezeichnet wird. Es war eine Freude, das Paddel in die spiegelglatte Wasseroberfläche einzutauchen und das Boot vorwärtszutreiben. Ich genoss den Tag, suchte mir gelegentlich eigene Kanäle, nur um am Ende auf Barrikaden von aufgetürmten Baumstämmen zu stoßen. So lernte ich, das Boot zu wenden, rückwärts zu paddeln und die gespenstisch aus dem Wasser ragenden Wurzeln der Zypressen zu umfahren.

Gestern hatte ich noch in der Kälte von Indiana Wölfe geküsst, heute paddelte ich in einem tropischen Sumpfgebiet in Louisiana. Gegensätzlicher konnten meine Erlebnisse nicht sein.

Als ich am Abend glücklich und müde im Schlafsack im Auto lag, sagte Greg zu mir: »Du weißt schon, dass wir heute ein wenig leichtsinnig waren …«

»Wieso? Das war doch nur stehendes Gewässer, ohne Wellen und so.« Ich wunderte mich.

»Naja … wir haben vergessen, den Spritzschutz auf das Kajak zu machen.«

Ich verstand immer noch nicht.

»Wegen der Schlangen.«

»Wegen WAS?«

»Also … hier gibt es Wassermokassins, die lassen sich manchmal von Bäumen in Boote fallen.«

Mit einem Schlag war ich hellwach.

»Wassermokassins?!«

»Das ist eine Otternart. Ziemlich giftig. Aber wir haben ja Glück gehabt.«

Hektisch kramte ich zwischen Kisten und Taschen nach dem Naturführer. Dort stand unter »Wassermokassin«: *Wassermokassinottern haben eine olivgrüne bis braune oder gar schwarze Körperfärbung. Auf der hellgelben Bauchseite sind sie dunkel gesprenkelt. Sie erreichen eine Durchschnittslänge von 75 bis 120 cm. Diese Art sonnt sich gern auf umgefallenen Baumstämmen, über der Wasseroberfläche hängenden Ästen und Zweigen sowie auf Steinen. Sehr starkes Gift. Symptome: Übelkeit, Erbrechen, lokale Schmerzen und Ödeme. Kaum langanhaltende Folgen.*

»Hast du das gewusst?«, fragte ich Greg.

»Schon«, gab er kleinlaut zu, »aber ich hab's vergessen.«

Als ich am nächsten Tag mit einigen Einheimischen über die Schlangen sprach, erzählten sie mir, dass die Tiere friedlich seien. Es könne jedoch passieren, dass sie »aus Versehen« ins Boot fielen. Wenn ihre Kinder hier in den Bayous schwämmen, dann hätten sie die Anweisung, sofort das Wasser zu verlassen, wenn eine Wasserschlange in der Nähe sei.

Aus Versehen ins Boot fallen! In einem geräumigen Kanu wäre das ja weniger ein Problem, aber in einem engen Kajak?

Eigentlich mochte ich Schlangen. Oft schon hatte

ich im Südwesten die Schönheit von Klapperschlangen bewundert. Auf jeden Fall war mir das eine Lehre. Bei der nächsten Paddeltour durch die Sümpfe wollte ich den Spritzschutz über das Kajak ziehen, so dass nichts in die enge Öffnung fallen konnte, in der ich saß. Aber wir paddelten nicht mehr in den Bayous.

Nachdem Greg mich für »paddeltauglich« erklärt hatte, eröffnete er mir am nächsten Tag, dass wir zu einer Insel im Golf von Mexiko paddeln würden. Naiv und nichts Böses ahnend freute ich mich auf den Ausflug. Wir fuhren zunächst bis Biloxi, Mississippi, stellten das Auto auf einem Hotelparkplatz ab und packten die gesamte Ausrüstung einschließlich Zelt und Kochgeschirr in wasserdichte Säcke, die wir in den beiden Kajaks verstauten. Unsere Tour sollte nach Deer Island gehen, einem langen und sehr schmalen Inselstreifen, etwa fünf Kilometer von der Küste entfernt. Sie gehörte einst einer reichen Südstaatenfamilie und ist heute ein Naturschutzgebiet. Wir holten an der Rangerstation die Genehmigung zur Übernachtung und machten uns fertig für die Überfahrt.

Inzwischen hatte sich das Wetter verschlechtert. Das hier war keine entspannte Fahrt in den Sümpfen mehr, das war offenes Meer mit richtigen Wellen. Ich bekam weiche Knie, als ich die aufgepeitschten Wellenberge sah, wollte mir aber nichts anmerken lassen. Du hast Abenteuer gewollt, jetzt hast du es, meldete sich bösartig meine innere Stimme zu Wort. Auf dem Meer türmten sich die Brecher immer höher auf und trafen mich gelegentlich von der Seite, was nicht angenehm ist, wenn man in einer Nussschale sitzt. Greg paddelte mit seinem Boot dicht neben mir und zeigte mir, wie ich das Kajak wenden musste, um die Wellen von vorn zu nehmen.

»Du darfst nicht aufhören zu paddeln, wenn die Brecher kommen, sondern musst weitermachen … Schau nicht auf die Wellen … Konzentrier dich auf die Insel da vorn!«

Ich versuchte meine Furcht zu überwinden und den Kommandos zu folgen. Ich konzentrierte mich auf das Ziel, führte Selbstgespräche gegen die Angst, verfluchte Greg, weil er mich in diese Situation gebracht hatte, und sagte mir unaufhörlich, dass Kajaks zum Schwimmen und nicht zum Kentern gebaut seien. Außerdem sei ich ja Sternzeichen Fisch, und Fische würden nicht ertrinken. (Im Übrigen trug ich ja auch eine Schwimmweste.)

Als wir gegen Mittag unsere Boote auf den Strand der Insel zogen, war die Angst der Euphorie gewichen, überlebt zu haben.

Deer Island ist etwa eineinhalb Quadratkilometer groß und besteht überwiegend aus Sumpfgebiet, das von zahlreichen Wasserkanälen durchzogen ist. Der Zeltplatz lag auf der unserer Landestelle entgegengesetzten Seite. Es gab zwei Möglichkeiten: Wir konnten um die lange Insel herumpaddeln oder die Abkürzung durch die Sümpfe nehmen. Ich hatte keine Kraft mehr, gegen Wellen anzupaddeln, und stimmte für den kürzeren Weg. Eine Weile paddelten wir noch in den schmalen Wassergräben; als die jedoch immer enger wurden und wir so nicht mehr weiterkamen, stiegen wir aus und zogen, nur in Badekleidung und Sandalen, die Kanus wie widerspenstige Hündchen an einer Leine hinter uns her. Am Ende wusste ich nicht mehr, welcher Weg nun der anstrengendere gewesen wäre, um die Insel zu paddeln oder durch sie hindurch zu waten. Zum Glück fing die Moskitosaison erst später an, so dass uns wenigstens diese Stechbiester erspart blieben.

»Ihr seid die einzigen Camper auf der Insel und dürft überall zelten, wo ihr wollt«, hatte der Ranger uns bei der Ausstellung der Genehmigung mitgeteilt.

Wir bauten das Zelt auf einem schmalen Sandstreifen am Ufer auf. Die Sonne brannte inzwischen so kräftig, dass wir in Badekleidung am Strand picknicken konnten. Danach machte sich Greg erneut auf, mit dem Kajak die Insel zu erkunden. »Das bisschen Paddeln« reiche ihm nicht. Ich nutzte die Gelegenheit, Tagebuch zu schreiben und ein wenig zu lesen. Endlich hatte mein sportverrückter Traummann einmal genug zu tun. So konnte ich ohne schlechtes Gewissen den Tag genießen. Unter einer Palme suchte ich Schutz vor der grellen Sonne und saß in T-Shirt und kurzen Hosen im Sand vor dem Zelt. Das war nicht mein Ding; Schnee und Kälte waren mir lieber als Hitze und Sonne. Zum Glück wehte ein leichter Wind. Wenn es mir zu heiß wurde, schwamm ich nackt eine Runde im Meer und ließ mich anschließend von der warmen Luft trocknen. Ich verteilte meine Schätze um mich herum: mein Tagebuch, zwei Bücher und einen Eistee. Dass ich Greg nicht das kleinste Bisschen vermisste, irritierte mich. Aber ich wollte nicht darüber nachdenken, sondern einfach nur die beschaulichen Minuten ohne die sonst übliche Geschäftigkeit genießen. Die Sonne ging in kitschigem Postkartenrot unter, als Greg erschöpft und sehr zufrieden mit sich zum Camp zurückkehrte.

Die Paddelei musste seinen Testosteronspiegel gewaltig in die Höhe getrieben haben, denn er riss mich an sich und küsste mich hemmungslos. Seine Lippen schmeckten salzig.

»Hm, wie hab ich dich vermisst«, flüsterte er mir ins Ohr. Seinen Versuch, mir das T-Shirt auszuziehen, wehrte ich ab. Es war empfindlich kalt geworden, und ich fror. Ich zog alle Kleider an, die ich besaß, und wärmte im Schlafsack meine eiskalten Füße an Gregs heißer Haut.

Am nächsten Morgen heizte die aufgehende Sonne unseren Gefrierschrank zu einem Backofen auf. Schweißbedeckt öffnete ich die Augen und begegnete Gregs verlangendem Blick. Wir hatten uns nicht mehr geliebt, seit wir in den Urlaub aufgebrochen waren. Das Erlebnis bei Gregs Schwester hatte zwischen uns gestanden. Jetzt weckten seine fordernden Hände mein Verlangen. Er stieß den Schlafsack mit den Füßen zurück und streifte meine Kleider ab. Schweiß strömte aus jeder Pore unserer Körper, als wir im heißen Zelt das vollendeten, wozu wir am Abend nicht mehr gekommen waren.

Als wir uns voneinander lösten und aus dem Zelt krochen, stand die Sonne bereits hoch am Himmel. Wir rannten ins Meer, um die Spuren des Morgens abzuspülen. Während Greg ein Frühstück aus Müsli, Nüssen, Rosinen und Kaffee vorbereitete, hängte ich den schweißnassen Schlafsack auf eine Leine, die ich zwischen zwei Palmen gespannt hatte. Dann erkundete ich die Gegend um das Zelt und suchte den Strand ab. Ich hatte in der Nacht Geräusche gehört. Dicht am Kajak fand ich Spuren, die aussahen, als sei jemand mit dem Motorrad durch den Sand gefahren, rechts und links daneben Abdrücke mit jeweils vier längeren Zehen.

»Hier Greg, schau mal. Was sind das für Spuren?«

»Alligatoren!«

Ich dachte, ich hätte mich verhört.

»Ja, die Insel ist ein Schutzgebiet für Alligatoren.«

Irgendwie schien ich mir bei den Erlebnissen der letzten Tage abgewöhnt zu haben, schockiert zu sein.

Noch einmal musste der Naturführer herhalten:

Alligator mississippiensis, Mitglied der Familie der Krokodile, vermutlich 230 Millionen Jahre alt. Gehörte einst zu den vom Aussterben bedrohten Tierarten. Heute gibt es wieder über eine Million von ihnen in Florida, Louisiana, Texas und Georgia. Sie werden 35 bis 50 Jahre alt. Länge: 1,80 bis 5,40 Meter. Lebensraum: Sümpfe. Die Weibchen bauen ihre Nester in Sumpfgebieten und entlang der Strände. Dort hinein legen sie 30 bis 70 Eier. Die Mutter bleibt in der Nähe ihres Nestes, um es zu beschützen.

»Du wusstest das?«

»Klar!« Greg grinste. »Im Moment ist Paarungszeit. Vielleicht haben die Viecher gedacht, unsere Kajaks sind besonders attraktive Alligatoren, und sind deshalb um die Boote geschlichen.«

»Greg! Wir sind gestern barfuß und in Sandalen durch die Sümpfe gelaufen!«

»Ja und? Die greifen doch keine Menschen an!«

»Das weiß ich auch. Kein wildes Tier steht morgens auf und sagt sich: Ach, heute fang ich mir mal zwei Paddler zum Frühstück«, fügte ich ironisch hinzu. »Aber wenn wir aus Versehen auf eines draufgetreten wären, und es hätte im Reflex zugebissen?«

Er zuckte nur mit den Schultern.

Alligatoren haben durchschnittlich 80 Zähne im Maul. Wenn sie sie verlieren oder sie abnutzen, wachsen neue nach, so dass ein Alligator im Laufe seines Lebens etwa 2 000 bis 3 000 Zähne verbraucht, las ich weiter.

Ein Alligator mit potentiellen zweitausend Zähnen war nachts um das Zelt geschlichen und hatte unsere Kajaks als mögliche Paarungspartner begutachtet. Großartig! Welche Überraschungen hatte mein Naturbursche noch für mich auf Lager?

Zum Glück verlief der Rest unserer Tage auf Deer Island ohne weitere Schlangen- oder Alligatorbesuche, wenngleich mein Schlaf deutlich unruhiger wurde. Aber im Laufe der nächsten Tage vergaß ich die tierischen Gefahren und fing an, die Freiheit und Einsamkeit auf der Insel zu genießen. Nachdem ich mich ausführlicher über unsere gepanzerten Mitbewohner informiert hatte, fand ich es sogar amüsant, zu lesen, dass *das Männchen während der Paarungszeit seinen Kopf an der Kehle des Weibchens reibt und ihr Luftblasen an die Wangen bläst*. Eigentlich rührend, so eine Alligatorliebschaft …

Der Rückweg zum Festland fiel mir diesmal leichter. Es gab weniger Wellen, und das Paddeln im Meer klappte – dank einer spiegelglatten Wasseroberfläche – viel besser als auf dem Hinweg. Auf der langen Autofahrt gen Norden war Greg guter Stimmung und sang zu den Klängen der Countrymusik im Radio. Das war eine gute Gelegenheit. Ich nahm all meinen Mut zusammen und brachte das Gespräch noch einmal auf das heikle Thema Hund. Gregs gute Laune versiegte schlagartig, als er versuchte, mir seinen Standpunkt in Sachen Haustier klarzumachen, was schließlich in einen handfesten Streit ausartete.

»Katzen, Hunde und Kühe gehören nicht in diese Welt«, erklärte er mir sein Weltbild. »Sie sind domestiziert und nicht natürlich.«

Er lenkte den Van mit den beiden Kajaks auf dem Dach geschickt durch den dichten Verkehr an der Skyline von Memphis vorbei und schien dabei völlig vergessen zu haben, dass er mir am Morgen noch versprochen hatte, mit mir zusammen Graceland zu besuchen. Als Elvis-Fan hätte ich gerne das Haus des King besichtigt. Sehnsüchtig warf ich einen letzten Blick auf die Stadt, die wir rasch hinter uns ließen, und wandte mich wieder dem wichtigsten Thema unserer Beziehung zu: Lady.

»Ich kann nichts mit den Viechern anfangen«, fuhr Greg gereizt fort. »Besonders hasse ich Katzen. Wenn ich eine auf der Straße sehe, versuche ich, sie zu überfahren.«

Ich glaubte an einen schlechten Scherz. Aber Greg nickte bekräftigend und schien von seinem Handeln völlig überzeugt.

Noch immer fassungslos, brachte ich die Sprache auf Lady. »Du weißt, dass ich eine Hündin zu Hause habe. Wenn ich wirklich länger bei dir bleiben soll, dann geht das nur, wenn ich sie mitbringen kann.«

»Das ist deine Entscheidung. Ich habe kein Verhältnis zu Hunden. Wenn du sie mitbringen willst, musst du die volle Verantwortung übernehmen. Ich will damit nichts zu tun haben«, antwortete Greg schroff. Und im Haus dulde er sowieso kein Tier.

»Du kannst sie ja draußen anbinden«, schlug er vor. »Aber Hunde, die nachts draußen sind, werden oft von Wölfen getötet. Wenn du so ein Wolfsfan bist, macht dir das ja sicher nichts aus«, fügte er mit einem kleinen sadistischen Lächeln hinzu und vermied es, in mein bleiches Gesicht zu schauen. »Ich will mich durch einen Hund nicht in meiner persönlichen Freiheit einschränken lassen.« Seine Aussage war eindeutig: Freiheit war für ihn das Wichtigste. Schluss! Aus! Ende der Diskussion!

Mir war, als würde mir der Boden unter den Füßen weggezogen. Ich wollte nicht glauben, was ich gehört hatte. Unvorstellbar, Lady einmal längere Zeit nicht in meiner Nähe zu haben, geschweige denn, sie irgendwo nachts draußen anzubinden.

Aber ich war mir sicher, dass Greg es nicht so meinte. Ganz bestimmt wollte er mich nur ein wenig aufziehen. Wenn er erst sehen würde, wie schön es ist, einen Hund zu haben, würde er schon seine Meinung ändern. Ich müsste einfach nur ein wenig mehr Überzeugungsarbeit leisten und ihm genügend Zeit lassen, sich an den Gedanken zu gewöhnen. Dann würde sich alles zum Guten wenden, malte ich mir aus.

Wir wechselten das Thema. Dennoch blieb eine leichte Spannung in der Luft. Ab und zu warf ich einen kurzen Seitenblick auf den Mann, der so unbekümmert den Wagen steuerte, und ich fragte mich, ob ich ihn wohl je wirklich kennenlernen würde.

Als wir in Ely ankamen, lagen die Hütte und der Weg dorthin unter frischem Schnee begraben. Mit dem Gepäck auf den beiden Schlitten kämpften wir uns zum

Haus und mussten trotz Müdigkeit und Erschöpfung die üblichen Heimkehrarbeiten verrichten: Wasser holen, Feuer machen, auspacken, Gepäck verstauen. Gemeinsam liefen wir zum See hinunter, um nach dem Iglu zu schauen. Es stand noch. Wir bauten aus trockenen Zweigen ein Willkommensfeuer. Die Flammen schossen knisternd und zischend in den Nachthimmel und funkelten mit den Sternen um die Wette.

»Gegen nichts auf der Welt würde ich diesen Ort eintauschen«, sagte Greg leise und nahm mich dabei fest in den Arm. Wie gut ich ihn verstand. In diesem Moment war ich einfach nur glücklich.

ZWEIFEL

Der Blockhüttenalltag kehrte zurück mit Aufräumen, Holzhacken, Wasserschleppen, Kochen und nachmittags mit meinen neuen Ski Langlaufen. Jeden Morgen nahm ich mir vor, mich an diesem Tag hinzusetzen und etwas zu schreiben, und jeden Abend, wenn ich erschöpft ins Bett fiel, stellte ich fest, dass die tägliche Überlebensroutine gierig meine Kreativität verschlang und ich zu müde war, Worte zu Papier zu bringen. Das Iglu löste sich langsam in den wärmer werdenden Sonnenstrahlen auf. Fast unmerklich zerrann es wie die Zeit, die ich hier verbrachte.

Bisweilen ertappte ich mich bei dem sehnsüchtigen Gedanken an einen faulen Fernsehabend oder ein langes, heißes Bad. Am meisten aber sehnte ich mich nach meiner Hündin. Wenn die Tränen kamen, zog ich mich auf meinen Felsen über dem See zurück und schrieb mein Heimweh in das Tagebuch. Wenn ich Glück hatte, heulten die Wölfe und erinnerten mich daran, warum ich hierhergekommen war.

Ich genoss meinen Wildnistraum und fühlte mich dennoch einsam, besonders wenn Greg in der Stadt arbeitete oder mehrere Tage als Guide unterwegs war. Mir fehlten die Gespräche mit meinen Freunden oder mit meiner Familie. Am meisten vermisste ich meine Hündin, die mir hier so schön hätte Gesellschaft leisten können. Meine Freunde waren in Deutschland, und für Gregs Freunde war ich eine Fremde, auch wenn sie sehr freundlich zu mir waren. Ab und zu fuhr ich mit dem Van in die Stadt, stöberte in den Buchläden nach gebrauchten Büchern, bewunderte die neuen Fotos in der Brandenburg-Galerie oder schlenderte durch die Straßen des kleinen Ortes. Da es Greg nicht gefiel, wenn ich ohne Grund »sinnlos« Benzin verschwendete, nahm ich bei meinen Stadtbesuchen stets die Einkaufsliste mit und besuchte den kleinen Supermarkt, in dem es an nichts fehlte. Manchmal gönnte ich uns frisches (teures) Obst und Salat, die ich mir gut einpacken ließ, damit sie den Kältetransport in die Cabin überstanden. Stets beendete ich mein Stadtritual mit einer heißen Schokolade im gemütlichen Blockhauscafé; das baute mich wieder auf. Ich war gern allein in der Wildnis, aber ich hatte auch begriffen, dass ich nicht das ganze Jahr – geschweige denn mein ganzes Leben – als Einsiedlerin verbringen wollte. Ich strebte eine vernünftige Mischung aus Wildnis und Zivilisation an.

Probleme machte mir auch meine Eifersucht auf Gregs Vergangenheit, die er sich überhaupt nicht bemühte zu verbergen; ob aus Gedankenlosigkeit oder Absicht, wusste ich nicht. Überall lagen alte Liebesbriefe herum, einmal fand ich fremde Unterwäsche und einen gebrauchten Tampon. Ich versuchte mit Greg darüber zu reden, herauszufinden, warum er so etwas nicht wegräumte. Gregs spontane Reaktion darauf war immer die gleiche: Er nahm mich in den Arm und versicherte mir, dass er mich liebe. Gleichzeitig konnte er sich die

Bemerkung nicht verkneifen, dass er dennoch weiterhin mit seinen Ex-Frauen befreundet sein wolle und werde.

»Ich lasse mir von niemandem vorschreiben, was ich tun und lassen soll oder mit wem ich zusammen sein darf«, sagte er und schaute mir prüfend in die Augen, um dann mit einem kleinen, stolzen Unterton hinzuzufügen: »Die sind immer noch alle scharf auf mich. Aber du musst dir keine Gedanken machen. Ich liebe dich, und das wissen die auch.«

Falls mich das beruhigen sollte, hatte er das Gegenteil erreicht. Ich wurde immer verunsicherter. Herausgerissen aus meiner vertrauten Umgebung, zusammen mit einem Mann, den ich nicht wirklich kannte, der wenig Interesse an meinem Leben zeigte und den ich dennoch leidenschaftlich liebte, war ich verwirrt und verletzlich.

In Augenblicken wie diesen ging ich hinaus zu meinem Lieblingsfelsen, schaute über den See und versuchte, die Gedanken zu ordnen. Ich war in Greg verliebt und wollte nicht ohne ihn sein. Aber konnte ich auch mit ihm leben?

Auch wenn uns die tiefe Liebe zur Natur verband, so hatten wir doch unterschiedliche Vorstellungen, wie das Leben aussehen sollte. Das fiel mir besonders auf, wenn ich mich mit anderen Menschen unterhielt, die es in unsere Einöde verschlug.

An einem Wochenende war ich allein. Greg begleitete als Guide eine Gruppe auf einem Skitrip. Zum ersten Mal seit Langem fühlte ich mich frei. Ich fing an, die Cabin aufzuräumen, schleppte Kisten, sortierte um, warf weg. Einer der Kartons enthielt alte Liebesbriefe von Gregs Angebeteten und diverse »Trophäen«: BHs, Schlüpfer, Briefe von Greg an eine Carol. Ich hätte es nicht tun sollen, aber ich faltete ein abgegriffenes Blatt Papier auf und las. Es war dasselbe Gedicht, das Greg mir nach unserem ersten Treffen geschrieben hatte. Ich war wütend und irritiert. War mein Traummann ein Blender? Ich verbrannte den Inhalt der Kiste im Ofen und beschloss, nicht mit Greg darüber zu reden.

Frustriert zog ich die Schneeschuhe an. Eine Wanderung zum See würde mir gut tun. Von oben konnte ich sehen, dass ein paar Angler auf dem Eis saßen, unter ihnen auch John, Gregs Freund und Besitzer des Telefons, von dem aus ich zu Hause angerufen hatte. Wir hatten uns inzwischen kennengelernt und auch ein paar Mal unterhalten. Anscheinend verbrachte John dieses Wochenende wieder einmal in seinem Ferienhaus und angelte sich sein Abendessen. Es würde mir guttun, mit jemandem zu reden, der beide Welten zu schätzen wusste, die Wildnis *und* die Zivilisation. Ich mochte den ausgeglichenen Mann mit den dunklen, lockigen Haaren und seinen schokobraunen Labrador Buddy. Die zwei tauchten stets im Doppelpack auf und schienen unzertrennlich.

»Hallo, John!« Ich winkte ihm zu und rief: »Kaffee?«

John hob seinen Daumen zum Einverständnis. In der Cabin kochte ich einen Kaffee und goss ihn in die Thermoskanne. Ich packte in meinen kleinen Rucksack noch zwei Tassen und stapfte zum See hinunter. John hatte inzwischen einen kleinen Campingtisch aufgebaut und Faltstühle aufs Eis gestellt. Während ich die dampfende Flüssigkeit in die Tassen goss, würzte er zwei frisch gefangene Forellen mit Pfeffer und Salz und warf sie auf den Rost über dem Lagerfeuer.

»Was ist los mit dir?«, fragte John und schaute zu, wie ich Buddy streichelte. »Du wirkst so traurig.«

Ich schüttete ihm mein Herz aus. Von meiner Einsamkeit und meiner Zerrissenheit. Von der Sehnsucht nach meiner Hündin und dem Wunsch, hier bleiben zu können. John hörte ruhig zu. Manchmal strich er sich mit seiner schmalen Hand durch die Locken, die erste graue Strähnen an den Schläfen zeigten. Es gibt nur wenige Menschen, die bei einem Gespräch voll und ganz auf das Gegenüber konzentriert sind. John war so ein Mensch. Er ließ mich reden und unterbrach mich nicht. Erst als ich mich mit einem tiefen Seufzer wieder Buddy widmete, sagte er mitfühlend: »Das ist bestimmt nicht einfach. Aber du solltest jetzt noch keine Entscheidung treffen. Du musst erst herausfinden, was du willst.« Er schob die fertiggegrillten Fische auf den einzigen Teller, schnitt eine Zitrone in zwei Teile und drückte sie über der Forelle aus.

»Wenn du bei Greg bleibst, wirst du dich anpassen müssen. Daran sind bisher alle seine Beziehungen gescheitert.« Mit diesen Worten spießte er ein Stück Fisch mit seiner Gabel auf und reichte sie mir.

»Er hatte immer viele Frauenbekanntschaften, aber keine hat es lange bei ihm ausgehalten. Das ist nicht so leicht mit den Wildnisburschen«, fügte er hinzu. Obwohl er mir zublinzelte, blickten seine Augen besorgt.

»Hm, köstlich. Das schmeckt wunderbar.« Das Essen und Johns Fürsorge wärmten nicht nur meinen Bauch, sondern auch mein Herz und meine Seele.

»Mach dir keine Sorgen. Du kannst mich jederzeit anrufen oder zu meiner Cabin kommen. Du weißt, wo sie ist, und die Tür ist immer offen, auch wenn ich nicht da bin.«

Wir teilten uns die Fische auf dem Teller mit einer einzigen Gabel und tranken dazu Kaffee, während ich ununterbrochen Buddys weiches Fell kraulte.

John sprach über seine Arbeit. Er war Strafverteidiger in Minneapolis. Sein Job machte ihm Spaß. Erstaunt hörte er zu, als ich ihm von meiner Anwaltstätigkeit erzählte und wie frustriert und unglücklich ich damit gewesen war.

»Dann hast du sicher das Richtige getan, als du ausgestiegen bist. Das Leben ist zu kurz, um Kompromisse zu schließen«, sagte er. Dann erzählte er von seinem Besuch in Deutschland. Als Student war er ein paar Monate kreuz und quer durch Europa gereist und auch ein paar Wochen in Bayern gewesen.

»Euer Bier und euer Essen sind phantastisch.« Er rieb sich grinsend seinen Bauch. Ich beobachtete ihn, wie er Buddy streichelte. Warum konnte ich mich nicht in diesen wunderbaren, liebevollen, weltoffenen – und dazu noch gutaussehenden – Mann verlieben? Warum machte mein Herz bei ihm keine Luftsprünge? Alles wär so viel einfacher. Aber ich liebte Greg, und das machte mich traurig.

Zum Abschied kniete ich mich vor Buddy, schlang beide Arme um seinen Hals und drückte meine Nase in das weiche Fell, das jetzt an einigen Stellen feucht wurde. John räumte unterdessen geschäftig seine Ausrüstung zusammen. Als ich den Berg zur Hütte hochstieg und den beiden zum Abschied zuwinkte, war ich dankbar für das Essen und den Trost. Aber meine Hoffnung, dass ich mich nun besser fühlen würde, wurde nicht erfüllt; meine Traurigkeit war nur noch stärker geworden.

Um die Zweifel und das Heimweh zu vergessen, suchte ich mir eine Beschäftigung. Ich hackte Holz und schichtete es am Ofen auf. Anschließend widmete ich mich meinen Reiseartikeln, bis es dunkel wurde. Ohne Gregs Geschäftigkeit war es noch stiller, fast unheimlich. Ich schaltete das Radio an und summte zur Countrymusik, während ich auf dem Holzofen das Hirschgulasch vom Vortag aufwärmte. Dann unterbrach WELY seine Musiksendung für die lokalen Nachrichten. Mit einem Schmunzeln hörte ich zu, als aus dem Radio ertönte: »Für Elli am Timber Lake. Greg vermisst dich.«

Als Greg am nächsten Tag von seiner Tour zurückkam, überschüttete er mich mit Zärtlichkeiten und erzählte mir fortwährend, wie sehr ich ihm gefehlt hätte. Ich schob die nagenden Zweifel zur Seite. Sicher würde bald alles gut werden.

Beim Abendessen berichtete ich Greg von meiner Begegnung mit John, behielt aber die Einzelheiten des Gesprächs für mich.

Ich bemerkte sofort, dass etwas nicht stimmte. Greg reagierte schlagartig kühl und distanziert.

»So … John!«

»Ja, er hat mir von seiner Arbeit erzählt.«

»Nein? Tatsächlich? Ist ja toll! Der liebe Kollege!« Gregs Worte trieften vor Spott, als er sie in die Länge zog.

»Ich habe Buddy kennengelernt!« In meiner Begeisterung merkte ich nicht, in welch gefährliches Fahrwasser das Gespräch geriet.

»Nimm dich in Acht vor ihm!«

»Vor Buddy?«, scherzte ich.

»Du weißt schon – vor John.«

»Warum? Er ist doch nett.«

»Zu nett. Er hat mir schon einmal eine Freundin ausgespannt.«

Daher wehte also der Wind.

»Was ist passiert?«, fragte ich.

»Unwichtig!« Gregs Ton machte deutlich, dass er keine Nachfragen dulden würde. »Ich will auf keinen Fall, dass du dich noch einmal mit ihm triffst.«

»Ich habe mich nicht mit ihm *getroffen*, sondern wir sind uns zufällig auf dem See begegnet«, versuchte ich, mich zu verteidigen.

»Ich will dich nicht verlieren.« Seine eben noch harte Stimme wurde wieder samtweich. »Komm, lass uns unser Wiedersehen feiern.«

Fordernd zog er mich an sich und begann, mich zu entkleiden. Ich schloss die Augen und gab nach.

Noch lösten Zärtlichkeiten und Sex die Probleme, die immer häufiger auftauchten. Das Thema John war vom Tisch, und Greg war in den nächsten Tagen wieder ganz der Charmeur, als den ich ihn kennengelernt hatte. Er ließ mir Zeit zum Schreiben und übernahm wie selbstverständlich das Wasserholen. Offensichtlich spürte er meine wachsenden Zweifel.

Um die zu beseitigen, lud er mich eines Abends zu einer Nacht unter Sternen ein. Wir packten die Schlafsäcke in den Rucksack, zogen die Schneeschuhe an und stapften eine Stunde durch den Winterwald, bevor wir eine kleine Lichtung erreichten. Dort hatte mein Wildnisromantiker schon ein Lagerfeuer vorbereitet, das er nun entzündete. Aus dem Rucksack zauberte er eine Tüte Marshmallows, die wir in der Glut rösteten. Wir sprachen wenig, saßen engumschlungen im Schnee und schauten ins Feuer, bis es niedergebrannt war. Dann verbanden wir die beiden Schlafsäcke mit den Reißverschlüssen zu einem Doppelschlafsack und kuschelten uns vollständig angezogen eng aneinander. Greg umschlang mich mit seinen Beinen und bedeckte mein Gesicht und meinen Hals mit zartlichen Küssen. Ich spürte die Hitze seiner Hände durch die Kleidung hindurch, aber diesmal suchten sie ihren Weg nicht auf meine Haut. Eng aneinandergeschmiegt schliefen wir ein.

Mitten in der Nacht weckte Greg mich vorsichtig. Nur etwa fünf Meter von uns entfernt standen dunkle Schatten: Wölfe! Ich hielt den Atem an und wagte nicht, mich zu rühren. Ein grauer und ein schwarzer Wolf beobachteten uns. Wir schauten uns eine ganze Weile an, bis die Tiere so plötzlich verschwanden, wie sie gekommen waren. Niemand von uns sprach ein Wort. Und als ob wir nicht schon durch die Gegenwart der Wölfe genug beschenkt worden waren, zog der Himmel jetzt den Vorhang auf für ein weiteres Schauspiel: Grüne Schleier begannen, zu tanzen und sich mit rosa Figuren zu verbinden, geheimnisvoll und sich ständig ändernd: Nordlichter! Mir schossen die Tränen in die Augen, und ich drückte fest Gregs Hand. Ich hatte schon öfter Nordlichter gesehen, aber ich hatte mich noch nie mittendrin befunden. Es war eine geisterhafte Erscheinung. Lange noch schaute ich dem Farbentanz zu, bevor mir die Augen zufielen und ich einschlief. Als wir am Morgen aufwachten, lagen zehn Zentimeter Neuschnee auf unserem Schlafsack.

An einem der nächsten Wochenenden brachte der Besuch von Gregs älterer Schwester Kathleen, ihrem Mann Jack und den beiden Jungs John und Jimmy Abwechslung in unser Blockhüttenleben. Es war schon dunkel, als sie mit heftigem Gekeuche und knirschenden Stiefeln ihre Ankunft ankündigten. Greg blinzelte mir verschwörerisch zu und ging leise auf die Terrasse hinaus. Dann fing er an zu heulen wie ein Wolf. Jedes Geräusch aus Richtung Trail verstummte mit einem Schlag.

»Hast du das gehört?«, hörten wir John flüstern.

»Ich weiß nicht …«, stotterte Jimmy.

Greg heulte erneut.

»Sind das Wölfe?«, fragte der zwölfjährige Jimmy zaghaft.

»Ich glaube schon«, antwortete Kathleen.

Beim nächsten Heulen von Greg sagte John mit dem ganzen Mut seiner vierzehn Jahre: »Mir reicht's! Ich bin weg.« Er schien umdrehen zu wollen, um zum Auto zurückzugehen. Wir hörten eine längere Diskussion zwischen Eltern und Kindern.

Jetzt konnten wir uns beide nicht mehr beherrschen und prusteten los. Wütend und mit hochroten Köpfen kamen die Teenager aus dem Wald auf uns zu, die Eltern grinsend hinterher. Wir umarmten uns zur Begrüßung, und die Jungs luden ihre schweren Rucksäcke ab.

»Wie lange wollt ihr bleiben?«, fragte ich mit einem Blick auf ihre Ausrüstung.

»Nur das Wochenende, aber sie glauben, dass sie ohne ihren Walkman und täglich frische Klamotten nicht leben können.« Kathleen schmunzelte. Sie und Jack hatten einen kleinen Eisenwarenladen auf dem Land in Wisconsin. Sie liebten die Natur und waren mit ihrem komfortablen Camper viel unterwegs zum Wandern und Angeln.

Für die beiden Jungs war es der erste Ausflug zu Onkel Greg. Ihre Gesichter wurden immer ungläubiger, als sie erfuhren, dass es kein Telefon, keine Badewanne und auch kein Ketchup für ihr Essen gab.

»Habt ihr denn keinen Fernseher?«, fragten sie fassungslos, und als wir das verneinten: »Und was macht ihr den ganzen Abend?« Wir beschränkten uns auf die jugendfreie Version und erzählten, dass wir lasen, Radio hörten und uns unterhielten. Bei der Aussicht auf so ein langweiliges Leben schüttelten sie sich vor Grauen.

Entgegen ihrer Befürchtung wurde das Wochenende aber doch spannend. Wir reparierten das langsam zerrinnende Iglu, damit die Jungs und Greg darin schlafen konnten, und suchten Wolfsspuren. Die Männer hackten den Holzvorrat für die nächsten Tage. John und Jimmy schliefen in ihren dreckigen Kleidern und aßen den Fisch auch ohne Ketchup. Am Ende waren sie begeistert und versprachen, bald wiederzukommen.

Ein Problem jedoch hatten sie, das selbst Onkel Greg nicht lösen konnte. Beide Jungs lehnten den Besuch des Outhouse entsetzt ab. Während John sich noch für seine kleinen Geschäfte in die Büsche schlug, weigerte sich Jimmy strikt, auch nur irgendetwas zu erledigen.

»Ich warte, bis ich zu Hause bin«, verkündete er und beschloss, ab sofort nichts mehr zu trinken, damit er es über das Wochenende schaffte. Den Rückweg zum Auto hat die Familie in Rekordzeit geschafft.

Ich war glücklich über den Besuch, denn so war ich für kurze Zeit nicht mehr das einzige Greenhorn am Timber Lake.

Langsam wurde es für mich Zeit, wieder nach Deutschland zurückzukehren. Die Aufenthaltserlaubnis, die mir der Passbeamte bei der Einreise in den Ausweis gestempelt hatte, lief ab. Zwar besaß ich ein Besuchervisum für die USA, das mir mehrfachen Eintritt in das Land gestattete, aber letztendlich hing die tatsächliche Dauer meines Aufenthaltes von der persönlichen Entscheidung des jeweiligen Einreisebeamten ab. Üblicherweise wurden zwischen sechs und acht Wochen genehmigt.

Murrend und schlechtgelaunt brachte mich Greg erneut zum Flughafen nach Minneapolis.

»Diesmal übernachten wir in keinem Hotel. Lieber fahr ich die ganze Nacht durch«, klagte er. »Was das wieder Benzin kostet.«

Ich schluckte eine passende Antwort hinunter und hatte keine Lust mehr, auf seine Launen einzugehen. Ich versuchte, das Positive in seiner miesen Laune zu sehen: So fiel mir der Abschied von ihm leichter. Am Flughafen von Minneapolis ließ mich Greg am Terminal aussteigen und lud den Koffer aus. Er küsste mich noch einmal und fuhr wieder los. Ich winkte ihm hinterher und dachte an das letzte Mal, als er mich zum Flugzeug gebracht hatte: Er war bei mir geblieben, bis die Maschine aufgerufen wurde, hatte mich die ganze Zeit umarmt und immer wieder geküsst. »Komm bald wieder.« Diesmal wollte er so schnell wie möglich aus der Großstadt zurück nach Hause. Wenn die Abschiedsszene ein Zeichen der Intensität unserer Beziehung war, dann hatte sich einiges verändert.

In Frankfurt landete ich im Frühling. Der Schnee war geschmolzen und einem frischen Grün gewichen. Überall schossen Krokusse und Schneeglöckchen aus dem Boden. Eine erwartungsvolle Stimmung lag in der Luft. Aber statt diese Schönheit zu genießen, trauerte ich dem nach, was ich verloren hatte. Ich fühlte mich fremder denn je, alles war zu laut, hektisch und aggressiv. Erneut war ich hin- und hergerissen zwischen der Freude, meine Familie und meine Lady zu sehen, und der Sehnsucht nach Greg. Der wusste längst, welche »Knöpfe« er drücken musste, um sein Ziel zu erreichen. Leidenschaftliche Ich-vermisse-dich-Liebesbriefe und zärtliche Anrufe wechselten sich ab mit gelegentlichen Bemerkungen, dass er Carol, Trisha, Eilene oder eine andere seiner Ex-Freundinnen getroffen hätte, die es kaum erwarten könnten, dass er wieder frei sei. Es funktionierte: Ich wollte geradewegs zurück in meine heile Blockhauswelt und in die Arme meines Wildnismannes.

Abermals bereitete ich meinen Ausstieg aus der Zivilisation vor. Ich erledigte die Arbeiten, die beim letzten Mal liegengeblieben waren, und bereitete die nächste Ausgabe des Wolf Magazins vor. Ich hatte diese Fachzeitschrift gegründet, um über Wölfe zu informieren. Langsam und beständig wuchs die Abonnentenzahl, auch wenn ich von den Einnahmen längst nicht leben konnte. Als freie Journalistin und Autorin war ich zum Glück in der Künstlersozialkasse kranken- und sozialversichert, deren niedrige Beiträge für mich noch bezahlbar waren. Meinen restlichen Lebensunterhalt musste ich durch zusätzliche Tätigkeiten verdienen. Regelmäßig schrieb ich Artikel für Reise- und Tierzeitschriften. Während meines Aufenthaltes in Minnesota hatte ich dies jedoch vernachlässigt, zumal mir dort Recherchemöglichkeiten fehlten wie Bibliotheken und Internet. Jetzt musste ich die Zeit in Deutschland für die Vorbereitung nutzen. Ich stürzte mich in die Arbeit, sammelte Material für geplante Berichte, sprach mit Redakteuren von Reisezeitschriften und holte Artikelaufträge ein. Ich plante, die Zeit in der Cabin vor allem zum Schreiben zu nutzen. Wie aber sollte ich das finanziell durchhalten? Schon jetzt war durch die vielen Flüge mein Erspartes drastisch geschmolzen. In den letzten Jahren hatte ich den Sommer über als Reiseleiterin oder Flugbegleiterin gejobbt und so das Geld verdient, um im Winter als freie Autorin zu überleben. Doch weder meine Fluggesellschaft noch meine Reiseagentur meldeten sich diesmal mit Saisonaufträgen. Dazu hätte ich in Deutschland präsent sein müssen. Ich stand kurz davor, meine gesamten finanziellen Rücklagen für die große Liebe zu riskieren. Lange konnte ich das nicht mehr durchhalten.

Ich arbeitete ohne Unterlass, vernachlässigte sogar meine Familie und verbrachte die wenige freie Zeit, die ich noch hatte, mit Lady. Mein schlechtes Gewissen ihr gegenüber wurde immer größer. Jetzt konnte ich meine Mutter besser verstehen. Auch ich war ein Scheidungskind und hatte meine Kindheit bei den Großeltern verbracht, während ich meine Mutter, die arbeiten musste, kaum zu sehen bekam. Sie hatte sich vermutlich ebenso schuldig gefühlt wie ich jetzt. Mir war es bei den Großeltern so gut gegangen, dass ich meine Mutter überhaupt nicht vermisst hatte. Und Lady ging es jetzt bei meinen Eltern ebenso. Mehr konnte auch ein zweibeiniges Enkelkind nicht verwöhnt werden. Aber dieses Wissen half nicht über meine Schuldgefühle hinweg. Auch meine Freundinnen waren enttäuscht, dass ich keine Zeit hatte, sie zu treffen. Zu gern hätten sie mehr Geschichten aus der Wildnis und vom Naturburschen gehört.

»Nächstes Mal«, versprach ich ihnen. Ich war dabei, all meine sozialen Kontakte für den Mann in der Wildnis aufzugeben.

Nach nur drei Wochen flog ich erneut nach Minnesota, immer noch in der Hoffnung, Greg endlich dazu zu bewegen, meinen Hund zu akzeptieren, denn dann – und nur dann – wollte ich für längere Zeit bei ihm bleiben.

HOFFNUNG

Im hohen Norden hatte der Frühling eingesetzt. Fast erkannte ich das Stück Land am Timber Lake nicht wieder. Überall taute der Schnee und machte undurchdringlichem Buschwerk Platz. Greg hatte meine Abwesenheit genutzt, für ein paar Tage als Wildnisguide zu arbeiten. Er wartete am Flughafen auf mich und küsste mich so stürmisch, als sei ich Monate fort gewesen.

Innerhalb weniger Wochen war der Wintertrail zugewachsen, so dass wir jetzt zum ersten Mal den Sommertrail zur Hütte nahmen. Mit einer Sichel, die er mit schmalen Lederstreifen an einem langen Stock befestigt hatte, schlug Greg den Weg durch das Dickicht frei. Wenn wir in den nächsten Wochen den Pfad regelmäßig nutzten, würde das Buschwerk weichen. Im Augenblick jedoch befand sich an vielen Stellen eine grüne Mauer. Die Wildnis vergisst die Spuren der Zivilisation rasch und wächst über Pfade, die wir Menschen einst mühsam geschaffen haben.

Schnell lebte ich mich wieder in den Alltag ein. Mein Körper hatte nichts vergessen. Nicht die harte Arbeit, aber auch nicht Gregs Zärtlichkeiten, nach denen ich mich in Deutschland so gesehnt hatte. In seinen Armen vergaß ich für kurze Zeit, was ich zurückgelassen hatte.

Überall um mich herum wuchs neues Leben. Auch die Bären hatten ihre Winterruhe beendet und vergeblich versucht, den Kompost auszugraben.

In den nächsten Tagen lernte ich, wie man im Bärengebiet lebt. Die wenigen Küchenabfälle, die wir nicht verwerten konnten, wurden mindestens siebzig Zentimeter tief in der Kompostgrube vergraben. Es gab etwa ein halbes Dutzend Schwarzbären im Wald. Sie lebten in friedlicher Eintracht mit den Wölfen; beide gingen sich aus dem Weg. Die zwei Exemplare der Gattung *Ursus americanus*, die in unmittelbarer Nähe der Hütte ihr Revier hatten, waren extrem scheu. Bären können uns Menschen früh wittern und hören und sind blitzschnell verschwunden, wenn ein Zweibeiner auftaucht. Nur mit viel Glück bekommt man sie zu Gesicht. Jetzt im Frühjahr jedoch mussten wir besonders vorsichtig sein. Dann kamen die Bärenmütter mit ihrem Nachwuchs, den sie während der Winterruhe zur Welt gebracht hatten, aus den Höhlen. Bärinnen verteidigen ihre Kleinen bis aufs Blut, Wölfinnen mit Jungtieren dagegen sind für uns Menschen kaum eine Gefahr. Ihre Angst vor uns ist stärker als der Schutzinstinkt für die Welpen. Aber zwischen eine Bärin und ein Junges wollte ich mich nicht unbedingt stellen. Die wenigen Unfälle, die es gab, waren dennoch fast immer auf »menschliches Versagen« zurückzuführen.

Meinen ersten Bären traf ich kurze Zeit nach meiner Rückkehr. Ich war auf dem Weg zum Briefkasten. Die Schneedecke war dünn genug, so dass ich endlich den Pfad ohne Schneeschuhe laufen konnte. Die Stille des Waldes war wohltuend, als ich plötzlich vor mir auf dem Pfad etwas Dunkles sah, das sich bewegte und auf mich zukam. Das Schwarzbärenbaby war so beschäftigt, all die aufregenden Gerüche auf dem Weg zu beschnuppern, dass es mich nicht bemerkte. Entzückt beobachtete ich das Fellknäuel und machte mir gleichzeitig Gedanken um seine Mutter, die sich sicher in unmittelbarer Nähe aufhielt. Ich hörte ein Schnaufen hinter mir und sah aus den Augenwinkeln eine beeindruckend stattliche Bärin, die sich auf die Hinterbeine erhob, um Witterung aufzunehmen. Ich war in der Falle zwischen Mama-Bär und Baby-Bär, der mich endlich auch entdeckt hatte. Bevor ich mir noch eine Verteidigungsstrategie überlegen konnte, flüchteten beide blitzschnell ins Gebüsch, und ich hörte nur noch das Krachen von Zweigen, als Familie Bär vor dem Monster Mensch floh. Erst jetzt bemerkte ich meine weichen Knie und war froh, dass meine erste Bärenbegegnung gut ausgegangen war.

Als das Eis auf dem See taute, wurde es schwieriger, Trinkwasser zu holen. Ich musste mit den Kanistern in die Mitte des Sees rudern, denn nur dort war das Wasser zum Trinken geeignet.

»Wenn du es vom Ufer holst, besteht die Gefahr einer Vergiftung durch Mikroben«, warnte mich Greg. »Wir müssten es abkochen, aber dann schmeckt es nicht mehr so gut. Dort, wo ein stehendes Gewässer tiefer als einen Meter ist, kannst du es ohne Bedenken trinken.«

Als ich zum ersten Mal allein auf den See ruderte, brauchte ich eine Weile, um die schweren Behälter ohne Hilfe aus dem Wasser zu hieven und über die Kante ins Boot zu balancieren.

Jetzt, wo der See bis auf wenige, schattige Stellen am Ufer eisfrei war, meldete ich mich gern freiwillig als »Wasserträger« und paddelte mit dem Kanu hinaus. Die Ruhe und der Frieden waren überwältigend. Wenn ich die Ruder ins Boot zog und mich treiben ließ, wurde ich ein Teil der spiegelglatten Fläche. Die Gewalt der Stille packte mich, ohne dass meine Sinne sie erfassen konnten. Ich fühlte die Einsamkeit um mich herum und verlor die Grenzen meines Seins in dieser unendlichen Weite. Man muss mit der Natur allein sein, um sie wirklich zu erleben. Ich ließ mich auf den Boden des Bootes gleiten und schaute den Wolken zu. Wenn ich darüber einschlief, weckte mich in der einsetzenden Dämmerung der Ruf der Virginia-Eule, die im Wald ihr Nest hatte. In einem der vielen Seitenarme des Timber Lake ächzte am Ufer eine Weißfichte unter dem Gewicht eines Weißkopfadlernestes.

Viele Tage verbrachte ich so, beobachtete die Tiere, schrieb in mein Tagebuch, las oder träumte einfach vor mich hin. Hin und wieder begegnete mir ein Vogel, den es nur hier und weiter nördlich in Kanada und Alaska gibt: der Loon oder Eistaucher. Er beeindruckte mich vom ersten Moment an: rote Augen in einem schwarzen Kopf auf einem mit einer schwarzweißen »Krause« geschmückten Hals über dem enormen Körper. Am meisten faszinierte mich sein Schrei: ein wildes Lachen, das in der Dunkelheit über den stillen See schallte – ein hypnotisches, fast spirituelles Erlebnis. Die Größe des Loons überraschte mich. Ich konnte mir nicht vorstellen, dass er mit seinen gewaltigen, gesprenkelten Flügeln überhaupt genug Auftrieb zum Abheben erhielt. Aber dann sah ich ihn: Ähnlich einem vollbeladenen Jumbojet, der auf einer viel zu kurzen Runway startet, begann er, auf dem Wasser gegen den Wind zu rennen und dabei immer schneller zu werden, bis er im letzten Moment das Laufwerk beziehungsweise die Beine hochzog und dicht über den Spitzen der Weißtannen in den Himmel stieg. Wäre der Timber Lake kürzer gewesen, wäre der Vogel beim Starten garantiert in die Bäume gedonnert.

Seine besonderen Qualitäten jedoch zeigte dieser Alleskönner beim Tauchen. Mit hoher Geschwindigkeit schoss er bei der Nahrungsaufnahme in die Tiefe und blieb so lange unten, dass ich einmal die Zeit stoppte: vierzig Sekunden! Das Loon-Pärchen, das auf dem Timber Lake sein Revier hatte, präsentierte mir jetzt im Frühjahr seinen Nachwuchs. Das Weibchen trug die Jungen auf dem Rücken. Gemütlich in die Federn der Mutter gekuschelt, schauten sie mich mit Knopfaugen an. Im Kanu schien ich für sie ungefährlich zu sein, denn Mama Loon zeigte überhaupt keine Scheu und schwamm oft dicht am Boot vorbei.

Gelegentlich beobachtete ich auch Fischotter und Biber, die am entgegengesetzten Ende des Sees eine neue Wohnburg bauten. Keines der Tiere hatte Angst vor mir oder flüchtete. Das machte mich zu einem Teil von ihnen und ließ mich alles andere vergessen: mein Heimweh, meine Sorgen um die Zukunft – sogar Greg. Mein Dasein war nur noch auf dieses kleine Boot im See reduziert, das Schaukeln des Wassers, den Tannen- und Kieferndufft und die Wärme der Frühlingssonne auf meiner Haut. In diesen Augenblicken war mein Leben perfekt und mein Wildnistraum real.

Eines Morgens lag ein Brief von meinem Bruder im Briefkasten. Er plante mit seiner Frau Susanne und unseren Freunden Sylvia, Martin und Andy einen Urlaub im Südwesten der USA und schlug vor, dass wir uns alle dort trafen. Dieter war der Jüngste von uns vier und mein Lieblingsbruder. Er und Susanne hatten sich schon als Teenager kennengelernt und vor nicht allzu langer Zeit geheiratet. Die beiden waren für mich stets das Vorbild für eine perfekte Ehe. Mein Bruder war neugierig geworden auf den Mann, der seine Schwester in die Wildnis gelockt hatte. Für ihn eine gute Gelegenheit, den potentiellen Schwager unter die Lupe zu nehmen.

Aufgeregt lief ich zur Werkstatt zurück, wo Greg dabei war, ein Kanu mit Lack zu überziehen.

»Greg! Mein Bruder kommt! Du kannst ihn kennenlernen.«

»Was meinst du damit?«

»Mein Bruder, seine Frau und drei Freunde von uns fliegen nach Arizona. Sie wollen zum Grand Canyon und uns dort treffen.«

Ungehalten ließ Greg den Pinsel senken.

»Ich mag es nicht, wenn jemand Entscheidungen trifft, ohne sich mit mir abzusprechen«, sagte er schroff.

Klar! Welche Reaktion hatte ich auch von einem Kontrollfreak erwartet?

Aber diesmal war ich es, die seine »Knöpfe« drückte.

»Was hältst du davon, wenn wir auch Urlaub machen? Wir könnten das Treffen mit einer Paddeltour auf dem Lake Powell verbinden. Warst du da schon?«

»Natürlich!«, kam es wie aus der Pistole geschossen. »Ich bin vor ein paar Jahren einmal mit dem Kajak den

Colorado im Grand Canyon hinuntergefahren. Das war ein unglaubliches Erlebnis. Zehn Jahre lang habe ich auf die Genehmigung warten müssen.«

Greg geriet ins Schwärmen und vergaß dabei völlig seinen Ärger.

»Na gut. Ich bin dabei – vorausgesetzt, ich muss nicht einen auf Familie machen«, willigte er großzügig ein.

Ich küsste ihn begeistert und triumphierte im Stillen. Paddeln war Gregs wunder Punkt, damit konnte ich ihn immer überreden. Jetzt würde er endlich einen Teil meiner Familie kennenlernen. Sogleich machte er Pläne.

»Ich hab eine Idee.« Seine Augen glänzten. »Schau, hier!« Unter einem Stapel alter National-Geographic-Zeitschriften zog er einen Zeichenblock hervor und breitete ihn auf dem Tisch aus. Mit wenigen Strichen skizzierte er ein Kajak mit zwei Einstiegsluken.

»Wir bauen uns ein Tandem-Kajak.«

»Wir?«, fragte ich unsicher.

»Na klar, du hilfst mir. Als Freundin eines Bootsbauers musst du jetzt auch lernen, die Dinger zu bauen.«

Er hatte mich seine »Freundin« genannt! Mein Herz hüpfte vor Aufregung. Die Aussicht, gemeinsam mit Greg ein Kajak zu bauen, beflügelte mich. Ich habe schon immer gern gebastelt oder etwas aus Holz gebaut. Während meine Freundinnen zum Shoppen in Schuhgeschäfte oder Boutiquen gingen, hielt ich mich lieber in Baumärkten auf. Jetzt würde ich lernen, ein eigenes Boot zu bauen. Euphorisch sammelte Greg alle notwendigen Utensilien zusammen, um sogleich mit dem Bau des Kajaks zu beginnen. Ich kochte einen Kaffee für die Thermoskanne und folgte ihm in die Werkstatt.

Aus einer Seekajak-Form, die wir mehrmals mit Kunstharz ausstrichen, entstand der Boden des Bootes. Den oberen Teil formten wir aus schmalen Holzstreifen, die wir im Winkel zum Bootsrand nebeneinander aufklebten, so dass die gegenüberliegenden Streifen ein flaches Dach bildeten, alles überstehende Holz wurden abgesägt. Dann ging es daran, diesen Teil des Bootes in eine glänzende Schönheit zu verwandeln.

Jetzt war ich in meinem Element. Morgens, wenn Greg noch schlief, schlich ich aus dem Haus in die Werkstatt, um das Kajak abzuschleifen und zu polieren. Greg war überrascht, dass mir die Arbeit so viel Spaß machte. Für mich war es ein fast spirituelles Erlebnis, zu erleben, wie aus einfachen Materialien der Natur ein schwimmendes Kunstwerk entstand. Am Ende erhielt das Kajak einen glänzenden Überzug aus Bootslack. Zwei Sitzöffnungen und geräumige Gepäckfächer machten unsere Schönheit zu einem perfekten Reisebegleiter. Die gemeinsame Arbeit am Boot verband uns. Wir lachten viel, und wenn sich unsere Hände berührten, fing ich Gregs zärtlichen Blick auf.

Nach einer Woche war »Moongazer«, wie wir das Boot nannten, fertig. Wir hatten das Baugestell abgebaut und das Boot auf den Boden gehoben. Dort lag es nun inmitten von Sägespänen, ein glänzendes Wunderwerk.

»Es ist wunderschön. Und wir haben es gemeinsam gebaut«, sagte Greg mit belegter Stimme und schaute mich zärtlich an. »Komm«, flüsterte er heiser, »jetzt müssen wir es nur noch einweihen.« Inmitten von Sägespänen und dem intensiven Duft von Harz liebten wir uns.

Als Greg mir später das schweißnasse Haar aus der Stirn strich, flüsterte ich schwer atmend und leise kichernd in sein Ohr: »Wow. Das ist mal eine ganz besondere Art von Bootstaufe.«

Eine warme, wohltuende Ruhe umfing mich und hüllte mich wie ein Mantel ein. Vorbei die Zweifel und Ängste. Was blieb, war eine sanfte Sehnsucht, die ich nicht erklären konnte.

Zwei Tage später brachen wir zu unserer Reise in den Südwesten auf. Ich freute mich auf eine Paddeltour – ohne Wellen und Alligatoren – und ganz besonders darauf, meine Familie wiederzusehen.

Wir beluden den Van mit Campingausrüstung und Lebensmitteln. Greg lud diesmal auch zwei Mountainbikes in den großen Bauch des Transporters und befestigte zum Schluss das Kajak auf dem Dach. Auf der Fahrt nach Süden mieden wir diesmal die Autobahnen und nutzten die kleineren Straßen, die als »scenic«, also als landschaftlich reizvoll, gekennzeichnet waren. Ab Sioux Falls folgten wir der Interstate 90 nach Westen.

Auf dem Missouri bei Chamberlain testeten wir zum ersten Mal die Seetauglichkeit von Moongazer auf einer Jungfernfahrt. Das Boot lag perfekt im Wasser und war mit seiner glänzenden Holzoberfläche eine Augenweide.

In der Nähe der Badlands in South Dakota übernachteten wir in einer Kleinstadt bei Gregs Bruder Aaron, der als Priester der dortigen Baptistengemeinde vorstand. Aaron und Greg sahen fast identisch aus, vor allem weil beide einen ähnlichen Bart trugen. Aaron war auf dem Weg zu einem kranken Gemeindemitglied und trug schwarze Baumwollhosen, ein weites, weißes Baumwollhemd und schwarze, glänzende Lederschuhe. Seine Frau Sarah drückte mich liebevoll an ihren mächtigen Busen. Sie trug einen weitgeschnittenen Rock mit Blümchenmuster, eine weiße Bluse mit einer jeansfarbenen Tunika darüber, dazu weiße Socken und Turnschuhe. Die langen, blonden Haare hatte sie zu einem Pferdeschwanz zusammengebunden, der fröhlich wippte, wenn sie in schallendes Lachen ausbrach. Sie zeigte mir das Gästezimmer, in dem ein schmales Bett stand. Greg, der hinter mich getreten war, erklärte: »Da wir nicht verheiratet sind, schlafen wir getrennt: du hier und ich im Auto. Aaron erlaubt keine ›unzüchtigen Handlungen‹ in seinem Haus.« Sarah und ich wurden rot und kicherten.

In der Küche flog die Tür auf, und zwei Jungen polterten ins Haus: Jakob und Matthew, die beiden Teenagersöhne, kamen aus der Schule.

»Lasst euch von eurem Onkel Greg und Elli das neue Boot zeigen, das sie gebaut haben. Wir essen in einer Stunde«, sagte ihre Mutter. Die vierzehnjährigen Zwillinge stürmten hinaus zum Auto und bestaunten Moongazer. Dann ließen sie sich von Greg seine restliche Ausrüstung zeigen und erklären. Als wir erzählten, dass wir auf dem Lake Powell paddeln wollten, wurden ihre Augen groß. Zu gern hätten sie uns begleitet.

Nachdem Aaron von seinem Krankenbesuch zurückgekommen war, lud Sarah zum Abendessen ein. Wir nahmen an dem großen, runden Tisch im Esszimmer Platz, der unter der Last der vielen Töpfe zu ächzen schien. Große Schüsseln Salat standen neben einem mächtigen Kessel Gulasch und einer Pfanne Bratkartoffeln. Bevor wir jedoch zugreifen konnten, fassten wir uns alle an den Händen und beteten gemeinsam. Ich schielte Greg von der Seite an. Er hatte die Augen geschlossen und schien sich anzupassen.

Sarahs Essen schmeckte köstlich. Mich überraschten die zahlreichen Tiertrophäen an den Wänden. Ausgestopfte Hirsche, Stachelschweine, Präriehunde und sogar ein Kojote blickten mit toten Augen auf uns herab. Offensichtlich war es hier in Amerika möglich, das Gebot »Du sollst nicht töten« zu brechen und dennoch ein frommes Priesterleben zu führen. Auch Aarons Söhne outeten sich als begeisterte Schützen und erzählten uns, dass sie täglich ausritten, um Präriehunde zu schießen. Meine Frage, warum, fanden sie eher unverständlich: »Die sind Ungeziefer. Die muss man erschießen.«

»Außerdem schmecken sie prima«, fügten sie hinzu. Ich verschluckte mich fast an meinem Gulasch und verzichtete auf einen Nachschlag. Greg trat mir unter dem Tisch ans Schienbein und hob warnend die Augenbraue. Angesichts der Waffenanzahl im priesterlichen Haushalt wagte ich nicht, eine Diskussion über nützliche und »schädliche« Tierarten zu beginnen. Meine Vorliebe für Wölfe und Kojoten wäre hier ganz sicher nicht auf begeisterte Zustimmung gestoßen.

Trotzdem schlief ich wunderbar im weichen Gästebett mit dem Blümchenquilt und dachte an die nächsten Tage, in denen ich im Zelt wieder auf der harten Isomatte liegen musste. Nach einem kräftigen amerikanischen Frühstück mit Eiern, Bratkartoffeln,

Speck und Unmengen Kaffee verabschiedeten wir uns von Gregs gastfreundlicher Familie. Mit Aarons Segen und einem kurzen Gebet für unsere Reise machten wir uns auf die Weiterfahrt.

Ich war froh, als wir den Badlands-Nationalpark erreichten. Ich kannte den Park und liebte dieses Stück Erde, dessen einheimische Bevölkerung im Laufe des letzten Jahrhunderts so viel erlitten hatte. Am frühen Nachmittag trafen wir in Wounded Knee ein. Der Ort war Indianergeschichte und Schauplatz eines der grausamsten Massaker an Lakota-Sioux. Insgesamt zweihundert wehrlose Männer, Frauen und Kinder waren 1890 von den Soldaten der Siebten Kavallerie niedergemetzelt worden. Für die Sioux ist es heilige Erde. Ich hatte an diesem schmachvollen Ort der amerikanischen Geschichte ein beeindruckendes Mahnmal erwartet. Um so überraschter war ich, auf einem Hügel einen von einem einfachen Drahtzaun umgebenen Friedhof inmitten der kargen, staubigen Landschaft vorzufinden. Ehrfürchtig betrat ich den geschichtsträchtigen Boden. Auf schmucklose Gräber hatte jemand Kieselsteine gelegt. Bunte Bänder, die an den Zaun gebunden waren, flatterten im Wind wie ein Schwarm farbiger Vögel.Federsträuße, an Knochen oder Geweihe genäht, lagen als Opfergaben unter einfachen Holzkreuzen. Ein kleines Bild, aus Stachelschweinstacheln gefertigt, stellte einen Bison dar. Ich hatte kein Opfer bei mir, um meinen Respekt vor diesem spirituellen Ort zu zeigen. Also sprach ich stumm ein kurzes Gebet für die Ermordeten. Ein alter Indianer hatte mich in Alaska einmal die Macht des »Gedankengebetes« gelehrt, das direkt aus dem Herzen kommt. »Unsere Brüder aus dem Tierreich haben von Anfang an so kommuniziert«, hatte er mir verraten.

Ich blieb eine Weile, während Greg draußen wartete. Er wollte nichts mit Friedhöfen, Gott oder »ähnlichem Unsinn« zu tun haben und unterhielt sich stattdessen mit einigen Einheimischen, die selbstgemachten Schmuck an Touristen verkauften, über sein »indianisches Erbe«.

Auf der Weiterfahrt durch das Pine-Ridge-Reservat schockierte uns die Armut der Bevölkerung. Dieses Land, das vom Stamm der Oglala-Lakota bewohnt wurde, war eines der ärmsten Gebiete der USA. Zerbeulte und teilweise eingefallene Wohntrailer, Autowracks, überall Müll und zerbrochene Flaschen. Greg, der bei jeder Gelegenheit gerne betonte, zu einem Drittel indianischer Herkunft zu sein, wurde still. Ein paar amerikanische Flaggen hingen an Lehmhütten – kopfüber.

»Siehst du das? Das ist das Zeichen des AIM, des American Indian Movement, einer Widerstandsgruppe der Indianer.« Jetzt konnte ich mit meinem Reiseleiterwissen auftrumpfen. »Sie wehren sich gegen die Unterdrückung durch die Regierung und kämpfen für bessere Lebensbedingungen – auch mit Gewalt. Einmal haben sie sogar Alcatraz besetzt.«

Greg gefiel nicht, welche Wende das Gespräch nahm. Er wollte ein »edler« Indianer sein, der im Einklang mit der Natur lebte. Dieses Bild von Armut und Gewalt passte nicht zu seinen Vorstellungen. Außerdem war gewöhnlich *er* es, der *mich* belehrte und mir etwas beibrachte, und nicht umgekehrt.

Mich ritt der Teufel, ich suchte Streit.

»Sag mal … dein Bruder … all die Waffen … Wie vereinbart sich das mit seinem christlichen Glauben?«

»Das ist seine Sache und geht mich nichts an«, antwortete Greg schroff.

»Wir kommt ihr beide miteinander klar, wenn du nicht an Gott glaubst? Sprecht ihr darüber?«

»Nein!« Gereizt beendete Greg das Thema, drehte sich um und ließ mich stehen. Er war unsicher geworden, und das gefiel ihm nicht. Er mochte keine allzu persönlichen Fragen in dieser Richtung. Ich gab auf und wollte ihn nicht weiter provozieren.

Als wir in dieser Nacht im Van schliefen, hörte sich der Wind, der um den Wagen strich, an wie das Klagen aus vergangenen Zeiten. Ich spürte Gregs ruhigen Atem auf meiner Haut und schaute in sein entspanntes Gesicht. Er lächelte im Traum, und ich fragte mich zum hundertsten Mal: Wer bist du?

Wieso konnte ich mit diesem Mann den intimsten Sex haben, aber nicht über tiefe, persönliche Dinge sprechen? Warum redeten wir uns über politische und intellektuelle Themen die Köpfe heiß, verstummten aber, wenn es um Herzensangelegenheiten ging? Es schien so, als ob wir uns immer weiter voneinander entfernten, je enger unsere Beziehung wurde.

Am nächsten Morgen war Greg nicht mehr zu halten. Fast drei Tage lang hatte er sich schon nicht mehr sportlich betätigt und war entsprechend unzufrieden. Ich, die ich gern faul auf der Couch sitzend in die Welt der Bücher eintauche, reiste mit einem Sportsüchtigen, der ständig körperliche Betätigung brauchte. War er einmal gezwungen zu pausieren, wurde er ungehalten und mit jedem Tag schlechter gelaunt.

Zum Glück hatten wir die Fahrräder mit und beschlossen, einen »Shuttle« einzurichten: Einer sollte zehn bis fünfzehn Kilometer mit dem Wagen vorausfahren, während der andere die Strecke mit dem Rad zurücklegen würde. Danach wollten wir wechseln. Ich war zuerst dran und freute mich darauf, mich im Herzen des Badlands-Nationalparks zu bewegen. Also schwang ich mich auf mein Rad, und Greg verschwand mit dem Auto hinter einem Hügel. Ich strampelte durch eine Landschaft aus zerfurchten Hügeln uralter Gesteinssedimente, vorbei an Wiesen, deren Gras jetzt noch saftig grün war. In wenigen Monaten würde die sengende Sonne alles in gelben Staub verwandelt haben. Hier hatten vor dreißig Millionen Jahren Dinosaurier gelebt.

Und dann sah ich sie – keine Dinosaurier, aber ähnlich bedrohlich: Eine Herde von etwa zweihundert Bisons graste rechts und links neben der Straße. Mein Weg führte mitten durch ihr Revier. Dies war meine erste Begegnung mit den massigen Grasfressern, hautnah und ohne den Schutz eines Autos. Ich hielt an, stieg ab und schaute mir die Lage an. Greg war längst über alle Berge. Ob die Bisons schon an der Straße gestanden hatten, als er hier entlangfuhr? Ob er zurückfahren und mich abholen würde, wenn ich in ein paar Stunden nicht kam? Ich hatte den leisen Verdacht, dass dies lange dauern könnte, und beschloss, getreu meinem Motto »Lebe gefährlich« zu handeln und mich in die Gefahr zu stürzen. Ein imposanter Bisonbulle hatte sich am Straßenrand aufgebaut. Er sah aus wie ein Mann, der um jeden Preis seine Frauen beschützen wollte. Ich rief mir meine Lektionen aus Wolf Park ins Gedächtnis, wenn ich zu den Wölfen ins Gehege ging: Augenkontakt meiden, ganz ruhig bleiben! Was für Wölfe gilt, sollte eigentlich auch für Bisons gelten, hoffte ich.

Langsam radelte ich auf die braunen Fleischberge zu. Der Leitbison sah mich kommen und fing an, sich »aufzublasen«. Er wurde immer stattlicher und gewaltiger, das dunkle Fell glänzte tiefbraun, fast schwarz. Je näher ich kam, um so imposanter sah er aus – zumindest aus meinen Augenwinkeln. Unterdessen bemühte ich mich angestrengt, völlig unbeteiligt zur Seite schauend und ein leises Liedchen auf den zitternden Lippen, an ihm vorbeizuradeln. Vermutlich war mein Bison genauso froh wie ich, dass ich keinen Ärger wollte, denn als ich ihn passierte, sah ich, wie die »Luft« aus ihm entwich, er zusammensackte und wieder eine normale Position einnahm. Die Gefahr war überstanden, und wir beide hatten unser Gesicht gewahrt. Vieles im Leben ist halt doch nur Show!

Greg beteuerte später hoch und heilig, dass er davon ausgegangen sei, dass die Bisons ganz sicher schon weg sein würden, wenn ich kam. Ich war zu müde vom ungewohnten Radfahren und der Anstrengung und wollte nicht streiten. Und so fuhren wir gemeinsam weiter, um einen geeigneten Übernachtungsort zu finden.

Plötzlich hielt Greg mit quietschenden Reifen mitten auf der Straße an und sprang aus dem Auto. Auf der schmalen Landstraße lag eine tote Eule, vermutlich überfahren. Ich erwartete, dass er das Tier mit einer kleinen Zeremonie an den Straßenrand legen und ihm somit den Weg in die ewigen Jagdgründe ebnen würde. Zu meinem Entsetzen aber zog er ein Messer und schnitt dem toten Vogel die Flügel und die Füße ab.

»Ich will die Federn und die Krallen verwenden«, erwiderte er auf meinen schockierten Blick hin. Den restlichen Körper des Tieres warf er mit einem »Tut mir leid, Kleiner« über den Zaun. Ich bekam einen Weinkrampf. Zuerst die Bisons, und jetzt die abgeschnittenen Körperteile der Eule, das war zu viel für meine Nerven. Greg nahm mich in den Arm und versuchte, mich zu beruhigen.

»Schau mal, wenn wir die Federn an Moongazer befestigen, dann lebt der Geist der Eule weiter in unserem Kajak und bringt uns Glück.«

Ich sah das überhaupt nicht so und konnte das Bild nicht vergessen, wie das Messer die wunderschönen Flügel der Eule absäbelte. Dem Geist der Eule wäre es sicher lieber gewesen, vollständig intakt in die ewigen Eulenjagdgründe zu fliegen. In dieser Nacht ertrug ich Gregs Nähe nicht mehr und rückte so weit wie möglich von ihm fort.

Wir fuhren weiter an den Black Hills vorbei, streiften Wyoming und erreichten Denver und die Interstate 70 nach Westen. Auf dem Vail-Pass zwang uns ein Schneesturm dazu, auf dem Parkplatz zu übernachten. Als wir am nächsten Morgen aus dem Van kletterten, standen wir in knietiefem Schnee. Ich war begeistert. Ich kann nie genug Schnee bekommen. Vielleicht habe ich mich darum auch in Minnesota verliebt: Es ist der kälteste US-Staat in den »Lower 48« (mit Ausnahme von Alaska). Ich bestand auf einem heißen Kaffee und zerrte den Campingkocher aus unserer Geschirrkiste.

Während der Schnee im Topf schmolz, küsste ich bestens gelaunt Gregs Unmut über die Verzögerung fort. Kaffeebeutel waren der neueste Trend in den Regalen der Supermärkte. Sie funktionierten wie Teebeutel, nur dass sie Kaffee enthielten und zumindest so ähnlich schmeckten. Davon hatte ich beim letzten Einkauf einen Stapel eingepackt. Jetzt kamen sie zur Geltung. Während ich den Beutel in das heiße Wasser tauchte und darauf wartete, dass die Flüssigkeit eine braune Färbung annahm, setzte ich mich in den Rahmen der Autotür, ließ die Beine im Schnee baumeln, dass kleine Wolken aufstoben, und bestaunte die Reinheit der Winterlandschaft. Die Gipfel der Rocky Mountains reckten ihre weißen, glitzernden Hauben in den tiefblauen Himmel. Bei so viel Schönheit hält schlechte Stimmung nicht lange, und auch Greg ließ sich von meiner guten Laune anstecken. Wir frühstückten ausgiebig und fuhren weiter, bevor es uns zu kalt wurde.

Zwischen den roten Sandsteinfelsen von Utah praktizierten wir erneut das erprobte Fahrrad-Shuttle-System und wechselten uns ab. Von Neuem saß ich allein auf dem Rad, diesmal mitten in der Wüste auf einer einsamen Landstraße. Greg hatte es mit dem Auto eilig und war nicht mehr zu sehen. Urplötzlich brach die Dämmerung herein. Ich schaltete das Licht ein und zog eine Jacke über. Um mich herum herrschte Stille. Als ich losfuhr, sah ich die Scheinwerfer eines Autos hinter mir.

Was, wenn in dem Auto ein verrückter Serienmörder sitzt?, meldete sich meine innere, stets um mich besorgte Stimme zu Wort. Hier in der Wüste findet dich niemand. Und Greg ist weit weg.

»Blödsinn!«, antwortete ich laut, um mich selbst zu beruhigen. »Denk dran, dass ich zu einem unbekannten Mann in die Wildnis geflogen bin. Das war viel gefährlicher!«

Ich erinnerte mich an die Taktik des Bisons, zog meine Schildmütze tief ins Gesicht, drückte die Arme nach außen und versuchte, eine »Macho«-Haltung einzunehmen, um mich größer zu machen. Als der Pickup vorbeirauschte, verpuffte auch ich wieder zu einem Häufchen Mensch. Ich musste lachen. Ist schon interessant, was einem die Phantasie alles vorspielen kann. Aber meine Bisonlektion hatte ich gelernt. Der Kojote, der plötzlich am Straßenrand auftauchte, schaute mir verblüfft hinterher, als ich immer noch lachend weiterfuhr. Greg verriet ich nichts von meinem kleinen Abenteuer. Er wunderte sich nur, warum ich so fröhlich war.

Ostern näherten wir uns unserem eigentlichen Ziel, dem Lake Powell. Zuvor hatten wir noch das Shuttle-System in Utahs Red Rock Country praktiziert und anschließend im Schatten eines kolossalen Sandsteinfelsens gefrühstückt. In der Bullfrog Marina am Lake Powell kauften wir im Visitor Center die ausgezeichnete Seekarte »Stan Jones' Boating and Exploring Map of Lake Powell«. Es gibt kaum einen Menschen, der alle sechsundneunzig Canyons des Sees befahren hat. Aber Stan Jones, der sich gerne als »Mr Lake Powell« bezeichnete, erklärte stets mit unerschütterlichem Vertrauen: »Es gibt nicht einen Abschnitt der dreitausend Küstenkilometer, den ich nicht kenne.« Wir waren also bestens auf unsere Abenteuerexpedition vorbereitet.

Um elf Uhr rollten wir mit dem Van auf die kleine Fähre, die alle zwei Stunden den See überquert. Für neun Dollar brachte sie uns von Bullfrog nach Halls Crossing Marina. Dort beluden wir Moongazer mit dem Zelt, dem Hausrat und den mitgebrachten Lebensmitteln, die für vierzehn Tage reichen mussten. Die Angelrute sollte helfen, das Essen durch frischen Fisch zu ergänzen.

An Kleidung brauchten wir nicht viel. T-Shirt, Fleecehosen und -jacken sowie Badekleidung reichten. Die Schlafsäcke wurden in einem wasserdichten Sack hinten aufs Boot geschnallt. Alle lebensnotwendigen Dinge (Trinkflasche, Sonnencreme, Snacks) klemmte ich leicht erreichbar unter die Gummischnüre, die kreuz und quer den Bug des Kajaks überspannten. Das Kochgeschirr und das für den jeweiligen Tag geplante Mittagessen stopften wir zuoberst in die Luken.

Offensichtlich langweilten sich einige Hausbootfahrer in dem kleinen Hafen, denn sie versammelten sich um Moongazer und wunderten sich, wie man so viel Ausrüstung in so wenig Boot unterbringen kann. Vermutlich hätten sie für die gleiche Zeit, die wir auf See verbrachten, für ihre Lebensmittel und Küchengeräte noch einen Anhänger für ihr Hausboot gebraucht.

»Vierzehn Tage?« Eine ältere Dame staunte. »Ihr bringt Gepäck und Essen für ganze vierzehn Tage da unter?« Sie konnte es nicht fassen, stieß ihren Ehemann mit dem Ellbogen in die Seite, damit er sich daran ein Beispiel nehmen solle. Dieser knurrte etwas wie »Nur wegen deiner vielen Klamotten haben wir so wenig Platz« und machte sich aus dem Staub.

Auch wir brachen auf, nachdem wir den Van auf

dem kostenlosen Parkplatz der Marina abgestellt hatten. Gegen zwei Uhr nachmittags stachen wir in See.

Der Lake Powell ist bekannt für seine kräftigen Winde und verschonte uns auch an diesem Tag nicht. Heftige Windböen, dazu noch hohe Wellen von den Motorbooten der vom Sonntagsausflug zurückkehrenden Touristen, machten mir zunächst Angst. Aber das schwerbeladene Kajak lag tief und sicher im Wasser. Unser Ziel war einer der kleineren Nebenarme des Sees, wo es hoffentlich windstiller werden würde. Wir paddelten etwa zwei Stunden und entdeckten in einem Seitenarm eine idyllische, sandige Bucht. Hier war das schmale Kajak eindeutig im Vorteil, denn ein Motorboot hätte keinen Platz zum Anlegen gefunden. Wir bauten das Zelt auf, kochten uns eine Suppe und fielen gleich darauf in einen traumlosen Schlaf.

Noch vor Greg wurde ich wach. Die ungewohnte Stille hatte mich förmlich aus dem Schlaf gerissen. Als ich für den Morgenkaffee mit dem Kessel Wasser aus dem See schöpfen wollte, unterdrückte ich einen Aufschrei. Meine Arme schmerzten und brannten. Wir waren gestern sechzehn Kilometer gepaddelt, und ich hatte verlernt, Arme und Oberkörper effizient einzusetzen. Das sollte sich in den nächsten Tagen rasch ändern.

Nach deutschem Brauch versteckte ich für Greg ein Osternest mit Schokoladeneiern im Sand. Als er wach wurde, erzählte ich ihm von unseren Ostertraditionen. Aufgeregt wie ein kleiner Junge machte er sich mit glänzenden Augen auf die Suche. Ich hatte das Nest sehr gut vergraben, zu gut, denn als Greg es schließlich fand, war ein Großteil der Eier geschmolzen. Dennoch ließen wir uns die Schokolade beim Osterfrühstück schmecken. Sie bildete die Energiegrundlage für einen weiteren Paddeltag.

In Anbetracht meines Muskelkaters wollten wir es gemächlich angehen lassen. »Wir machen uns einen gemütlichen Tag«, sagte Greg. Ich kannte meinen Sportfreak schon lange genug, um Schlimmes zu ahnen. Daher ließ ich das Paddel die meiste Zeit ruhen und überließ Greg, der hinten saß, die Arbeit, das Kajak durch einen See zu treiben, der wie ein Glasspiegel vor uns lag. Wir folgten der Seekarte bis zum Slick Rock Canyon, der in einer weiten, sandigen Bucht endete. Dort zogen wir das Boot auf den Sand, befestigten es an einem Stein und gingen erst einmal schwimmen. Da weit und breit keine Menschenseele zu sehen war, tauchten wir nackt in den Lake Powell ein – jedoch nur kurz, denn das Wasser des Sees war eiskalt.

Bibbernd zogen wir T-Shirts und Shorts über die nassen Körper, die heiße Sonne erledigte den Rest. Wir breiteten die Seekarte auf Moongazer aus und fuhren mit dem Zeigefinger unsere Strecke nach. Die Bucht, in der wir angelegt hatten, weitete sich zu einem Canyon, in dem sich indianische Ruinen befinden sollten. Neugierig machten wir uns auf Entdeckungstour. Wir folgten dem schmalen Pfad in ein grünes Tal, das in starkem Kontrast zu den hohen, roten Sandsteinfelsen stand. Nach etwa vier Kilometern erhoben sich über uns in den Klippen die ersten Anasazi-Ruinen. Die Sonne brannte inzwischen so heiß, dass wir fast alle Kleider auszogen. Wir kletterten die Felsen empor und erforschten die Überreste dieser uralten und geheimnisvollen Kultur. Von den Steinwohnungen waren nur noch ein paar aufeinandergeschichtete rote Felsenstücke übrig geblieben. Ich konnte nur ahnen, wie die Indianer gelebt hatten. Für mich war es ein magischer Ort und ich beschloss, hierzubleiben, um die Stille und die noch immer fühlbare Gegenwart der Ureinwohner zu erfassen, während es den ungeduldigen Greg weiterzog. An den warmen, roten Felsen gelehnt, versetzte ich mich in das Leben der Anasazi zurück. Dieser Ort war als Wohnung perfekt: Im Winter und im Frühjahr schien die Sonne den ganzen Tag hinein, und im Sommer, wenn sie höher stand, warfen die Felsen genügend Schatten, um den Wohnraum kühl zu halten. Man hatte einen herrlichen Überblick über das Tal und war gleichzeitig geschützt vor Feinden, denn jeder, der versuchte, die glatten Felswände zu erklimmen, konnte leicht hinuntergestoßen werden. Ich konnte mich nicht sattsehen an der Schönheit der Natur. Auf der anderen Seite war es für mich unfassbar, dass so viele alte Schätze und Bauwerke der Anasazi von Menschenhand zerstört worden waren. Denn der Lake Powell, auf dem wir die nächsten vierzehn Tage verbringen sollten, war von Menschen gemacht, von Touristen geliebt und von Umweltschützern verdammt.

Gäbe es einen Preis für die falscheste Vorhersage, dann hätte eine Anmerkung von Lt. Joseph C. Ives gute Chancen, ihn zu bekommen. 1858 kam er in das Gebiet des heutigen Lake Powell und schrieb anschließend: »Unsere Gruppe war die erste und wird sicherlich auch die letzte sein, die diesen profitlosen Ort besucht. Es scheint von der Natur so beabsichtigt, dass der Colorado in dem größten Gebiet seines einsamen und majestätischen Verlaufs für immer unbesucht und ungestört bleiben wird.« Hätte er jemals gedacht, dass den heutigen Lake Powell und die Glen Canyon National Recreation Area jährlich dreieinhalb Millionen Menschen aus aller Welt besuchen? Wie sollte er auch. Als Ives das Land bereiste, war der Colorado noch ein schmaler Wasserlauf, über dem die Wüstensonne an einem endlos blauen Himmel brannte. Die kupferfarbenen Klippen erhoben sich bis zu fünfhundert Meter über ihm, und Überfälle durch Indianer waren nicht ungewöhnlich. Erst der 1963 fertiggestellte Glen-Canyon-Damm staute den Fluss zum zweitgrößten künstlichen See der Vereinigten Staaten.

Als das Wasser stieg, verschwand ein einmaliges Stück Natur und Kulturgeschichte. Über dreitausend Jahre lang hatten Menschen im Gebiet des Glen Canyon gelebt. Zunächst als Jäger und Sammler und später, vor etwa zweitausend Jahren, als Farmer. Ihnen folgte die Anasazi-Kultur. Die Anasazi (die »Alten«) bauten komplexe Steinhäuser in die Sandstein-Alkoven. Häuser wie das, in dem ich jetzt saß. Im dreizehnten Jahrhundert verschwanden die Anasazi plötzlich, man nimmt an, nach einer katastrophalen Dürre; warum genau, ist noch immer eines der ungelösten Geheimnisse ihrer Kultur. Unter dem aufgestauten Colorado versunken, trauern uralte Ruinen und verstummen in Stein gemeißelte Petroglyphen, die die Geschichten der Indianer nicht mehr erzählen können. Es ist nur schwer vorstellbar, welche Schätze dem Vergnügungswillen der Menschen und auch ihrem Energiebedarf zum Opfer fielen, denn der Glen-Canyon-Damm liefert Strom für den Großraum Los Angeles.

Greg unterbrach mit der ihm eigenen Hektik und Aktivität meine Gedanken. Er war fast zwei Stunden fort gewesen und erzählte mir begeistert von einer Begegnung mit einer Gruppe ahnungsloser Touristinnen. Mein Naturbursche hatte sich beim Wandern aller Kleider entledigt, als er hinter einer Biegung unvermutet vor vier älteren Frauen stand, die ihn entsetzt anstarrten.

»Ich habe meinen Hut genommen und damit mein bestes Stück bedeckt.« Er grinste. »Danach haben wir uns angeregt unterhalten.« Kichernd seien die Ladys weitergezogen. Wenn man bedenkt, dass Männer in den USA schon beim öffentlichen Urinieren wegen »unzüchtiger Handlungen« verhaftet werden können, hatte mein Freiluftfanatiker mächtig Glück gehabt und vermutlich mit seinem Lausbubencharme die Ausflüglerinnen von seiner Ungefährlichkeit überzeugt.

Während Greg nach seiner Wanderung vor Energie nur so strotzte, war ich froh und dankbar für die so dringend benötigte Ruhezeit.

Wir mussten zurück zum Kajak, denn inzwischen war Wind aufgekommen. In den nächsten Tagen sollten wir erleben, dass die Nachmittage am Lake Powell oft stürmisch wurden. Der Wind trieb uns den Sand ins Gesicht, als wir vom Strand abstießen. Wir beschlossen, für die Nacht einen geschützteren Platz zu suchen, und paddelten auf den See hinaus. Verbissen kämpften wir gegen die Wellen, bis wir eine kleine Bucht erreichten. Rasch zogen wir das Boot an Land und ließen uns auf einen skurrilen Wettkampf mit dem Wind ein, der versuchte, das Zelt und unser Essgeschirr mit Sand vollzupusten, während wir uns bemühten, ihn auszutricksen und seine Atempausen für die Zubereitung des Essens zu nutzen. Das Knirschen auf den Zähnen entsprach dem hämischen Grinsen des Windes, der uns klarmachte, dass wir gegen ihn nicht gewinnen konnten.

Als wir uns zur Nacht hinlegten, waren wir zweiundzwanzig Kilometer gepaddelt und sechzehn gewandert! Wenn das Gregs Vorstellung von einem »gemütlichen Tag« war …

In den nächsten Tagen lernte ich immer besser die Kunst des Langstreckenpaddelns und wurde mit jedem Tag kräftiger. Wenn ich den Arm beugte, wölbte sich der Bizeps, mein Körper wurde straff und muskulös. Ich entwickelte mich vom Schreibtisch-Weichei zu einer sportlichen Frau. Greg gefiel das, während ich eher an den Preis dachte, den ich für diese Entwicklung zahlen würde. Ich fühlte mich wohl in meinem neuen, attraktiven Körper, aber ich gab dafür vieles auf, was einen Teil von mir ausmachte: gemütliche Lesestunden auf der Couch, Gespräche mit Freunden bei einer Tasse Kaffee, einen Kino- oder Theaterbesuch. An der Seite von Greg würde stattdessen Sport den größten Teil meines Lebens ausmachen, während ich, zurück in Deutschland, wieder in meinen geliebten und bequemen Alltagstrott zurückfallen würde – inklusive der dazugehörenden Fettpölsterchen. Die Unterschiede zwischen meinen beiden Leben würden noch extremer werden. Irgendwie war ich in der Falle. Aber ich wollte jetzt nicht an später denken.

Das Wetter war herrlich: kein Sturm und strahlend

blauer Himmel. Der See lag spiegelglatt. Ich korrigierte meine Armhaltung und lernte, den Oberkörper effizienter einzusetzen, so dass mir das Paddeln viel leichter fiel. Wir sprachen wenig und konzentrierten uns auf das Eintauchen und Drehen der Ruder, um kräftesparend vorwärtszukommen. Greg war glücklich, dass er sich körperlich betätigen konnte, und entsprechend aufgekratzt. Die Stimmung war gut, und wir verstanden uns ohne große Worte.

In den Seitenarmen des Sees gab es nur wenige Übernachtungsplätze. Oft mussten wir nach mehreren Stunden Paddeln umdrehen, wenn der Fluss urplötzlich an einer dreißig Meter steil aufragenden Sandsteinwand endete, in deren oberer Hälfte sich die Felsen öffneten und verlockende, aber unerreichbare Sandbuchten freigaben. Erst in zwei Monaten, wenn die Schneeschmelze in den Bergen mehr Wasser in die Canyons schickte, würden diese Rastplätze mit dem Kajak erreichbar sein. Das schlossen wir aus dem hellen »Badewannenrand« an den Felswänden, der den höchsten Wasserstand anzeigte. Bald würde der See täglich um etwa dreißig Zentimeter ansteigen.

Ich streckte beide Arme zur Seite und berührte mit den Händen die Felsen. Wie klein war doch der Mensch.

Bei der Ausfahrt aus einem dieser Canyons entdeckten wir eine Felseninsel. Als wir das Boot auf den Hügel zogen, standen wir starr: In den weichen, roten Sandsteinfelsen hatten Wind und Wasser im Laufe von vielen tausend Jahren eine Mulde gewaschen, die mit feinstem Sand gefüllt war. Sogar Gras wuchs hier. An diesem geschützten Fleck bauten wir unser Zelt auf und betrachteten beim Abendessen die grandiose Szenerie um uns herum. Vor uns erhoben sich mehrere hundert Meter aufragende Felsen aus gelbem, rotem, grauem und braunem Schiefer, Granit, Kalk und Sandstein. Vor Millionen Jahren hatte der Fluss einst Grotten und Halbdome gegraben, an deren Sandsteindecken nun die Sonnenlichter tanzten, die von der spiegelnden Oberfläche des Sees zurückgeworfen wurden. Am Ende des Canyons ließ ein hoher, überhängender Felsen den Platz wie eine Kathedrale wirken. Wir flüsterten vor Ehrfurcht, um den Zauber nicht zu zerstören. Das Echo war immens. Mir kam der verrückte Gedanke, welch ein Schauspiel es wäre, hier die Aida zu hören. Vergesst Verona!

Mit dem Gefühl, allein auf der Welt zu sein, tauchten wir ein in den purpurnen Farbtopf der Natur, der, als die Sonne unterging, auch unsere Gesichter erglühen ließ.

Das Essen aus Thunfischsalat, Kartoffeln, Erdnüssen, Schokolade und Kaffee fand bei Kerzenlicht statt. Fledermäuse befreiten uns mit flinkem Flügelschlag von Moskitos, und wenig später schüttete der nächtliche Himmel seine Sternendiamanten auf dunklem Samt aus. Greg hatte die Isomatten auf dem Felsen ausgebreitet und darüber den weichen Schlafsack gelegt. Es war noch heiß, kein Lüftchen regte sich. Wir hatten unsere Kleider ausgezogen, lagen eng nebeneinander auf dem Rücken und schauen den Sternschnuppen zu, die in einem breiten goldenen Streifen verglühten. Unsere Hände berührten sich, die Luft prickelte. Ich nahm einen tiefen Atemzug und schloss die Augen. Ganz wollte ich mich in dieser magischen Nacht den

Zärtlichkeiten meines Verführers hingeben. Ich spürte, wie er sich zu mir beugte. Ich fühlte seine Lippen auf meinen und überließ mich seinen Händen, bis mein Körper vor Verlangen brannte und ich in einer Supernova explodierte.

Während ich in Gregs Armen darauf wartete, dass die Wellen der Lust abebbten, hielt ich die Augen noch immer geschlossen.

»Hmmm«, schnurrte ich und streckte langsam meine Glieder.

»Hmmm?«, antwortete Greg mit einem Lächeln. Ich öffnete die Lider und sah seine Augen dunkel und voller Begierde auf mir ruhen. Ein kleines und sehr selbstzufriedenes Lächeln umspielte seine Mundwinkel.

»Oh, Greg. Das war … unglaublich«, flüsterte ich.

»Freut mich, dass es dir gefallen hat.« Mein Zauberer lachte leise und wölbte seine Hand über meiner Brust. Ich erschauderte und schob sie fort.

»Ich glaube, wir hören jetzt besser auf, sonst kann ich morgen gar nicht mehr paddeln.«

»Warum?« Mit unschuldigstem Augenaufschlag zog Greg die Frage in die Länge.

»Weil ich viel zu weiche Knie habe, du wunderbarer Mistkerl.«

»Aber zum Paddeln brauchst du keine Knie, sondern nur deine Arme …« Greg grinste und ließ erneut seine Hand auf Wanderschaft gehen. Diese Nacht unter dem Sternenzelt war wie geschaffen für die Liebe. Gemeinsam stürzten wir in einen Taumel von Begehren und Leidenschaft, der nicht ruhte, bis alle Lust gestillt war und der Schlaf sanft unsere Seele entführte.

Der strahlende Sonnenaufgang am nächsten Morgen schrie geradezu nach einer Verlängerung. Aber Greg kannte keine Gnade. »Wir müssen weiter«, kommandierte er, nicht ohne mich vorher noch einmal leidenschaftlich zu küssen. Während er die Ausrüstung zusammenpackte, nahm ich ein kurzes Bad im See und wusch mir die Haare. Die Temperatur des Wassers betrug nicht mehr als dreizehn Grad. Für einen erfrischenden Sprung ins kühle Nass nach einem heißen Tag mag das ja recht angenehm sein. Aber beim Haarewaschen hörte der Spaß auf. Also zweimal kurz untergetaucht und bibbernd an den Strand. Greg schlang ein Handtuch um mich und küsste jeden Wassertropfen von meinem Körper, aber meine Hoffnung, ihn doch noch zum Bleiben zu »überreden«, war vergebens. Gegen die Aussicht auf mehrere Stunden ernsthaften Paddelns hatten meine Verführungsküste keine Chance.

In den nächsten Tagen paddelten wir durchschnittlich fünfzehn bis fünfundzwanzig Kilometer täglich und wanderten außerdem noch einmal halb so viele Kilometer. Von den ungewohnten Aktivitäten wurde ich immer erschöpfter und gelangte bald an meine Grenzen. Ich bat Greg um eine Pause.

»Lass uns morgen einen faulen Tag machen«, schlug er vor. »Wir paddeln nur ein bisschen und hören früh auf.«

Ich hätte mir denken können, dass es bei ihm so etwas wie »faule« Tage nicht gab. Aus der geplanten Erholung sollte eine Extremtour werden, die in einem heftigen Streit endete.

Wir fanden einen Seitenarm des Sees und paddelten bis zum Ende. Von dort aus wollten wir »ein wenig« wandern. Aber die zugänglichen Gebiete lagen aufgrund des Wassermangels noch unerreichbar hoch. Greg hatte eine Idee: »Ziehen wir doch einfach das Boot ein Stück den Fluss hinauf, dann können wir uns später bequem hinunterfluten lassen.«

Offensichtlich war das der Teil »fauler Tag«, so wie er ihn verstand. Mein Naturbursche packte kurzerhand das Kajak wie ein Hündchen an der Leine und ging voran, während ich von hinten schob. Es dauerte eine ganze Weile, bis mir die Absurdität unseres Tuns bewusst wurde. Ich drückte ein Boot gegen kräftige Strömung und auf glitschigem Untergrund einen *Berg hinauf*, um dann anschließend wieder denselben Weg *hinunter*zufahren. Abrupt ließ ich mein Ende des Kajaks los und brüllte Greg an:

»Bist du von allen guten Geistern verlassen? Was denkst du eigentlich, was wir hier tun?«

Ich war stocksauer auf den Extremsportler am anderen Ende der Leine, der seine Versprechen nicht einhielt. Ich wollte meinen paddelfreien Tag, und zwar jetzt und sofort! Ich hatte meine körperliche und seelische Erschöpfung in den letzten Tagen beständig in eine Tonne gestopft und den Deckel fest zugemacht. Dabei bemerkte ich nicht, dass der Inhalt zu gären begann. Jetzt flog der Deckel in die Luft, und Greg fiel aus allen Wolken, während er gleichzeitig versuchte, sich vom Kajak nicht flussabwärts reißen zu lassen.

»Um Himmels willen, was ist denn bloß los mit dir?«, fragte er fassungslos.

»Nichts ist los – gar nichts. Ich kann nicht mehr.« Ich ließ ich mich ins kalte Wasser fallen.

Greg erschrak. Er umklammerte das Seil mit der einen Hand und zog mich am Arm zu sich heran. Während ich an seiner Brust schluchzte, schleppte er uns beide – das Boot und mich – in die nächste Bucht und redete beruhigend auf mich ein. Eine ganze Weile hockten wir so beieinander.

»Du hast es versprochen!«, schniefte ich zwischen zwei Schluchzern. Gäbe es eine Kajak-Gewerkschaft, wäre ich ihr sofort beigetreten und hätte für Streik gestimmt. Greg verstand meine Aufregung nicht.

Schließlich einigten wir uns darauf, das Kajak umzudrehen und uns zurücktreiben zu lassen. Aber das war längst nicht so einfach, wie wir uns das vorgestellt hatten. Jetzt, wo wir beide im Boot saßen, statt es zu ziehen, lag es natürlich deutlich tiefer, und wir liefen fortwährend auf Sandbänke auf. Das bedeutete, herausklettern und anschieben. Endlich zurück am Ausgangspunkt, trat ich in den Streik. Greg blieb nichts anderes übrig, als auf dem kleinen Felsvorsprung das Zelt für die Nacht aufzubauen. Erst nach dem Abendessen am warmen Lagerfeuer beruhigte ich mich.

Ich war an meine Grenzen gestoßen und fragte mich, ob ich es auf Dauer an der Seite eines so extremen Menschen aushalten würde. Bisher war ich mit diesem neuen und ungewohnten Leben einigermaßen zurechtgekommen. Dennoch brauchte ich ab und zu eine Auszeit, wenn schon nicht in einem Hotel, dann wenigstens paddelfrei. Ausgeruht und mit neuer Freude konnte ich dann auch in die Wildnis zurückzukehren.

Greg schenkte mir tatsächlich großzügig einen weiteren Ruhetag, aber nur, um mich in der Nacht darauf zärtlich zum Weitermachen zu überreden. Diesmal wollten wir zur eigentlichen Touristenattraktion des Lake Powell paddeln: zur Rainbow Bridge. Die Wasserstraße dorthin führt vom Hauptkanal zwischen sich windenden Kayenta-Sandsteinformationen und -spiralen durch den Forbidden Canyon und Bridge Canyon, ein Spektakel, das die meisten Besucher davon überzeugt, dass sie den Schauplatz einer Kinophantasie von Steven Spielberg betreten haben.

An der Anlegestelle der Rainbow Bridge traf uns der Zivilisationsschock mit voller Wucht. Zahlreiche Ausflugsboote, Schnell- und Hausboote ankerten hier. Das Monument ist schon oft fotografiert und beschrieben worden. Aber nichts bereitet einen Erstbesucher auf die Überraschung vor, die ihn bei seinem Anblick erwartet. Die steinerne Brücke ist so gewaltig, dass das Kapitol in Washington unter ihren Bogen passen würde. Nirgendwo sonst gibt es eine Felsspanne, die in ihrer Höhe oder Symmetrie vergleichbar ist. Dieser natürliche Steinbogen ist nur über das Wasser oder auf einer mehrtägigen Wanderung erreichbar.

Wir fühlten uns wie Däumlinge, als wir mit unserem Miniboot an der stattlichen, weißen Ausflugsflotte vorbeipaddelten. An einem der Bootsstege legten wir an, um uns herum Schwärme von Welsen und Barschen, die begehrlich zu uns aufblickten. Später sah ich, dass Touristen von ihren Schiffen aus die Fische mit Wagenladungen von Weißbrot fütterten. Kein Wunder, dass sie uns so gefräßig anstarrten.

Die wahre Überraschung aber kam, als wir aus dem Kajak auf das Dock kletterten, dem kurzen Holzsteg folgten und plötzlich mit dem Gebilde konfrontiert wurden, das die Navajo als »steinernen Regenbogen« bezeichnen. Steht man zehn oder zwanzig Meter von der Brücke entfernt, scheint ihre Größe jenseits aller mathematischen Berechnungen und ihre Farben zu komplex und lebendig für eine normale, menschliche Beschreibung.

Uns verschlug es die Sprache, als wir vor der größten natürlichen Steinbrücke der Welt standen. Wir warteten geduldig, bis die Gruppe japanischer Touristen fertig war, sich gegenseitig vor dem Monument zu fotografieren.

Ein lautes »Roger! Roger! Rooooger!« ließ mich zusammenzucken. Und noch einmal rief eine Frau mit äußerst schrillem Tonfall befehlend: »Roger – come here!« Wir hofften, dieser Roger würde endlich auftauchen, denn sehr viel länger konnten wir die Stimme nicht mehr ertragen, die zu einer dicken, blondgefärbten Amerikanerin mit kurzen Hosen und überquellendem T-Shirt gehörte. Roger traute sich schließlich heran. Der kleine, zierliche Mann mit hilfloser Mimik wurde von Blondi angewiesen, sie vor dem Steinbogen zu fotografieren. Dann hatten wir die Ehre, Roger und seine Liebste gemeinsam vor dem Gebilde abzulichten.

Endlich machte sich auch das letzte Touristenschiff wieder auf in Richtung Marina und Hotel. Das Rainbow Bridge National Monument und der Lake Powell gehörten nur noch uns und den wenigen Hausbooten, die hier ankerten. Jetzt entdeckten wir auch den schneebedeckten Navajo Mountain, der am Horizont 3 459 Meter in den Himmel ragte, eingefasst von dem steinernen Regenbogen wie von einem kostbaren Bilderrahmen.

Geologen sagen, dass der Steinbogen durch die immerwährenden Kräfte der Erosion geformt wurde. Die Navajo erzählen eine andere Geschichte:

Vor langer Zeit wurde ein junger Gott auf der Jagd von einer Flut im Canyon überrascht und eingeschlossen. Der Himmelsvater warf einen Regenbogen über die Strömung, die der junge Gott überquerte. Als ein Zeichen für die Güte des Himmelsvaters, verwandelte dieser den Regenbogen in Stein.

Wir blieben, bis die Sonne tief stand. Da an der Rainbow Bridge das Campen nicht erlaubt ist, mussten wir schließlich weiter und uns einen anderen geeigneten Übernachtungsplatz suchen.

Ein kräftiger Sturm weckte uns; das Wetter war umgeschlagen. Einer der berühmten Chinook-Winde des Lake Powell kam auf uns zu. Die normale Dauer eines solchen Orkans beträgt etwa zwölf bis vierzehn Stunden. Aber Greg bestand darauf, dass wir weiterpaddelten. Mitten auf dem See bauschte der Wind die Wellen auf und spielte mit dem Kajak Pingpong. Bis zu zwei Meter stiegen die Wellenberge auf. Aber es kam noch schlimmer, als die Brecher von den hohen Canyonwänden zurückgeworfen wurden und wir ins Schlingern und Schaukeln gerieten. Durch die Gischt, die mir ins Gesicht schlug, konnte ich nichts mehr sehen. Mit Schrecken fiel mir ein, dass ich in den letzten Tagen die Schwimmweste nicht mehr angezogen, sondern nur auf das Boot gebunden hatte. Jetzt war es zu spät, sie herunterzuholen. Ich war wütend auf mich wegen dieser Leichtsinnigkeit und noch wütender auf Greg, weil er uns in diese Situation gebracht hatte.

Mit viel Kraft und einer Riesenportion Glück schafften wir es, uns in einen ruhigeren kleinen Seitencanyon zu retten, und hielten an einer windgeschützten Stelle an. Jetzt begann mein Körper zu reagieren und zu zittern. Ich war nass bis auf die Haut, mir war kalt, und ich hatte höllische Angst. Greg nahm mich in den Arm und versuchte – ganz der Hobbypsychologe –, meine Panik und das Erlebte rational durchzudiskutieren. Ich aber wollte nichts besprechen, sondern einfach nur noch in Sicherheit sein. Als ich mich weigerte, auch nur einen einzigen Meter weiterzupaddeln, gab Greg nach, und wir beschlossen, für den Rest des Tages hierzubleiben. Ohne etwas zu essen, verkroch ich mich ins Zelt. Ich war nicht mehr in Lage, über irgendetwas zu reden, und wollte nur noch schlafen.

Der Sturm hielt auch am nächsten Tag noch an, schwächte am Nachmittag allerdings deutlich ab. Ich fürchtete mich immer noch vor Wind und Wellen. Zur Untätigkeit gezwungen, wurde Greg zusehends ungeduldiger, und seine Laune sank von Stunde zu Stunde. Er hatte es satt, herumzusitzen, und wollte etwas »tun«. Die Anspannung zwischen uns stieg. Wie so oft, wenn er frustriert war oder sich langweilte, begann er zu philosophieren, was normalerweise in lange Monologe ausartete. Heute hatte er es auf die Reichen dieser Welt abgesehen. Er beschimpfte sie, die Umwelt zu zerstören und überhaupt die Wurzel allen Übels zu sein. Genau deshalb habe er sich in die Wildnis zurückgezogen, um im Einklang mit der Natur zu leben, wie schon seine indianischen Vorfahren.

»Aber was ist der Preis?«, schrie er mir durch den

Wind zu. »Keine Frau ist bereit, dieses Leben mit mir zu teilen. Alle sind nur hinter dem Geld her.«

Ich hatte keine Lust, den Fehdehandschuh aufzunehmen. Zu oft hatte er schon diesen Knopf bei mir gedrückt. Ich war nicht nur körperlich, sondern auch emotional völlig erschöpft und schwieg. Gleichzeitig schlich sich leise und katzenhaft eine klitzekleine Angst an mich heran. Keine Furcht vor dem Sturm da draußen, sondern vor dem Orkan, der in Gregs Innerem zu toben schien.

Ich war an einem Punkt angelangt, wo ich alles satthatte. Ich wollte nicht mehr über rutschige Steine klettern oder mir die Beine im Gestrüpp zerkratzen und nicht ständig Sand zwischen den Zähnen spüren. Ich sehnte mich nach einem ausgiebigen heißen Bad und einem sauberen, frisch bezogenen Bett. Ich wollte mit einer XXL-Tafel Schokolade und einem Berg Lakritz vor dem Fernseher liegen und die schnulzigsten Filme sehen. Ich wollte mir leidtun und jammern.

Greg nutzte meine emotionale Schwäche aus und überredete mich, dass es besser sei, jetzt noch ein Stück zu paddeln. In ein paar Tagen sollten wir schließlich meinen Bruder treffen. Wenn wir noch länger hierblieben, würden wir das nicht schaffen. Wie in Trance stieg ich erneut ins Boot und paddelte mit Greg aus dem Schutz des Canyons heraus. War der Wind zuvor noch relativ friedlich, so brüllte er mich nun an, als ob er meine Nachgiebigkeit missbilligte. Sturmböen trafen uns mit voller Wucht von der Seite. Da ich im Kajak vorn saß, weil Greg hinten lenkte, bekam ich die Gischt zuerst zu spüren.

Moongazer tanzte das erste Sturmballett seines unschuldigen, jungen Bootslebens. Er stieg steil in den fast schwarzen Himmel hinauf, um anschließend in tiefe Täler abzutauchen. In der Ferne sah ich, wo der Sturm am heftigsten war, denn dort veränderten die Wellenkronen ihre Farbe. Alles, was ich tun konnte, war, mich tief ins Boot zu ducken und flach zu paddeln, damit der Wind mir nicht die Ruder aus der Hand riss. Ich funktionierte automatisch wie ein Roboter und hatte keine Kraft mehr für Angst.

Nach kurzer Zeit hatte selbst Greg ein Einsehen und steuerte einen Liegeplatz an. Schon der Aufbau des Zeltes war ein Kraftakt. Wir mussten es von außen mit Felsbrocken befestigen und uns innen mit unseren Körpern – Arme und Beine ausgestreckt – flach auf den Boden legen, damit es nicht davonflog. Aber trotzdem verbogen sich die Zeltstangen. Ich war am Ende und heulte los. Ich wollte weg, jetzt und sofort. Greg erschrak und nahm mich in den Arm – nun wieder ganz mein Held und Retter. Erschöpft schlief ich im Tosen des Orkans ein.

Als ich in der Morgendämmerung wach wurde und zu Greg hinüberschaute, der noch unbeweglich auf der Seite lag und mir den Rücken zudrehte, meldete sich zum ersten Mal seit langer Zeit wieder meine innere Stimme:

Na, reicht es dir mit den Abenteuern für dieses Jahr? Noch läuft alles problemlos … na ja, halbwegs. Was glaubst du, was passiert, wenn dein Traummann einmal keinen Sport mehr machen kann, weil er krank oder verletzt ist?

Der Gedanke machte mir Angst. Ich hatte bereits einen Blick auf die zwei Seiten dieses Mannes werfen können: die fröhliche und liebevolle, wenn er körperlich ausgelastet war, und die dunkle, grüblerische und bedrohliche, wenn der Tag einmal langsamer und nicht nach seinen Wünschen verlief. Ich wollte nicht ewig auf Eierschalen laufen müssen, nur um seinen Launen nicht in die Quere zu kommen.

»Wer bist du?«, flüsterte ich – mehr zu mir als zu ihm. Zart zog ich mit dem Finger die Konturen seines Halses nach, presste mich an ihn und atmete seinen Geruch ein. Greg wurde unruhig und rührte sich. Noch halb im Schlaf drehte er sich mit geschlossenen Augen um, zog mich unter sich und küsste mich. Seine Erregung riss mich mit und ließ mich meine Bedenken vergessen. Alles würde gut werden. Mit dieser Hoffnung schlief ich wieder ein.

Der Tag wurde ein »Gut-Wetter-Tag« – in jeder Hinsicht. Nicht nur, dass die Sonne strahlend auf einen unschuldig spiegelglatten See schien, auch Greg bemühte sich um gute Stimmung. Er hatte eingesehen, dass ich gestern an meine Grenzen geraten war, und zwar nicht nur an meine körperlichen, sondern auch an die unserer Beziehung. Der verwandelte Schmusebär weckte mich mit einer weiteren zärtlichen Umarmung, brachte mir das Frühstück ans Campingbett, packte das Kajak und paddelte allein aus dem Horror-Canyon heraus. »Ruh dich aus! Ich mach das schon!«, hörte ich hinter mir einschmeichelnd und zuckersüß seine Stimme. Ich nutzte die Gelegenheit, machte es mir im Boot bequem und las ein Buch. Ich war dem Sturmtod entronnen und beschloss, dem See – und unserer Beziehung – eine weitere Chance zu geben. Mittags fanden wir einen sanften Sandstrand und ruhten uns aus. Am Nachmittag war ich bereit für »ein wenig Kajakunterricht«. Greg zeigte mir, wie ich die Paddel noch energieschonender einsetzen konnte, und brachte mich so dazu, das Erlernte gleich auszuprobieren … Ehe ich michs versah, war ich erneut fleißig am Paddeln. Dennoch bestand ich darauf, diesmal frühzeitig einen Schlafplatz zu finden. Bald zogen wir Moongazer auf eine Sandbank. Greg baute das Zelt auf und richtete ein köstliches Abendessen aus gebratenem Fisch und Reis her. Strafe muss sein! Ich wäre auch nicht mehr in der Lage gewesen, etwas zu kochen. Durch die ungewohnten Bewegungen beim Paddeln hatte ich neue Muskelgruppen aktiviert, von denen ich nicht gewusst hatte, dass es sie gab. Mein Oberkörper schmerzte überall. Weil ich die Körperlotion im Auto vergessen hatte, war meine Haut von Sonne und Wasser ausgetrocknet. Die Fingerspitzen fingen an, aufzuplatzen und zu bluten. Ich konnte fast nichts mehr anfassen, ohne vor Schmerzen aufzustöhnen. Zum Glück fand ich noch ein wenig Vaseline im Boot, die ich zur Linderung auf die aufgeplatzten Hände rieb. Hinzu kam eine beginnende Erkältung mit Halsschmerzen und Schnupfen; kein Wunder nach den letzten beiden Tagen. Ich verkroch mich in den Schlafsack und wollte mich noch eine Weile selbst bemitleiden.

Die Ruhe tat gut; am nächsten Tag ging es mir deutlich besser. Greg wirkte merkwürdig still, es war eine brütende, gefährliche Ruhe. Endlich gab er zu, Schmerzen im Arm zu haben. Für ihn, dessen Körper laut eigener Angabe nie versagte, musste das ein gewaltiger Stressfaktor sein, denn es kam das eine zum anderen und entlud sich am späten Nachmittag. Während wir an den Felswänden entlangpaddelten, zogen dunkle Wolken am Horizont auf: ein Gewitter. Ich wusste, dass das auf einem See gefährlich werden konnte, und paddelte heftig auf eine Sandbucht zu. Ich versuchte es zumindest, bis ich merkte, dass Greg im Heck das Kajak abbremste, indem er das Paddelblatt flach aufs Wasser und gleichzeitig kräftig nach vorn drückte.

»Wo willst du hin?«, fuhr er mich an.

»Ans Ufer. Da kommt ein Gewitter. Wir müssen aus dem Wasser raus.«

»Blödsinn!«, konterte mein Naturbursche und Wetterexperte und hinderte mich mit seinem Paddel am Weiterkommen. Wie immer hatte er eine eigene Philosophie zum Thema Gewitter und Natur und versuchte, sie mir zu erklären. Ich verstand nicht, was er mir sagen wollte, und schaute ängstlich zu den Blitzen, die näher kamen. Viel zu sehr war ich darauf konzentriert, meine Panik zu überwinden, als Gregs verworrenen Auslegungen zu folgen. Je weniger ich ihn verstand, umso wütender wurde er. Schließlich polterte er los.

»Wieso begreifst du das nicht? Du willst mich nicht verstehen. Das machst du absichtlich!«

Weil ich nicht verstünde, was er sagte, würde ich ihn dadurch indirekt »angreifen«, so dass er es erst recht nicht richtig erklären könne …

Mein Gesicht wurde zu einem einzigen großen Fragezeichen – was er zum Glück nicht sehen konnte, weil ich im Bug saß, sonst hätte ihn diese Reaktion vermutlich rasend gemacht. Ich ließ ihn also erst einmal in Ruhe und schrieb in Gedanken schon die Schlagzeile über mein augenscheinlich nahes Ende: »Inselkoller im Lake Powell. Irrer Waldschrat ertränkt deutsche Freundin.«

Während wir uns noch im Boot stritten, zog das Gewitter zum Glück in eine andere Richtung weiter. Greg beruhigte sich schließlich wieder. Ich wusste plötzlich, was ihm zu schaffen machte: Vierzehn Tage hockten wir jetzt schon rund um die Uhr zusammen, ohne eine Gelegenheit, uns aus dem Weg zu gehen. Das war für uns beide ungewohnt, und wir waren entsprechend gestresst. Meine segelerfahrene Freundin Evelyn pflegte zu sagen: »Wenn du einen Mann richtig kennenlernen willst, geh mit ihm für drei Monate auf ein Boot. Da kommt alles raus. Entweder ihr bringt euch um, oder ihr schafft es.« Evelyn wusste, wovon sie sprach. Während einer gemeinsamen Weltumseglung mit ihrem Mann war ihre Ehe zerbrochen.

Wir brachten uns nicht um, sondern versuchten, das Geschehene auszudiskutieren, was aber nicht viel half. Ich hielt mich mit weiteren Bemerkungen zurück. Gregs Wutausbruch hatte mir Angst gemacht; ich wollte ihn nicht noch mehr provozieren. Erst als wir an diesem Abend die Isomatten auf einem roten Felsen unter dem Sternenzelt aufschlugen, versöhnten wir uns. Bisher hatte Sex alle unsere Probleme am Ende immer gelöst. Aber wie lange würde das noch funktionieren? Später saß ich allein auf einem Felsvorsprung und schaute auf den dunklen, glatten See, in dem sich die Milchstraße spiegelte. Es kam mir vor, als wäre ich der einzige Mensch auf diesem Planeten, winzig, schutzlos und verletzlich. Wie sollte es weitergehen?

Es wurde Zeit, zurückzukehren, denn in zwei Tagen sollte mein Bruder in Phoenix landen. Jetzt tat es mir fast leid, zurück in die Zivilisation zu müssen. Ich hatte gelernt, Wind und Wetter zu trotzen, und war unmittelbarer an den Elementen gewesen, als ich es jemals wieder sein würde. Selbst in meinem Leben in Minnesota gab es Wände, die mich von der Natur fernhielten. Hier trennte mich nur eine Zeltwand – oder gar nichts – von Mutter Erde. Gestern Nacht hatte ich schlecht geschlafen, ob es am Streit lag oder daran, dass ich es nicht gewohnt war, im Freien zu übernachten. Bei jedem Geräusch wurde ich wach. Vielleicht gibt es doch tief in uns einen Instinkt aus Urzeiten, der sich einschaltet, sobald wir ungeschützt sind; der uns wachsamer sein lässt, wenn wir unter freiem Himmel schlafen.

Gerade hatte mein Körper angefangen, sich auf dieses Leben einzustellen, da war es schon wieder zu Ende. Wir mussten zum Auto zurück. Der gewaltige Sturm, der jetzt aufkam, gab uns diesmal Rückenwind; mit kraftvoller Hand schob er uns gnädig vorwärts. Auf einmal machte es mir Spaß, auf den Wellen zu reiten. War es die Freude, überlebt zu haben?

Am späten Nachmittag trafen wir bei unserem Van in Halls Crossing ein. Wir packten die restliche Ausrüstung ein und fuhren nach Mexican Hat, um dort beim Monument Valley zu übernachten. Greg schien angespannt und sprach kaum. Jetzt begann der Teil der Reise, den er nicht mehr unter Kontrolle hatte. Er musste sich mit meiner Familie und meinen Freunden arrangieren.

»Mir gefällt das gar nicht«, klagte er. Er werde zu einem Urlaub »gezwungen«, der nicht seinen Vorstellungen entspräche. »Ich will weder in ein Hotel noch zum Einkaufen oder in ein Restaurant. Ich will paddeln, Rad fahren und Sport machen.« Urlaub auf *seine* Weise. Unaufhörlich beschwerte er sich und hatte vor lauter Selbstmitleid keinen Blick für das Monument Valley, das von der untergehenden Sonne rot angestrahlt wurde, als wir an ihm vorbeifuhren.

»Normalerweise wäre ich nie zu so etwas bereit«, beschwerte er sich und zog dabei das »so etwas« vorwurfsvoll in die Länge. »Nur weil ich mit dir zusammen bin, tue ich es.«

Ich war wütend. Gerade kamen wir von einem vierzehntägigen »Greg-Urlaub« zurück, und schon jammerte er, dass es nicht nach seinem Willen ging. Tief in mir wusste ich, dass es, wenn ich bei diesem Mann bliebe, immer nur *seinen* Weg geben würde, niemals meinen und selten einen gemeinsamen. In diesem Augenblick fühlte ich mich so allein wie schon lange nicht mehr.

Zum Glück währte die Einsamkeit nicht lange. Greg verabschiedete sich. Er wollte nicht mit nach Phoenix kommen, sondern stattdessen einen Freund in Flagstaff besuchen und sich mit ihm auf einer Mountainbike-Tour austoben. Dass er das Auto behielt, machte mir nichts aus, mein Bruder hatte für die Tour einen Leihwagen gebucht. Ich war erleichtert, weil Greg beschäftigt war, und ließ mich am Flughafen von Flagstaff absetzen. Der Flug mit der zweimotorigen Maschine über die roten Berge von Sedona nach Phoenix machte viele Entbehrungen der vergangenen Wochen gut.

Glücklich und aufgekratzt freute ich mich auf das Treffen mit meinen Lieben. Gemeinsam wollten wir alle ein paar schöne Urlaubstage verbringen, bevor Greg wieder nach Hause fuhr. Danach würden wir Deutschen das komplette Touristenprogramm für den Südwesten absolvieren. Besonders aufgeregt war ich natürlich auf das Treffen meiner Familie mit Greg. Würden sie ihn mögen, oder würde er mit seiner schlechten Laune allen die Stimmung vermiesen?

In Phoenix stülpte mir die Zivilisation ihre unerträglich laute Glocke über. Die vielen Menschen und Autos zerrten nach der wochenlangen Stille an meinen Nerven. Ich wartete hinter der Zollkontrolle auf meine Freunde. Sie waren müde, freuten sich aber auf ihren Urlaub. Wir holten den Mietwagen ab und fuhren in ein nahe gelegenes Hotel, wo wir übernachteten. Sobald wir das eisgekühlte Flughafengebäude verließen, traf uns die Hitze wie eine Wand. Aufgekratzt und in bester Stimmung machten wir uns am nächsten Morgen nach dem Frühstück auf nach Flagstaff, wo Greg zu uns stoßen wollte. Auf der Fahrt nach Norden erzählte ich ausführlich von unserer Paddeltour, wobei ich natürlich nur über die schönen Erlebnisse berichtete. Je mehr wir uns dem Treffpunkt näherten, um so unruhiger wurde ich. Mein Herz sank. Wie würde das Treffen ausgehen?

Zu meiner Erleichterung lief alles glatt. Greg stieg gerade aus seinem Auto, als wir ankamen. Ich machte alle miteinander bekannt. Mein Bruder, immer einen flapsigen Spruch auf den Lippen, schüttelte Gregs Hand und sagte: »Du bist also der Mann, der meine Schwester in die Wildnis entführt hat.« Alle lachten, während ich ohne Grund rot anlief.

In einer kleinen Picknick Area nördlich von Flagstaff setzten wir uns zusammen an einen der großen massiven Holztische und breiteten die Karten aus, um die weiteren Aktivitäten zu planen. Wir waren jetzt zu siebt: mein Bruder Dieter und seine Frau Susanne, Dieters Freund Martin mit seiner Frau Sylvia, Dieters Jugendfreund Andy und Greg und ich. Alle waren sportlich fit, so dass wir ausgiebige Wandertouren planen konnten.

In den nächsten Tagen besuchten wir den Mesa-Verde- und den Arches-Nationalpark und das Monument Valley. Überall unternahmen wir mehrstündige Wanderungen. Übernachtet wurde in Hotels, Greg und ich schliefen im Van. Wichtig war, genügend körperliche Aktivitäten für Greg einzuplanen, damit bei ihm keine Spannung oder Aggression aufkam. Ich war angespannt und nervös, denn ich fürchtete mich vor dem Moment, in dem Greg nicht ausgelastet war oder sich »gezwungen« fühlte, mit uns etwas zu unternehmen, das er nicht wollte. Aber alles ging gut, und ich begann, mich zu entspannen. Mit viel Spaß und Gelächter brachte Greg den »Greenhorns« sogar das Kajakfahren bei.

Zum Abschluss unserer gemeinsamen Zeit stand ein Grand Canyon Hike auf dem Programm. Dieter und seine Freunde wollten den Bright Angel Trail bis Indian Gardens hinunterwandern, und Greg und ich planten, den schwierigeren Kaibab Trail in die Schlucht zu nehmen und über die Querverbindung des Tonto Trails wieder zu den anderen zu stoßen.

Am Vorabend der Wanderung übernachteten meine Freunde in einem Hotel im Grand Canyon Village und Greg und ich im Van am Kaibab Trailhead. Eigentlich war es verboten, dort zu übernachten, wir hofften aber, dass niemand kontrollieren und uns fortjagen würde.

Als in der Nacht das Auto plötzlich anfing, sich hin und her zu bewegen, fürchtete ich Schlimmstes.

»Ein Ranger!« Ich rüttelte Greg wach. Während ich mich schon darauf einstellte, mit Handschellen abgeführt zu werden, und mit zitternden Knien ausstieg, merkte ich, dass anscheinend jemand auch den Boden unter mir »bewegte«. In diesem Augenblick erlebte ich mein erstes Erdbeben. Später erfuhren wir, dass das Beben eine Stärke von 5,5 hatte und sein Zentrum im Grand Canyon lag. Im Hotel wurden meine Freunde von umstürzenden Möbeln geweckt.

Wohltuend erschütterungsfrei dagegen verlief unser letzter gemeinsamer Tag. Greg und ich stiegen den steilen und schwierigen Kaibab Trail in den Canyon hinunter. Obwohl ich inzwischen körperlich recht fit war, schaffte ich es kaum, mit meinem durchtrainierten Sportler mitzuhalten, der sich wie üblich nicht darum kümmerte, was hinter seinem Rücken geschah. Blieb ich gelegentlich stehen, um die Millionen Jahre alten Gesteinsformationen zu bewundern oder einem Gänsegeier zuzuschauen, wie er sich in den Aufwinden der Schluchten immer höher in die Luft schraubte, knurrte Greg ungeduldig: »Trödel nicht so rum. Wir haben nicht ewig Zeit!«

Zeit genug aber blieb, um mich auf dem einsamen Tonto Trail hinter einen Kalkfelsen zu ziehen und mich zu verführen. Ob mein Wildnisromantiker diese Stelle schon von früheren Wanderungen kannte? Mir war sie vom Trail aus nicht aufgefallen. Urplötzlich packte Greg mein Handgelenk und zog mich zwischen zwei engen, etwa zwei Meter hohen Felsbrocken hindurch. Es öffnete sich ein kleiner quadratischer Platz, gerade groß genug zum Stehen. Mein Casanova hatte eine besondere Vorliebe für romantische Minuten an ungewöhnlichen Orten. Ehe ich mich versah, hatte er mir die Shorts heruntergestreift und mich hochgehoben.

»Aber die Leute …«, murmelte ich zwischen seinen Küssen und umklammerte mit den Armen seinen Hals, um Halt zu finden.

»Hier sieht uns keiner«, flüsterte Greg schwer atmend dicht an meinem Ohr. Schmerzhaft drückte sich der rote Sandsteinfelsen durch das T-Shirt in meinen Rücken.

»Scht! Still! Da ist jemand.« Ich hatte Stimmen gehört und hoffte, dass die Gruppe Wanderer, die nur wenige Meter von uns entfernt vorbeilief, das heftige Pochen meines Herzens nicht hören konnte. Die Gewissheit, dass ahnungslose Touristen so nah waren, ohne uns zu bemerken, verschaffte mir das erregende Prickeln, etwas Verbotenes zu tun.

Ich schaute nach oben. Über uns im tiefblauen Himmel kreiste ein Kalifornischer Kondor, einer der seltensten Greifvögel der Erde mit einer Flügelspannweite von drei Metern. Am Canyonrand, etwa eineinhalb Kilometer über uns, standen Menschen. Konnten sie uns sehen? Vielleicht wenn sie den Canyon mit einem Hochleistungsspektiv abgesucht und uns zufällig entdeckt hätten. Aber wir verschmolzen mit den Canyonwänden, und selbst wenn – es wäre mir egal gewesen. Ich schob Gregs T-Shirt hoch und krallte meine Fingernägel in die Muskelstränge seines Rückens. Ich wusste nicht, wie lange ich noch stillhalten konnte. Als die Stimmen der Wanderer leiser wurden, hielt ich mich nicht mehr zurück und gab mich der Leidenschaft meines Wandergefährten hin.

Schwer atmend und völlig überhitzt zog ich mich kurze Zeit später wieder an. Greg zog lüstern grinsend den Reißverschluss seiner Hose hoch und reichte mir eine Flasche Wasser, die ich gierig trank und dabei einen großen Teil auf mein T-Shirt vergoss.

»Hmmm …« Dunkelgrüne Augen schauten begehrlich auf meine Brust. »Wet-T-Shirt-Contest …«

»Oh! Du kannst wohl nie genug bekommen.« Mit funkelnden Augen warf ich spielerisch die leere Flasche nach ihm, die er geschickt auffing.

»Von dir nie! Du bist unglaublich.« Damit zog mich Greg noch einmal zärtlich an sich und küsste mich liebevoll, bevor er mich losließ und als Erster aus unserer Felsspalte hervortrat. Er winkte mich zu sich, niemand war zu sehen.

Immer noch erhitzt, aber voll ungeahnter Energie trafen wir zwei Stunden später auf meine Freunde in Indian Gardens, die schon eine ganze Weile auf uns warteten. Wir erklärten die Verspätung mit »schwierigen Trailkonditionen« und stiegen alle gemeinsam auf dem Bright Angel Trail zum Canyonrand hinauf. An diesem Abend aßen wir im Grand Canyon Village im

Restaurant und unterhielten uns angeregt. Es war unser letzter gemeinsamer Abend.

Am nächsten Tag war es Zeit zum Abschied. Während ich mit meinen Freunden weiter nach Las Vegas fuhr, um gemeinsam noch ein paar Tage Urlaub zu machen, fuhr Greg allein nach Minnesota zurück. Es dauerte eine Weile, bis meine Abschiedstränen trockneten, und ich brauchte ein paar Tage, um mich wieder auf die neue, alte Welt einzulassen. Noch lange fühlte ich mich hin- und hergerissen zwischen der Freude, mit meiner Familie zusammen zu sein, und der Sehnsucht nach Greg. Schließlich schüttelte ich mich wie ein nasser Hund und beschloss, den restlichen Urlaub einfach nur noch zu genießen. Ohne Sportstress war er befreiend erholsam. Wir hakten das gesamte Touristenprogramm des Südwestens ab, fuhren mit dem Auto zu den Sehenswürdigkeiten, schliefen in Hotels, aßen in Restaurants, waren faul und taten gar nichts oder spielten in der Glitzerwelt von Las Vegas – alles Sachen, die ich nie mit Greg hätte tun können. Gelegentliche Schuldgefühle, weil ich so viel Spaß hatte, warf ich ab wie eine alte Decke. Als wir alle gemeinsam zurück nach Deutschland flogen, war ich glücklich und zufrieden und zum ersten Mal seit Langem auch körperlich völlig entspannt und ausgeruht.

Dann war ich wieder zurück in meiner Welt. Zu Hause wartete wie immer viel Arbeit auf mich. Neben all den Dingen, die in den letzten Wochen liegengeblieben waren und die ich erledigen musste, nahm ich an der ersten europäischen Wolfskonferenz in Belgien teil. Mein Ruf als Wolfsexpertin begann sich zu festigen, und ich genoss den Austausch mit den Kollegen. Über diese faszinierenden Tiere zu schreiben, Seminare zu besuchen und Vorträge zu halten, befriedigte mich zutiefst. Es gefiel mir wieder in meiner Heimat, und das Wichtigste: Ich war bei meiner geliebten Lady und meiner Familie. Zum ersten Mal, seit ich Greg kennengelernt hatte, fühlte ich mich auch ohne ihn wohl und tat das, was ich in letzter Zeit vermisst hatte: Ich traf mich mit Freunden zum Essen, ging in Cafés oder ins Kino, machte lange Spaziergänge mit meinem Hund und stöberte stundenlang in meinen Lieblingsbuchläden.

Meine Freundinnen wurden ausführlich über die vergangenen Abenteuer informiert und sparten nicht mit Ratschlägen:

»Lass die Finger von dem, das geht nicht gut.«

»Jemand, der vierzehn Jahre lang allein in der Wildnis lebt, hat bestimmt eine Macke.« Und immer wieder: »Pass bloß auf dich auf.«

Aber auch hin und wieder ein Seufzer: »Hast du's gut. So was Romantisches möchte ich auch mal erleben.«

Greg ließ sich diesmal Zeit mit seinen Anrufen. Wahrscheinlich war er wütend auf mich, weil ich den Frevel begangen hatte, mich im Urlaub in allen sündigen, umweltschädigenden Kapitalistentempeln Amerikas vergnügt zu haben.

Er fehlte mir, besonders nachts vermisste ich seine Zärtlichkeiten, aber ich gewann allmählich Abstand zu Minnesota und zu Greg. Es tat gut, nicht ständig unter Hochspannung zu stehen. Ich fand zurück in die Realität.

War es Telepathie, ein magischer Zauberspiegel oder die Tatsache, dass ich mich kaum noch bei ihm meldete? Greg schien zu spüren, dass ich ihm entglitt, denn plötzlich war er wieder da und zog alle Register: tägliche Briefe, Gedichte, Fotos, Anrufe, bei denen er turtelte, wie sehr er mich liebe – und wie die Cabin mich vermisse. Ahnte er damals schon, dass ich mehr in das Wildnisleben verliebt war als in ihn? Er kannte mich gut genug, um zu wissen, wie er mich zurücklocken konnte:

»Carol hat mich gestern zu ihrem Geburtstag eingeladen!«

Seine alte Flamme hatte eine Chance gesehen und angeklopft.

»Wir waren Essen und haben getanzt.«

Mit mir hatte er nie getanzt.

»Sie hat mich gefragt, ob du und ich noch zusammen sind.«

»Und … was hast du geantwortet?«

»Na klar, und dass du bald wieder da bist. Sie hat auch gesagt, dass sie mich jederzeit zurücknimmt, wenn das mit uns nicht mehr läuft. Wann kommst du?« Greg wurde ungeduldiger. »Ich brauche dich. Ich hab keine Lust, noch länger zu warten.«

»Sobald ich das Geld für ein Ticket zusammenhabe. Du fehlst mir auch.«

»Ich liebe dich und hab Sehnsucht nach dir. Die Cabin ist so leer ohne dich. Mach schnell!«

Greg hatte hoch gepokert – und gewonnen. Abermals wusste ich nicht mehr, wo ich hingehörte. Deutschland bedeutete Beständigkeit, Fürsorge, Sicherheit. Minnesota: Abenteuer, Leidenschaft, Wildnis.

Niemals hatte ich mich so zerrissen gefühlt. Wer war dieser Mann, dem ich nach nur einem halben Jahr bereits so verfallen war? Wie sollte es weitergehen? Der letzte Aufenthalt in Minnesota hatte mir deutlich gemacht, dass ich ein derart extremes Leben nicht führen wollte. Ungeklärt war nach wie vor die Frage, ob ich Lady mitnehmen konnte. Ich fühlte mich extrem schuldig, weil ich sie in den letzten Monaten so oft verlassen hatte.

»Bring deinen Hund mit!« Auf diesen Satz wartete ich bei Greg vergeblich. Er hätte alles geändert. Was sollte ich tun? Mein altes Ich kehrte zurück, fraß gierig mein Selbstvertrauen und spuckte mich in erbärmlichen Einzelteilen aus, unfähig, einen klaren Gedanken zu fassen. Ich hatte alle Symptome einer Sucht, der Abhängigkeit von Greg.

Mit Suchtverhalten kannte ich mich aus, mein letzter Ehemann hatte ein Alkoholproblem gehabt und mich mit in den Sumpf gezogen. Ich hatte vergeblich versucht, ihm zu helfen, ihn zu »ändern«. Am Ende verließ ich ihn, um mich selbst zu retten.

Danach hatte ich mir geschworen, mich von nichts und niemandem mehr abhängig zu machen.

Meine Freundin Evelyn erkannte, in welcher Gefahr ich mich befand. Ich rief sie an, weil ich nicht mehr wusste, was ich tun sollte: in Deutschland bleiben oder zu Greg fliegen?

»Du musst auf dich aufpassen«, sagte sie mir. »Du bist dabei, dich selbst aufzugeben. Willst du dieses Leben im Busch überhaupt? Willst du diesen Mann, der dir niemals entgegenkommen wird und dem du dich völlig anpassen musst?«

Die Antwort war eindeutig: Ja, ich wollte dieses Leben im Busch, mehr als alles andere. Ob ich auch den Mann dazu wollte, dessen war ich mir nicht mehr sicher.

Evelyn versicherte mir: »Wenn irgendetwas schiefgeht, kannst du jederzeit zu mir kommen.« Sie lebte mit ihrem amerikanischen Mann in Michigan. Mit diesem »Notausgang« für den Fall der Fälle stieg meine Zuversicht.

Als ich mit den letzten Ersparnissen meinen nächsten Flug nach Minneapolis buchte, war mir eines klar: Ich musste eine Entscheidung treffen.

WÖLFE

»Ma'm, darf ich Sie in unser Office bitten!«, forderte mich der Passbeamte bei der Einreise am Flughafen von Detroit auf. Ich hatte keine Ahnung, was er von mir wollte. In all den Jahren, die ich in die USA flog, hatte ich bei der Passkontrolle nie ein Problem gehabt, und mein Touristenvisum war noch gültig. Offensichtlich war ihm etwas in meinem Reisepass verdächtig vorgekommen. Ich ging in das gefürchtete Einwanderungsbüro, während er meine Papiere einem Kollegen aushändigte.

»Nehmen Sie Platz«, herrschte der mich an und deutete auf einen freien Stuhl zwischen schreienden Kindern, verschleierten Frauen, Indern, Pakistani, Mexikanern, Afrikanern und diversen vermeintlichen »illegalen Einwanderern«. Sie alle waren von den Beamten als »suspekt« aus der Schlange vor den Abfertigungsschaltern herausgegriffen worden. Was stimmte nicht mit mir? Brav hatte ich alle Fragen bei der Einreise beantwortet.

»Wie lange bleiben Sie?«

»Drei Monate.«

»Wo fahren Sie hin? Was wollen Sie hier?«

»Ich bin Touristin und möchte mir das Land ansehen.«

»Haben Sie Freunde oder Verwandte in Amerika?«

»Nein«, log ich. Ich wusste, wenn ich irgendetwas von einem »Freund« erzähle, konnte das meine unverzügliche Ausweisung bedeuten.

Vielleicht waren dem Beamten meine vielen Einreisestempel aufgefallen; zu oft war ich im letzten Jahr in die USA gekommen.

Ich sah mich schon in Handschellen mit der nächsten Maschine nach Frankfurt fliegen.

Nach vierzig Minuten quälenden Wartens winkte mich ein Immigration-Officer in ein enges Zimmer und ließ mich an dem grünen Metalltisch Platz nehmen.

Erneut dieselben Fragen.

»Wie lange wollen Sie bleiben?«

»Drei Monate.«

»Warum so lange?«

»Weil es mir hier gefällt und ich mir Ihr wunderschönes Land ansehen möchte.«

»Was machen Sie beruflich?«

Vorsicht – eine Fangfrage! Während meiner Tätigkeit als Flugbegleiterin hatte ich schon genügend Erfahrungen gesammelt und manche ausgewiesene Frau an Bord trösten müssen.

»Ich gebe eine Fachzeitschrift heraus.«

Das sollte dem Beamten beweisen, dass ich eine regelmäßige Tätigkeit ausübte, die es nicht zuließ, dass ich mich längere Zeit in den USA aufhielt. Ich wusste, dass die Passbehörden darauf getrimmt waren, auf allein reisende, ledige Frauen zu achten, die sich womöglich einen US-Staatsbürger zum Mann angeln wollten.

»Wo ist Ihre Familie?«

»Zu Hause … und ich vermisse meinen Hund«, fügte ich trotzig hinzu. Das war die reine Wahrheit.

Der Blick des jungen Beamten wurde weicher. Aha, auch ein Hundebesitzer. Wir sprechen eine universelle Sprache.

»Was für einen Hund haben Sie?«

»Labrador. Ihr Name ist Lady.«

»Ich habe einen Cockerspaniel. Total verfressen.« Er schmunzelte, räusperte sich und blätterte geschäftig in meinem Pass.

»Sie haben viele Einreisestempel.« Er stutzte. »Und ein Arbeitsvisum.«

»Ich arbeite als Saisonflugbegleiterin bei Northwest Airlines«, antwortete ich und verschwieg, dass ich meinen Job Ende letzten Jahres gekündigt hatte.

Plötzlich ging alles schnell. Ich war »eine von ihnen« und auf einmal nicht mehr verdächtig. Der Beamte lächelte mich an, knallte mir den Stempel mit der Aufenthaltserlaubnis für sechs Monate in den Pass und gab ihn mir mit einem »Have a nice day« zurück.

Mit dem Gepäck ging ich durch den Zoll und gab es erneut für den Weiterflug auf. Erst als ich meine Bordkarte in der Hand hielt, atmete ich auf. Das war knapp. Ob ich überhaupt noch ein weiteres Mal einreisen durfte – sofern es ein nächstes Mal gab?

Greg holte mich vom Flughafen ab. Diesmal war ich von Minneapolis nach Duluth weitergeflogen, das ersparte ihm etwa zweihundertfünfzig Kilometer Fahrt, kostete mich aber vierhundert Dollar mehr für den Flug. Als wir uns am Airport in die Arme fielen, war es, als wäre ich nie fort gewesen. Wir küssten uns und gingen Hand in Hand zum Auto. Es war noch hell, als wir nach Norden fuhren.

Der Lake Superior sah verändert aus. Das Eis war getaut und hatte nur noch ein paar schmutzige graue Schollenreste an den Ufern hinterlassen.

Greg war aufgeregt, seine Augen blitzten, als er vorschlug: »Was hältst du davon, wenn wir gleich weiterfahren an die Nordspitze des Sees? Wir könnten auf eine Paddel- und Campingtour gehen. Ich hab schon alles eingepackt.«

Das ging mir eindeutig zu schnell.

»Moment. Du bist doch immer derjenige, der es nicht leiden kann, wenn etwas über seinen Kopf hinweg entschieden wird«, sagte ich gereizt. »Und was soll das jetzt?«

»Naja, ich dachte, du freust dich, wenn du wieder paddeln kannst.«

»Nein, ich freue mich nicht. Ich habe Jetlag und habe mehr als fünfzehn Stunden in Flugzeugen und auf Flughäfen rumgesessen. Das ist anstrengend, ich brauche ein wenig Zeit. Wenn du mal zu mir nach Deutschland fliegst, wirst du merken, wie das ist.« Jetzt wurde ich wütend. Rücksichtloser Bastard!, meldete sich meine innere Stimme. Reiß dich zusammen!, schalt ich sie. »Ich bin einfach nur müde und erschöpft.«

Greg war enttäuscht. Ohne noch etwas zu erwidern, fuhr er stumm bis Ely. Die Campingausrüstung blieb im Auto, als wir in der Abenddämmerung den Parkplatz an der Cabin erreichten.

Jetzt schluchzte ich: »Tut mir leid, aber ich kann nicht mehr. Beinahe wäre ich nicht gekommen.«

Ich erzählte von meinem Abenteuer an der Passkontrolle und schloss mit der Befürchtung: »Vielleicht werden sie mich beim nächsten Mal nicht mehr einreisen lassen.«

Bestürzt nahm mich Greg in den Arm.

»Das tut mir leid. Dann musst du eben hierbleiben«, war seine einfache Lösung für das Problem.

Er hob sich meinen schweren Rucksack auf die Schultern und marschierte los. Wie schon bei meiner ersten Ankunft ließ er mich stehen, nur, dass er heute mein Gepäck mitnahm. Ich folgte ihm und genoss trotz meiner Müdigkeit jeden Schritt ganz bewusst, tauchte ein in die Natur und vergaß Erschöpfung und Anstrengungen. Diesmal sollte alles anders werden. Ohne Wenn und Aber wollte ich mich auf das Abenteuer Wildnis und auf Greg einlassen, um herauszufinden, wohin ich gehörte.

Meine kleine Hüttenwelt hatte sich verändert. Grün war jetzt die vorherrschende Farbe. Staunend stand ich am nächsten Morgen auf der Terrasse und versuchte, mich zu orientieren. Der Weg zum Outhouse schlängelte sich nun durch dichtes Gras und über weiche Polster aus knöcheltiefem Moos. Die Espen trieben mit aller Macht frische Blätter aus. Mit nackten Füßen stieg ich in die Stiefel, die vor der Tür standen, und lief wie in Trance zum höchsten Punkt, um einen Blick auf den See zu werfen. Da lag er, der Timber Lake, jetzt gänzlich befreit aus seinem weißen Gefängnis. Ruhig plätscherten die Wellen ans Ufer. Ich beneidete ihn um seine Gelassenheit. Ob eingezwängt in eine Eisschicht oder frei in dunkler Tiefe, nichts regte ihn auf. Er nahm hin, was mit ihm geschah, stoisch, mit einem tieferen Wissen, dass geschieht, was geschehen muss. Gelassenheit! Vielleicht sollte ich das beim nächsten Mal als Motto auswählen. Ich erinnerte mich an einen Kalenderspruch: »Gib mir die Gelassenheit, Dinge zu akzeptieren, die ich nicht ändern kann, den Mut, Dinge zu ändern, die ich ändern kann, und die Weisheit, das eine vom anderen zu unterscheiden.«

Ich lächelte: Danke, See!

Als ich vor Kälte zitterte, merkte ich, dass ich außer meinen Stiefeln und dem warmen Parka nichts anhatte. Schnell stapfte ich ins Haus zurück, wo mich schon der Duft von Kaffee empfing. Offenbar stellte sich auch Greg langsam auf das Leben mit mir ein. Er drückte mir eine Tasse mit brauner Flüssigkeit in die Hand. »Ich hoffe, das ist okay so. Ist mein erster Versuch.«

Dankbar küsste ich ihn, sprang in Hose und Sweatshirt und mampfte mit Genuss die Pancakes, die er auf den Teller gestapelt hatte. Hoffentlich hält diese Fürsorge noch eine Weile an, dachte ich. Vielleicht sollte ich öfter wegfahren.

Nach dem Frühstück ging Greg in die Werkstatt, um weiter an seinen Kanus zu arbeiten. Nach einer schnellen Katzenwäsche zog ich mich fertig an. Ich sehnte mich nach meinem Ausguck über dem See, packte das Tagebuch in den Rucksack und marschierte los. In der Nähe der Cabin floss ein kleiner Bach. Manche Büsche, die hier wuchsen, ließen sich nur schwer beiseiteschieben. Auf Gregs Anraten hin hatte ich eine Axt in die Jackentasche gesteckt, damit schlug ich mir einen Pfad durch das Unterholz. Ich sprang über den Bach, stapfte den felsigen Hügel dahinter hoch. Je höher ich kam, desto öfter gaben Lücken in den Bäumen den Blick auf den See frei. Die meiste Zeit jedoch versperrten mir Wald und Gestrüpp die Sicht. Schließlich gelangte ich an meinen Felsvorsprung. Als ich den nackten Stein betrat, erstreckte sich unter mir der Timber Lake. Zum ersten Mal konnte ich von hier oben seine Umrisse genau ausmachen. Er erschien mir ausladender als im Winter. Die Cabin versteckte sich hinter Bäumen in einer Senke. Aber der Blick auf den See und die umliegenden Inseln reichte aus, um lange Zeit still das Wunder zu bestaunen.

Ob man sich jemals an so einen Anblick gewöhnen kann? Wie erging es Menschen, die immer in absoluter Schönheit lebten? Wussten sie das noch zu schätzen, oder wurde es Alltag für sie? Ich nahm mir fest vor, bei allen schweren Stunden – und die würden kommen, da war ich sicher – die Schönheit und das Gute nicht zu vergessen.

Beschwingt von so vielen positiven Eindrücken, rannte ich zur Werkstatt, riss die Tür auf, warf mich dem überraschten Kanubauer in die Arme und küsste ihn leidenschaftlich.

»Ich bin so froh, wieder hier zu sein«, stieß ich zwischen den Küssen hervor.

»Hmm, ich merke es.« Greg grinste breit und zog mich auf den Boden, inmitten der Sägespäne, Holzabfälle und Fieberglasreste. Meine Wildnis, die Cabin und der Mann, den ich liebte. Mein Leben war von Neuem überschaubar geworden.

In den nächsten Wochen lernte ich die »fünfte Jahreszeit« kennen: die Moskitozeit! Die Einwohner von Minnesota scherzten oft, dass sie neun Monate Winter und drei Monate Moskitozeit haben. Es waren zwei Plagegeister, die überall im Norden, wo es viele Seen gab, Mensch und Tier heimsuchten:

Zuerst kam die Kriebelmücke. Dieser lästige Blutsauger ist so klein, dass er durch jedes Moskitonetz schlüpfen kann. Die Mücke bevorzugt Haaransätze und Ohren ihrer menschlichen Opfer und beißt zunächst eine größere Wunde, in die sie einen Blutgerinnungshemmer injiziert. Das Blut, das sich ansammelt, saugt sie aus. Das führt dazu, dass man erst merkt, dass man gestochen worden wird, wenn das Blut von Gesicht und Ohren läuft. Später erst folgt ein massiver Juckreiz. Im Naturführer las ich, dass schon zwanzig oder dreißig Bisse bei manchen Menschen hohes Fieber auslösen können. In der Tundra sollen Schwärme von Millionen Kriebelmücken Herden von Karibus in den Wahnsinn getrieben haben. Na wunderbar; das passte ja prima in mein diesjähriges Motto.

Die Plagegeister mochten die Farbe Blau. Darum vermied ich es von nun an, Jeans und blaue T-Shirts zu tragen, und trug helle T-Shirts und meine grünbraunen Bundeswehrhosen, die ich in Deutschland in einem NATO-Shop gekauft hatte.

Nach den Kriebelmücken kamen die Moskitos, die auch als »inoffizieller Staatsvogel von Minnesota« bezeichnet wurden. Im Norden des Staates allein gab es fünfzig verschiedene Moskitoarten, in Nordamerika 165 und weltweit etwa 3 500 Spezis. Weniger als ein Zehntel von ihnen stechen oder belästigen Menschen, und dann sind es nur die Weibchen, die stechen, weil sie Blut brauchen, um Eier zu bilden. Mein Blut diente also ihrer Fortpflanzung. Rein theoretisch hätte ich stolz sein können, dass ich quasi die Leihmutter vieler Tausender Moskitobabys war und damit der Welt etwas Gutes tat. Denn dass auch diese kleinen Plagegeister ihren Sinn haben, vergisst man viel zu oft. Seit über hundert Millionen Jahren leben Moskitos auf unserer Erde. Ohne sie müssten die Vögel Hunger leiden.

Ich versuchte, mein persönliches Geheimrezept gegen die Stechbiester zu finden. Das aus Deutschland mitgebrachte Anti-Mücken-Spray zeigte keinerlei Wirkung. Auch die oft so hochgepriesene Körperlotion von Avon »Skin So Soft« schien die Biester nur milde lächeln zu lassen. Die Einheimischen waren der Auffassung, dass das beste Mittel gegen Moskitos eine »positive Einstellung« sei. Alles andere sei vergebliche Liebesmüh.

Ich probierte es zuerst mit dem »Hammer«, der mir in den Outdoorgeschäften und den Angelläden in Ely empfohlen wurde: »Deep Woods OFF!«. Nach der Methode »Viel hilft viel« trug ich das Spray großzügig auf die Haut auf. Schon kurze Zeit später wurde mir übel und schwindelig. Zwar stachen mich die Mücken nicht mehr, dafür hatte ich Vergiftungserscheinungen. Jetzt erst las ich den Beipackzettel, der besagte, dass das Mittel hohe Mengen des Nervengiftes DEET enthalte und bei längerem Gebrauch die Gesundheit massiv schädigen könne. DEET ist die Abkürzung für Diethyltoluamid. Ursprünglich ist es für die US-amerikanische Armee im Vietnamkrieg entwickelt worden. Dass dabei der gesundheitliche Aspekt nicht das Leitkriterium war, versteht sich von selbst. Mir war das zu unheimlich, dieses Zeugs wollte ich nicht mehr nehmen. Als Nächstes versuchte ich, durch entsprechende

Kleidung der Stechbiester Herr zu werden. Trotz steigender Temperaturen trug ich langärmelige Hemden und Hosen, stopfte die Hosenbeine in die Socken und zog Handschuhe und einen Hut mit Moskitonetz an. Je weniger freie Haut übrig blieb, desto besser. Nun aber rann mir bei jeder Bewegung der Schweiß in Strömen von Gesicht und Rücken, und ich hatte das Gefühl, durch das Moskitonetz keine Luft mehr zu bekommen. Das war definitiv nicht die Lösung. Ich feuerte Spray und Kleidung in die Ecke und beschloss, es mit der Einheimischen-Methode zu probieren: »Ignorieren« und »positive Einstellung«. Ich »sprach« mit den Moskitos: »Ich lasse euch am Leben, wenn ihr mich nicht weiter stecht.« Es schien zu wirken. Wenn die Mücken sich nicht an unsere Vereinbarung hielten und mich trotzdem stachen, bemühte ich mich, die Stiche nicht zu beachten, denn durch Kratzen wurde alles nur schlimmer.

Dabei verdankte ich den Moskitos eine lustige Begegnung mit einem Wolf. Ich wollte Trinkwasser holen und war auf den See gepaddelt. In der Mitte des Sees drückte ich die großen Plastikbehälter unter Wasser, bis sie vollgelaufen waren. Dann wuchtete ich sie vorsichtig über die Kante in das Kanu. Die Arbeit war schnell erledigt, aber ich hatte keine Lust, jetzt schon heimzupaddeln. Dazu war der Tag viel zu schön. Die Sonne schien warm, und es war windstill. Ich nahm den Trinkbecher, den ich immer dabeihatte, schöpfte klares Wasser aus dem See und trank. Erfrischt zog ich mein Tagebuch aus dem Rucksack und begann zu schreiben.

Die Moskitos schienen nur darauf gelauert zu haben, dass ich durchgeschwitzt endlich still saß, und stürzten sich auf mich. Zuerst versuchte ich, sie mit der Hand wegzuwedeln und weiterzuschreiben, schließlich warf ich das Tagebuch ins Boot und schlug heftig mit beiden Armen gestikulierend um mich, wobei das Kanu bedenklich schwankte. Ich führte ein entfesseltes Moskito-Ballett auf. Am Ufer, etwa hundert Meter von mir entfernt, tauchte etwas Graues auf: Ein Wolf schaute mir interessiert zu. Es war ein Jungwolf, etwa ein Jahr alt, leicht an den hochstehenden Haaren im Nacken zu erkennen. Ich wollte ihn nicht erschrecken und ließ die Arme sinken – Moskito hin, Moskito her. Aber gerade das war ihm unheimlich, denn er sprang einen Satz zurück und versteckte sich hinter einem Baum. Na gut, vielleicht möchte er ein Unterhaltungsprogramm, dachte ich, und fuhr fort mit meinem Moskito-Ballett, schwenkte die Arme, schlug mit den Händen nach imaginären und realen Mücken. Vorsichtig kam der Jungwolf hinter seinem Baum hervor und setzte sich. Er ließ mich nicht aus den Augen und überlegte wohl, was das für eine Gestalt auf dem See war. Dabei neigte er hin und wieder verwundert den Kopf zur Seite. Um mich schlagend, beobachtete ich das schöne Tier. Vermutlich hatte er eine Auszeit von seiner Familie genommen. Ob es ihm langweilig geworden war, weil seine Eltern sich um den Nachwuchs kümmern mussten? Ich wusste von Greg, dass die Wölfe seit Jahren eine Wurfhöhle in den Wäldern am Ende des Sees hatten. Der kleine Wolf war offenbar auf einem Ausflug gewesen und dabei auf mich gestoßen. Meine Arme wurden schwerer und die Bewegungen langsamer, schließlich beendete ich die Vorstellung. Der Wolf stand auf, drehte sich um und lief ohne Hast in den Wald, nicht ohne ab und zu über seine Schulter zu mir zurückzuschauen.

Jetzt erst merkte ich, dass mir Tränen über das Gesicht liefen. Ich war zutiefst bewegt von dieser Begegnung. Mein ganzes Leben schrumpfte zu diesem einzigen Augenblick zusammen, alles andere schien bedeutungslos. Ich war glücklich und wehmütig zugleich, fühlte mich als Teil der Natur und dennoch einsam.

Aufgewühlt paddelte ich rasch zum Ufer zurück, zog die Kanister aus dem Wasser, warf sie auf den Schlitten, unter den Greg inzwischen Räder montiert hatte, und zog ihn den Berg hoch, aufgeregt, Greg von meinem Erlebnis zu erzählen. Dann hielt ich inne. Nein, ich wollte diese Begegnung nicht mit ihm teilen, niemand sollte davon erfahren. Sie gehörte mir allein. Als ich die Cabin erreichte, war sie leer. Greg arbeitete in der Werkstatt. Ich machte uns einen Tee und ging immer noch lächelnd mit den beiden Tassen hinüber. Ich hatte ein wunderbares Geheimnis. Greg freute sich über die Stärkung und wunderte sich über die Leidenschaft, mit der ich ihn an mich zog. Mein Adrenalinspiegel war durch die Wolfsbegegnung in schwindelnde Höhen gestiegen.

»Was war denn heute los mit dir?«, fragte er mich beim Abendessen und zupfte mir ein paar Holzspäne aus dem Haar.

»Ach nichts, es war einfach nur ein schöner Tag.«

Die Harmonie hielt nicht lange an. Wenige Tage später erzählte Greg beiläufig beim Abwasch, dass er während meines letzten Aufenthaltes in Deutschland mit seiner alten Flamme Jenny auf einer Skitour gewesen sei und sie beide sich das Zelt geteilt hätten. Die Eifersucht schlug mir wie eine Faust in den Magen. Langsam ließ ich den Teller und das Abtrockentuch sinken und sah Greg an, derweil sich meine Eingeweide zusammenzogen und mir ein heißer Schmerz in die Augen schoss.

»Das hat nichts zu bedeuten.« Greg bemerkte meine Reaktion und bemühte sich, zu beschwichtigen. »Du weißt ja, ich liebe nur dich.«

»Warum erzählst du es mir überhaupt? Hättest du es nicht einfach für dich behalten können?« Ich verstand nicht, wieso er das getan hatte. Konnte er es nicht ertragen, wenn zwischen uns alles harmonisch war? Was bewog ihn, mich zu verletzen, besonders wenn ich glücklich war?

»Ich möchte mit dir über deine Einstellung reden«, entgegnete er. »Du musst sie ändern.«

»Ach! *Ich* soll *meine* Einstellung ändern. Was soll denn das jetzt?«

Nach seiner Auffassung war es an der Zeit, einen Schritt weiter in unserer Beziehung zu gehen. Ich sollte lernen, mehr zu vertrauen und besser mit meiner Eifersucht umzugehen.

Greg wusste aus vielen Gesprächen, dass ich Probleme hatte, jemandem zu vertrauen. Das war etwas, das in meinen bisherigen Partnerschaften immer wieder enttäuscht worden war. Es hatte lange gedauert, bis ich die Verletzungen und Vertrauensbrüche meiner Ehe hinter mir lassen und neu anfangen konnte. Geholfen hatten mir dabei meine Arbeit mit den Wölfen und mein Rückzug in die Natur.

Wollte mich Greg, der Hobbypsychologe, »heilen« oder eher quälen? Hatte *ich* ein Problem, und sein Verhalten war normal? Und warum jetzt, wo es uns gutging? Mit einem Schlag war es mit meiner Sicherheit vorbei.

»Ich weiß nicht, ob ich überhaupt jemandem vertrauen kann. Du machst es mir nicht leichter mit deinen Fotos, Liebesbriefen und Ausflügen mit der Ex.«

Greg sah keinen Grund, etwas zu ändern. Er nahm mir den tropfenden Teller und das Tuch aus der Hand und legte beides auf den Spültisch, zog einen Küchenstuhl heran und drückte mich darauf. Auf einen zweiten Stuhl setzte er sich mit gespreizten Beinen dicht vor mich. Er nahm meine Hände zwischen seine und umschloss sie mit warmem, festem Griff. Mit ernstem Gesicht beugte er sich vor und sagte, während er mir direkt in die Augen schaute:

»Ich werde mich immer mit guten Bekannten oder alten Freundinnen treffen, weil ich einfach an Menschen interessiert bin. Das ist alles rein freundschaftlich. Das einzige Problem dabei ist deine Einstellung dazu. Ich hab es dir schon einmal gesagt: Du musst mir vertrauen.«

»Vertrauen muss man sich verdienen«, gab ich ebenso ernst zurück und stand wütend auf, wobei der Stuhl krachend nach hinten fiel. Ich drehte mich um und beschäftigte mich wieder mit dem Abwasch. Beleidigt über meinen Unwillen, mich an seiner Psychoanalyse zu beteiligen, stürmte Greg mit hochrotem Kopf aus der Cabin.

Von nun an befand ich mich fortwährend in einer Art Habtachtstellung und bemühte mich, darauf zu achten, nichts Falsches zu sagen. Ich tat einen Deckel auf meine Emotionen und hoffte, dass ich mich getäuscht hatte und Greg sich auf magische Weise in einen treuen, liebevollen Partner verwandeln würde. Immer unsicherer begann ich alles in Frage zu stellen und fühlte mich – inmitten von grenzenloser Natur und Freiheit – gefangen in Gregs Leben.

Ich arbeitete an meiner »Einstellung« und bemühte mich, mein Verhältnis zu Greg als »unverbindliche Romanze« zu sehen, aus der ich jederzeit fortgehen konnte. Mehr war es für ihn offensichtlich auch nicht. Dass er keine Verantwortung und nichts »auf Dauer« wolle, hatte er mir früh gesagt. Unsere Beziehung schien eine Art Test für ihn zu sein, ob wir zusammenpassen.

Als ich eines Tages ein Buch aus dem Regal zog, fiel mir ein zusammengefalteter Zettel entgegen. Auf ihm hatte mein Hobbypsychologe einige seiner Frauen »bewertet« und ihre positiven Seiten aufgeschrieben. Da stand unter anderem: »Will keine Kinder« oder »Will nicht heiraten«. Ich war enttäuscht, hatte ich mir doch in manchen Tagträumen schon eine Hochzeitszeremonie am Ufer des Timber Lake vorgestellt: Das frisch getraute deutsch-amerikanische Paar paddelte mit den guten Wünschen aller Freunde in den Sonnenuntergang – selbstverständlich mit Hund im Kanu.

Get real!, schalt mich meine innere Stimme – diesmal auf Englisch. Warum kannst du eure Beziehung nicht auch so zwanglos sehen wie Greg? Vielleicht weil ich für diesen Mann so viel aufgegeben habe?, fragte ich trotzig zurück.

Meine unrealistischen Erwartungen und Gregs Unwille, mir zu helfen, brachten mich aus dem Gleichgewicht. Anstatt um das zu trauern, was ich nicht hatte (Stabilität, Vertrauen, Sicherheit), sollte ich mich auf das konzentrieren, was ich hatte (Freiheit, Liebe, Abenteuer). Ich musste mich aus diesem Strudel der Selbstzerstörung herausziehen. Hilfe konnte ich nur in der Natur finden.

Erneut machte ich mich auf zum »Trostfelsen«, wie ich inzwischen meinen Ausguck über dem See getauft hatte. Während ich durch den Wald lief, atmete ich tief ein und aus und merkte, wie die Anspannung nachließ. Bisher hatte es mir immer geholfen, mich auf den Augenblick, das Hier und Jetzt zu konzentrieren. Ich schloss für einen Moment die Augen, sog die Luft durch die Nasenflügel und ließ mich ganz auf mein Gehör ein. In der Ferne hörte ich das Rufen der Kanadagänse, als sie auf dem See landeten. Mücken summten an meinem Ohr und steuerten zielgenau jede unbedeckte Stelle meines Körpers an. Die Welt wurde nur noch auf das Summen reduziert und den Schmerz der Stiche. Die kleinen Blutsauger trampelten mit genagelten Stiefeln an meinem Haaransatz entlang über die Ohren bis hin zum Nacken. Ich erduldete sie und litt still. Irgendwann taten die Einstiche nicht mehr weh. Ich schüttete etwas Wasser aus der Trinkflasche auf mein Taschentuch und wischte mir das Blut vom Gesicht. Kein Schmerz dauert ewig, dachte ich mit einem leisen Schmunzeln und fühlte mich auf eigenartige Weise befreit.

Ich legte mich auf den Waldboden und nahm den Geruch von Erde, Holzfäule und Stinkkohl wahr. Stinkkohl war für mich eine Art Symbol, dass man nicht immer nach dem Äußeren gehen kann. Diese bemerkenswerte Pflanze ist eine der ersten, die im Frühjahr durch den Schnee bricht. Es ist erstaunlich, dass eine so wunderschöne gelbe Blüte so furchtbar riechen kann. Die Blätter verrotten rasch. Ihr Gestank zieht Fliegen an, die sich auch von verfaulendem Fleisch angezogen fühlen. So hilft der Geruch bei der Befruchtung.

Lange hielt ich es beim Stinkkohl nicht aus. Ich stand auf, klopfte mir Erde und Blätter aus der Kleidung und erreichte in kurzer Zeit den flechtenüberzogenen Felsen, der mein Rückzugsort von der Welt geworden war.

Dieses Land und mein Leben waren so widersprüchlich. Vor mir die Freiheit der weiten Wildnis, und in der Hütte hinter mir das Gefängnis der Engstirnigkeit von Greg. Der Kontrast schnürte mein Herz zu. Ich umschlang meine Knie mit den Armen und wiegte mich wie ein Kind hin und her, als Einsamkeit, Angst und Sehnsucht aus mir herausbrachen. Unbeherrscht weinte ich und wartete darauf, dass das Schluchzen aufhörte und ich mich stark genug fühlte, um zur Cabin zurückzukehren.

Plötzlich spürte ich, dass ich beobachtet wurde. Langsam hob ich den Kopf und blinzelte die Tränen fort. In Zeitlupe drehte ich mich um. Nichts! Doch dann … eine Bewegung auf der Lichtung hinter mir. Nur zehn Meter von mir entfernt schnupperte ein schwarzer Wolf intensiv an einer Spur im Gras. Ich wagte nicht zu atmen. Dennoch musste er gefühlt haben, dass ich ihn beobachtete, er schaute zu mir auf. Seine Augen wurden schreckensweit, den Schwanz hatte er zwischen die

Beine geklemmt, die Ohren unsicher angelehnt. Während er davonstob wie ein Bündel fliehendes Fell, spürte ich einen Blick hinter mir: Langsam, Millimeter für Millimeter drehte ich mich um. Da standen zwei Wölfe. Ein großer Grauer sah mich direkt an, diesmal mit aufmerksam gespitzten Ohren, der andere lief nervös auf und ab und schaute immer wieder zurück, wo hohes Winseln ertönte. Offensichtlich waren die Welpen in der Nähe. Nicht einen Augenblick lang fühlte ich mich bedroht. Vielmehr spürte ich die Sorge der Wölfe um ihren Nachwuchs. Der zweite Wolf – jetzt sah ich, dass es eine Wölfin war – wuffte kurz, ein Alarmruf für die Kleinen: Vorsicht! Das Monster Mensch ist in der Nähe; bleibt in Sicherheit. Der Jungwolf, der zuerst erschienen war, hatte vermutlich seine Babysitter-Aufgabe nicht allzu ernst genommen.

Ich blieb bewegungslos sitzen und beobachtete die Tiere. Dass der Altwolf weiterhin beunruhigt war, bemerkte ich daran, dass er sich bisher noch nicht aus seiner Starre gelöst hatte. Nur die linke Ohrspitze, die eine kleine Kerbe trug, zuckte gelegentlich nervös. Die Wölfin verschwand in Richtung Winseln. Jetzt drehte auch er sich in Zeitlupe um und folgte dem Weibchen, wobei er sich mehrmals nach mir umdrehte.

Ich holte tief Luft. Hatte ich in dieser kleinen Ewigkeit des Verzückens überhaupt geatmet? Lebte ich noch?

Mir wurde bewusst, dass ich bei dem magischen Erlebnis alles um mich herum vergessen hatte. Den Schmerz, das Heimweh, die Enttäuschung, sogar die Mückenstiche. Das war's. Wegen Augenblicken wie diesen war ich hierhergekommen und hatte alles andere aufgegeben. Die Begegnung mit einem wilden

Wolf – darauf hatte ich ein Leben lang gewartet. Und nun war es gleich zweimal innerhalb kurzer Zeit geschehen. Es fiel mir wie Schuppen von den Augen. Auf einmal wusste ich, was der Grund war, weshalb ich in diese Wildnis gekommen war – nicht wegen Greg, sondern um einen solchen Moment zu erleben.

Wie in Trance ging ich zur Cabin zurück, begleitet vom fernen Heulen eines Wolfsrudels. Mir war warm ums Herz, und ich musste Tränen des Glücks hinunterschlucken.

Ich nahm mir vor, Greg auch von dieser Begegnung nichts zu erzählen. Das Treffen mit den Wölfen war etwas »Heiliges«, an das ich mich immer erinnern würde.

Lebe gefährlich! Mein Motto hatte mich in die Nähe eines Wolfes gebracht. Gefährlich war diese Nähe gewiss nicht, wie ich heute erlebt hatte. Riskanter war eher noch mein Leben mit dem Wildnismann. Die Begegnung mit dem Wolf änderte alles und gab mir eine ungeheuere Energie, die ich beinahe schon verloren glaubte.

Ich lief zum See. Euphorisch schwebte und rannte ich zugleich. Am Ufer wusch ich mir Gesicht und Arme mit kaltem Wasser, zog einen Wasserkanister unter einem der umgedrehten Kanus hervor und ruderte mit einer Kraft, die mich selbst verwunderte, in die Mitte des Sees, um Trinkwasser zu schöpfen. Ich brachte es als »Versöhnungsgeschenk« zurück zur Cabin, wo Greg Rehfleisch für das Abendessen briet. Er strahlte ein sichtbar schlechtes Gewissen aus.

»Tut mir leid, ich bin heute Nachmittag zu weit gegangen«, sagte er zerknirscht.

»Ist okay. Lass uns ein anderes Mal darüber reden«,

antwortete ich leicht und fing seinen erstaunten Blick auf. »Ich hab einen Bärenhunger.«

Ich hatte eine Wolfsbegegnung gehabt. Nichts war mehr wichtig. Der Rest würde sich ergeben.

Der Alltag ging weiter. Wasser holen, Feuerholz machen, diese notwendigen Arbeiten sicherten unser Überleben. Täglich lernte ich neue Dinge, und mit jeder Herausforderung, die ich überwand, wurde ich stärker und unabhängiger. Wusste ich, dass meine Zeit hier zu Ende ging? Immer intensiver tauchte ich in das Wildnisleben ein, wollte so viel wie möglich erfahren und ausprobieren.

Ich experimentierte mit der Wildnisküche, sammelte Kräuter und bereitete unser Essen mit dem zu, was die Natur zur Verfügung stellte. Um die Cabin herum gab es Unmengen an Farnen. Die jungen, noch zusammengerollten Triebe (fiddleheads) kochte ich kurz in Salzwasser auf und briet sie anschließend mit Salz in Öl an. Geschmacklich lagen sie zwischen Artischocke und Spargel und erinnerten mich an die Spargelzeit zu Hause.

Jetzt stand öfter auch Salat aus Wildkräutern auf dem Speiseplan. Löwenzahn und Sauerampfer kosteten nichts und wuchsen überall. Zur Dekoration verzierte ich sie mit den gelben Blüten des Löwenzahns, die ich oft auch einfach abzupfte und roh aß. Sie sind sehr süß und eine wahre Vitamin-C-Bombe.

Täglich unternahm ich Ausflüge in die Natur und versuchte mich dabei weit zu öffnen. Wie ein Schwamm saugte ich alles auf, was ich vielleicht nie wieder würde erleben können.

Einmal kam ich in einen Wald von Papierbirken. Von den Birken hingen überall abgerissene Streifen kalkweißer Borke herunter und gaben die aprikosenfarbene Unterseite des Baumes preis. Sie klapperten leise im Wind. Aus diesen Rindenstücken formten die Indianer wundersame Dinge: Spielzeugkanus oder auch Eimer, die nicht einen Tropfen Wasser durchließen. In einem Souvenirgeschäft kaufte ich mir später ein kleines Birkenrinden-Kanu.

Die Libellen, die jetzt auf dem Timber Lake auftauchten, hatten es mir angetan. Fasziniert beobachtete ich ihre fingerlangen Körper, die wie blaue und grüne Diamanten leuchteten. Ihre Paarung sah dramatisch aus: Zwei Insekten flogen nebeneinander her, jedes schien mit sich selbst beschäftigt. Plötzlich krachten sie wie zwei Magneten zusammen. Ein wildes Flügelschlagen und Verbiegen der Körper folgte, als ob jedes Tier nichts sehnlicher wollte als seine persönliche Freiheit. Urplötzlich lösten sie sich, und alles war wieder ruhig.

In meinem Naturführer las ich nach, dass diese Kreaturen eine sehr frühe Lebensform sind und seit Millionen Jahren unverändert existieren. Einmal nur wuchsen sie auf eine Länge von über einem Meter heran. Ob sie sich damals auch so gepaart haben? Das wäre sicher ein sehenswerter Anblick gewesen.

VERÄNDERUNGEN

An einem stillen Sonntagmorgen starteten wir zu einer zehntägigen Paddeltour nach Kanada. Mit dabei waren zwei Freunde von Greg: Eric und Chris, beide wie Greg Wildnisguides. Sie wollten neue Kanutouren für ihre Gäste ausfindig machen und vorbereiten. Es sollte durch die Boundary Waters Canoe Area Wilderness (BWCA) und dann weiter durch den kanadischen Quetico Provincial Park gehen.

Die BWCA ist ein Wildnisgebiet, in dem es keinerlei Anzeichen des zwanzigsten Jahrhunderts gibt – weder Straßen, Telefon- oder Elektrizitätsleitungen noch Häuser und kaum Menschen. Gleitet man mit einem Kanu durch dieses jungfräuliche Wasser, umgeben von einem unberührten Fichten- und Espenwald und von Felsklippen aus Millionen Jahre altem Granit, dann vergisst man den Klang und Glanz der modernen Welt. In diesem einzigartigen Wildnisgebiet Amerikas ist jeder Gebrauch von Motoren verboten, und sogar das Überfliegen von Flugzeugen ist untersagt. Die zahlreichen Seen sind durch Fußwege, sogenannte Portagen, miteinander verbunden. Um von einem See zum anderen zu kommen, muss man das Boot und die gesamte Ausrüstung auf dem Rücken tragen. Dies schränkt die Nutzung des Gebietes durch zu viele Touristen erfreulicherweise erheblich ein.

Ich freute mich darauf, zehn Tage in dieser Wildnis zu verbringen. Wir trafen uns an der Anlagestelle vom Lake Sarah. Eric und Chris kamen zusammen in ihrem Pick-up, sie teilten sich ein Boot. Wir hoben unsere Kanus von den Autodächern ins Wasser und beluden sie mit der Ausrüstung. Neben Zelt, Kochgeschirr und Angelrute hatten wir ausreichend Lebensmittel eingepackt. Eine Schwimmweste war Pflicht für die Kanuten in der BWCA.

Das vollbeladene Kanu lag schwer im See, Greg saß im Heck, um zu lenken. Die Männer waren ungeduldig und wollten los. Wie Schlittenhunde vor dem Start legten sie ein rasantes Tempo vor, und ich versuchte mitzukommen. Greg brüllte hinter mir Kommandos, wann ich das Paddel auf welcher Seite eintauchen sollte: rechts … links … rechts. Im Gegensatz zum Kajak, wo man mit einem Doppelpaddel rechts und links eintaucht, paddelten wir im Kanu auf einer Seite und wechselten dann zur anderen. Da ich mit dem Rücken zu Greg im Boot saß, musste ich seinen Anweisungen folgen, damit wir die Paddel synchron eintauchten. Wir schossen durch das stille Wasser. Ich schaute kurz nach hinten zu Greg und dann rüber zu den beiden Männern. Alle sahen aus wie Jungs, die am Weihnachtsabend ihre Eisenbahn auspackten. Ein verzückter Glanz lag auf ihren Gesichtern, als sie die Paddel tief in das Wasser tauchten und die Boote mit kräftigem Schwung vorwärtstrieben. Wie so oft konnte ich bei diesem Wettbewerb nicht mithalten und brachte mit so manch »falschem« Paddelschlag das Kanu zum Schwanken. Zum Glück bekam ich vorn im Boot Gregs Gesichtsausdruck nicht mit.

Nachdem wir fünfzehn Kilometer gepaddelt waren, erreichten wir den Moose Lake. Irgendwo hier verlief die Grenze zu Kanada. Mitten im See stand auf einer kleinen Insel ein Blockhäuschen. Eine kanadische und eine amerikanische Flagge wehten synchron im Wind, vier schwarze und ein brauner Labrador lagen auf dem hölzernen Bootssteg. Mein Herz ging auf.

Die Cabin war eine Kontrollstation des U.S. Forest Service, dem die BWCA untersteht. Ohne den Stempel von Cheryl Johnson, der sympathischen Beamtin, ging hier gar nichts. Ein ausgeklügeltes System von Genehmigungen half, die Zahl der Kanuten unter Kontrolle zu halten. Greg und seine Freunde hatten als Guides eine Sondergenehmigung. Wir zahlten zusammen neunzehn Dollar und bekamen ein Permit.

Cheryl belehrte uns pflichtgemäß, was wir im Schutzgebiet tun durften (paddeln, schauen, fotografieren, zelten) und was nicht (Müll hinterlassen, Tiere belästigen), und rief uns zum Abschied ein »Passt auf die Bären auf!« nach.

Ich ließ mir Zeit mit dem Einsteigen; erst musste ich noch ausgiebig die Hunde streicheln. Greg, dem das gar nicht gefiel, drängelte ungeduldig: »Nun mach schon. Wir haben nicht ewig Zeit.«

Jetzt waren wir in Kanada – ohne Grenze, Schlagbaum oder Pass. Wir paddelten noch weitere fünfzehn Kilometer und bauten unsere Zelte auf einer kleinen Insel auf. Camping war überall erlaubt, frei nach dem Prinzip: Wer zuerst kommt, mahlt zuerst. Gut, wenn man rechtzeitig einen Platz fand, denn hier war es ein absolutes Tabu, sein Zelt auch nur in der Nähe eines anderen aufzustellen.

»Wir schätzen unsere Privatsphäre sehr und würden nie auf einer kleinen Insel unser Camp aufschlagen, wenn schon jemand dort ist«, erklärte Chris. Nur bei größeren Inseln sei es erlaubt, weit weg vom Nachbarn zu campen.

Wie wohltuend, dachte ich. In Deutschland waren Zeltplätze an landschaftlich reizvollen Orten regelmäßig überfüllt und der Nachbar nur eine Armeslänge entfernt.

Chris und Eric hatten jeder ihr eigenes kleines Zelt dabei, Greg und ich teilten uns eins. Wir bauten unsere Behausungen in einigem Abstand voneinander auf, das gab uns genügend Platz zum Alleinsein. Abendlicher Treffpunkt war das Lagerfeuer. Auf einem mitgebrachten Rost wurde der frisch gefangene Schwarzbarsch gegrillt, dazu gab es Fettucini Alfredo als Trockennahrung mit Wasser aufgekocht und Kakao zum Nachtisch. Die Männer tranken Unmengen von Whiskey. Als wir schließlich müde und entspannt im Schlafsack lagen, kam das unvermeidliche Thema auf: »Hast du die Hunde gesehen?«

»Wie soll ich die auch übersehen? Haben uns ja ordentlich aufgehalten.«

»Sag mal, Greg«, pirschte ich mich vorsichtig vor, »würdest du auch mit mir zusammen sein, wenn ich Lady dabeihätte?« Ich wollte nicht aufgeben, was immer es auch kosten würde.

»Wohl kaum«, antwortete Greg. »Ich will keine Verantwortung für einen Hund übernehmen. Du hast ja schon Probleme damit, meine Ex-Freundinnen zu akzeptieren, ich aber ziehe jederzeit meine Ex einem Hund vor.«

Sprachlosigkeit, Enttäuschung, Schmerz. Ich drehte mich um und lag mit dem Rücken zu Greg. So weit wie möglich rutschte ich fort von ihm. Ich wollte nicht, dass er mich anfasste oder nur in meiner Nähe war.

Was verbindet uns noch, frage ich mich und suchte nach Gemeinsamkeiten. Außer tollem Sex fand ich nur noch wenig. Und selbst den konnte ich bei solcher Gefühlskälte nicht ertragen. Es dauerte lange, bis ich einschlief.

Während der nächsten Tage erlebten wir Wildnis pur. Wir paddelten über große und kleine Seen und campten auf den Inseln. Die Männer waren aufgedreht und scherzten viel miteinander. Immer wieder mussten wir unsere Boote und Ausrüstung über unzählige Portagen schleppen; an manchen Tagen zählte ich über zehn Fußmärsche. Ursprünglich hatte ich in meiner Naivität gedacht, ein Boot sei dazu da, um gemütlich in ihm zu sitzen und mit leichten Paddelschlägen durch das Wasser zu gleiten. Dass ich einmal Ausrüstung *und* Boot über ausgetretene Waldpfade würde schleppen müssen – teilweise über mehrere Kilometer –, war neu für mich. Greg machte es mir vor und zeigte, wie man das Boot umdreht und mit Hilfe eines gepolsterten Holzes auf den Schultern trägt. Dabei kippt das Boot leicht nach hinten und steht vorn weit hoch, so dass die Sicht nicht behindert ist. Sah alles kinderleicht aus.

»Probier mal«, schlug er vor.

Ich hob das Boot auf meine Knie und versuchte es über meinen Kopf zu heben. Dabei schwankte ich bedenklich hin und her und verlor mehrere Male das Gleichgewicht, so dass ich samt Boot auf den Boden knallte. Dass keine Hilfe von Greg kam, war zu erwarten. Das war mal wieder eine seiner »Frauen-sind-im-Busch-gleichberechtigt«-Übungen. Aber schließlich seufzte er, rollte die Augen und sagte: »Komm, ich mach das. Du machst mir nur das Boot kaputt.« Er warf sich mit einem Schwung das Kanu über die Schulter und trottete davon.

»Bring die Ausrüstung mit«, rief er mir zu. Ich schaute auf die vier großen, wasserdichten Packsäcke hinunter, hob mir einen auf den Rücken, schnappte die zwei Paddel und folgte ihm. Nach langen zwanzig Minuten waren wir am Ende der Portage und am Einstieg in den nächsten See angelangt. Nun noch einmal zurück und die restliche Ausrüstung holen. Bremsen rochen meinen Schweiß und machten sich genüsslich über ihre deutsche Mahlzeit her; ich hatte keine Hand frei, um sie wegzuschlagen.

Jeden Abend suchten wir eine kleine Landzunge oder Insel, bauten die Zelte auf und sammelten Holz für ein Lagerfeuer. Das Essen bestand aus Trockennahrung, meist Nudeln, die mit Wasser aufgekocht wurden, und aus frisch geangeltem Fisch: Lachs, Schwarzbarsch, Glasaugenbarsch oder Zander. Die Männer spülten alles mit reichlich Whiskey herunter. Anschließend saßen wir um das Feuer, lauschten dem Jodeln des Loons und erzählten uns Geschichten.

Greg gab einen Witz der Einheimischen zum Besten: »Zwei Leute aus Ely sind gestorben und in die Hölle gekommen. Sie haben sich gefreut, denn das war seit sechs Monaten der wärmste Ort für sie.«

Die meisten Gespräche drehten sich jedoch um Sport und Wettkämpfe, die einen bedeutenden Teil des Lebens dieser Männer ausmachten. Auch Gregs Freunde waren extrem sportlich, bemühten sich aber, Rücksicht zu nehmen und auf mich zu warten. Dass ich sie aufhalte, mache ihnen nichts aus, bekräftigten sie.

»Wenn ich mit meiner Frau und Tochter paddele, geht es auch nicht so schnell«, sagte Eric und zwinkerte mir tröstend zu. Aber Greg schien es zu nerven. Er schämte sich für seine unsportliche Freundin und brütete immer mehr vor sich hin.

Am zweiten Abend machte eine merkwürdig geformte Zigarette die Runde. Sie sah aus wie eine Tüte, die oben zusammengezwirbelt war. Am süßlichen Geruch erkannte ich das Marihuana.

»Magst du auch?« Eric reichte mir den Joint. Ich hielt mich grundsätzlich von jeder Art Suchtmitteln fern und lehnte ab. Greg schien es peinlich zu sein, dass ich eine solche Spielverderberin war. Er zeigte eine neue Seite von sich.

»Wenn ich mit Freunden zusammen bin, rauchen wir regelmäßig Dope«, erzählte er. »Das gehört dazu und ist nicht schädlicher als Bier oder Kaffee. Komm! Stell dich nicht so an!« Erneut reichte er mir die Zigarette.

Wortlos stand ich auf und ging ins Zelt. Ich hörte, wie die Männer draußen immer alberner und ihre Witze schlüpfriger wurden. Als Greg später kichernd und liebeshungrig in unseren Schlafsack kroch, stellte ich mich schlafend. Er grunzte etwas von »blöde Weiber« und war schon eingeschlafen, während ich an die Zeltdecke starrte und mich frage, ob ich hier noch heil herauskommen würde.

Der abendliche Joint nach dem Essen wurde auf dieser Paddeltour ebenso zum Ritual wie das Aufhängen der Vorräte an einem Bärenbaum. Wir packten alle Lebensmittel zusammen in eine Tasche und hängten sie auf eine Leine, die zwischen zwei Bäume gespannt und hochgezogen wurde. So waren sie unerreichbar für Bären – was einen von ihnen aber nicht davon abhielt, uns einen Besuch abzustatten.

Brutal wurde ich eines Nachts aus tiefem Schlaf gerissen, als Greg plötzlich hochschoss und aus vollem Hals brüllte: »Wow, Bär! Hau ab, Bär!«

Er stürzte aus dem Zelt, schnappte sich einen Ast vom Boden und schlug heftig auf die gespülten blechernen Kochtöpfe ein, die neben dem Lagerfeuer lagen. Eric und Chris reagierten ebenfalls sofort und stimmten in das Horrorkonzert von Gebrüll und Topfschlagen ein. Ich saß völlig verwirrt mit schreckensweiten Augen im Zelteingang und konnte nicht fassen, warum auf dieser friedlichen Insel plötzlich der Krieg ausgebrochen war.

Dann hörte der Lärm auf, und die Männer schlugen sich grinsend gegenseitig auf die Schultern: »Dem haben wir es aber gezeigt. Der kommt bestimmt nicht wieder.«

»Ein Schwarzbär!«, erklärten sie mir. »Er ist um die Zelte geschlichen.«

Ich zitterte am ganzen Körper.

»Dass Schwarzbären weniger gefährlich sind als Grizzlys, stimmt nicht«, sagte Greg. »Ich geb dir mal Stephen Hereros Buch ›Bear Attacks‹ zu lesen. Schwarzbären verfolgen und jagen Menschen, um sie zu fressen, besonders wenn sie noch nicht gelernt haben, sie zu fürchten.«

Damals glaubte ich diesen Unsinn und war dankbar, als Greg mich zur Beruhigung in seine Arme nahm und mir ins Ohr flüsterte: »Dir passiert nichts, solange ich bei dir bin.«

Zum Glück hatte ich den Naturführer in den Rucksack gepackt. Später allein im Zelt schlug ich unter »Schwarzbären« nach. Etwa zwanzigtausend Schwarzbären gebe es im Norden von Minnesota, stand da. Aber auch: *Es ist viel wahrscheinlicher, von einem anderen Menschen als von einem Schwarzbären umgebracht zu werden.*

Warum hatte Greg mich angelogen? Wollte er mir Angst einjagen oder sich als Held präsentieren? Oder wollte er mich unter Kontrolle halten? »Dir passiert nichts, solange ich bei dir bin!« Dieser Satz sollte mir nicht mehr aus dem Kopf gehen.

Als ich am nächsten Morgen vorsichtig aus dem Zelt lugte und Ausschau nach Meister Petz hielt, vergaß ich den Schrecken der Nacht. Der See lag spiegelglatt, und nur wenige Meter von mir entfernt vertilgte ein Weißkopfadler die Reste der Fischabfälle, die die Männer gestern am Strand liegen gelassen hatten. Das war vermutlich auch der Grund für unseren nächtlichen Besuch, von dem jetzt weit und breit nichts mehr zu sehen war. Weil die anderen noch fest schliefen, zog ich das Kanu ins Wasser und paddelte hinaus auf den See, in dessen Mitte der Nebel hochstieg.

Ich hörte ein Planschen und sah einen Elchbullen direkt auf mich zuschwimmen. Er hatte mich noch nicht entdeckt. Die Sonne, die hinter ihm aufging, beleuchtete die Umrisse seiner Schaufeln und den Bast wie Flammen aus Gold.

Als er mich bemerkte, drehte er um und schwamm eilig zum Ufer. Triefend hievte er sich aus dem Wasser und brach durch das Unterholz in Panik vor mir kleinem Menschlein. Das Rascheln der Büsche wurde leiser und machte schließlich erneut der Stille Platz. In mir war tiefer Frieden. Hier im Kanu fühlte ich mich noch mehr als Teil der Natur. Meine Paddel hinterließen keine Umweltverschmutzung, keinen Lärm. Wenn ich durch das Wasser glitt, lag es kurze Zeit später wieder so unberührt wie vorher. Es war, als ob ich niemals hier gewesen wäre. Für die Natur war ich bedeutungslos.

An diesem Tag paddelten wir weitere 25 Kilometer und schleppten die Kanus und die Ausrüstung über fünf Portagen. Am späten Nachmittag erreichten wir den Hegman Lake und staunten im Licht der untergehenden Sonne über eine Felswand mit zahlreichen indianischen Piktographien. Vor fünfhundert Jahren hatten hier die Ojibwa mit Tierblut ihr Leben gemalt. Ich sah viele Hände, Menschen, Tiere und mythische Kreaturen. Ein Bild faszinierte mich besonders: Es zeigte einen Wolf, der einen Elch jagt. Über ihnen schwebte eine menschenähnliche Figur. Ich kannte ähnliche Felsenbilder von den Ureinwohnern im Südwesten. Dort stellte eine solche Gestalt im Allgemeinen den »Großen Geist« dar. Anthropologen glauben, dass die meisten dieser Bilder der Kommunikation mit der Geisterwelt dienen sollen.

Greg, der jede Idee von etwas Höherem kategorisch ablehnte, erklärte: »Das ist Maymaygwayshi, eine Mythosfigur der Indianer.« Im Reiseführer fand ich die gesuchte Information: *Maymaygwayshi ist eine Sagenfigur der Ojibwa und Cree und wird meist als kindähnliches Meereswesen dargestellt: sehr klein mit einem runden Kopf und Schwimmhäuten zwischen den dreigliedrigen Zehen und Händen.*

Diese Felszeichnung jedoch zeigte keinen solchen Meermann. Für mich sah sie eher aus wie ein »Gott« oder »Großer Geist«, ich beschloss jedoch, das für mich zu behalten, um Greg nicht wieder wütend zu machen. Gott, Glaube, Kirche oder Religion waren Themen, die ihn in die Luft gehen ließen; erstaunlich, wo er doch inmitten einer grandiosen Schöpfung lebte. Ich hätte gern mit ihm darüber diskutiert oder philosophiert, wusste aber inzwischen, dass man in Amerika nicht über die »großen« Themen Politik, Sex und Religion spricht. Während Greg sich noch auf Gespräche über Politik einließ, machte ihn alles, was mit dem Glauben zusammenhing, nur wütend. Das musste ich akzeptieren.

Auf unserer Paddeltour befanden wir uns nun im Gebiet der Voyageure. Abends erzählte Greg am Lagerfeuer ihre Geschichte.

»Die Voyageure waren Händler, die in großen acht bis elf Meter langen Kanus die Pelze der Indianer in die Städte transportierten und dort verkauften. Ihr Leben war rau und hart. Täglich sechzehn Stunden paddeln und Lasten tragen, eine karge Mahlzeit und eine Nacht unter dem Sternenhimmel im Kanu. Gelegentlich gönnten sie sich ein Pfeifchen. Viele dieser freien, unabhängigen Männer waren mit Indianerinnen verheiratet. Hatten sie nach einer mehrmonatigen Reise ihre Felle in der Stadt abgeliefert, gaben sie das Geld sogleich wieder aus. Nach dem Vernichtungsfeldzug der Weißen auf Biber und Otter gab es keine Arbeit mehr für die Voyageure. Mit ihnen verließen auch die Indianer das Land, und die ›Zivilisation‹ hielt Einzug.«

In Gregs glänzenden Augen spiegelte sich im Schein des Lagerfeuers die Sehnsucht nach dieser Welt. Da gehörte er hin. Dieser Mann war ein paar hundert Jahre zu spät geboren. Ich glaubte, in der Ferne die Gesänge der Voyageure und die Paddelschläge der sechzehnsitzigen Kanus zu hören. Ich spürte seine Sehnsucht und Einsamkeit in der heutigen Welt, die er im Grunde ablehnte. Mit einem Mal tat er mir leid.

An den letzten Tagen unserer Tour schlug das Wetter um. Regen fiel aus düsteren, grauen Wolken und rann mir trotz meiner Regenjacke den Nacken hinunter. Ich hatte das Gefühl, nie mehr trocken zu werden. Ich nahm mir vor, beim nächsten Ausflug wenigstens noch ein zweites Paar Hosen und Schuhe – gut und trocken verpackt – mitzunehmen. Unsere Tage bestanden aus paddeln, Portagen, angeln. Wir aßen nur noch Fisch, Fisch, Fisch. Im Dunkeln bauten wir im Regen die Zelte auf und versuchten, uns am Lagerfeuer zu wärmen. Es machte keinen Spaß mehr. Ich war erschöpft und bekam obendrein noch meine Periode. Ich bat Greg, die Tour abzubrechen und nach Hause zu paddeln. Er reagierte nicht, aber seine Augen wurden hart und klein. Es bereitete ihm Vergnügen, meine Grenzen zu testen. Er sah, wie ich mich bemühte, durchzuhalten, und es schien ihm immer mehr zu gefallen, mich zu quälen.

Ich war froh, dass seine Freunde dabei waren. Sie sahen mein Elend und versuchten unauffällig, mir die Situation zu erleichtern.

»Lasst uns heute früher Schluss machen«, schlugen sie Greg vor, als eine kleine Insel vor uns auftauchte. »Dann können wir noch ein wenig wettpaddeln, und Elli kann sich ausruhen.«

Greg warf wütend die Ausrüstung ans Ufer, sprang zurück ins Boot und paddelte los. Ich baute mit klammen Fingern das Zelt auf, kroch hinein, zog meine nassen Kleider aus und versuchte, mit klappernden Zähnen im Schlafsack warm zu werden. Die Rückkehr der Paddler und das Abendessen verschlief ich.

Endlich unser vorletzter Tag. Es gab kalten Fisch und Wasser zum Frühstück, Kaffee und Tee waren ausgegangen. Ich suchte mir ein stilles Plätzen für meine Morgentoilette; dazu brauchte ich meine Privatsphäre. Die Männer kannten keine Scheu. Besonders Greg hatte kein Problem damit, seinen Körper in jeder Art und Weise zur Schau zu stellen. Ich war schon immer ein privater Mensch. Selbst in der Cabin verbannte ich Greg aus dem Haus, wenn ich mich morgens in einer Waschschüssel wusch, was er völlig albern fand. Er liebte es, mich zu schockieren, indem er in meiner Gegenwart – und besonders gern in Gesellschaft – laut rülpste und furzte. Zuerst glaubte ich an ein Versehen. Dann bemerkte ich, dass er mich dabei aus den Augenwinkeln ansah.

»Greg!«, rief ich schockiert. »Muss das sein?«

»Was ist? Hast du ein Problem mit deinen natürlichen Körperfunktionen?« Es klang drohend.

Okay, so hatte ich das noch nicht betrachtet. Ein

Glucksen stieg in mir auf. Solle ich mich nun amüsieren oder weiter echauffieren? Ich beschloss, sein Verhalten nicht ernst zu nehmen. In Gesellschaft aber ärgerte ich mich über seinen Mangel an Anstand. Ich glaube, dass er das tat, weil er so die Aufmerksamkeit bekam, die er brauchte. Er gefiel sich in seiner Außenseiterrolle.

Wir rieben uns gegenseitig auf. Gregs Freunde spürten die Anspannung und fühlten sich immer unbehaglicher. Greg war der Auffassung, dass er in ihren Augen sein Gesicht verlor, was ihn noch wütender machte. Womöglich wollte er deshalb nachts mit mir schlafen, um sich selbst zu beweisen. Er warf sich auf mich.

»Nein, lass mich! Ich will nicht!«

»Warum?«

»Ich habe meine Tage.«

»Na und?« Erneut versuchte er, mir die Kleider auszuziehen.

»Hör auf! Lass mich in Ruhe!«, schrie ich diesmal so laut, dass es auch im Nebenzelt zu hören sein musste, und stieß ihn von mir.

»Alles in Ordnung?«, rief Chris in unsere Richtung.

»Ja, alles okay«, keuchte Greg und ließ mich los. Ich rückte weit fort von ihm, während er mir den Rücken zudrehte.

In dieser Nacht machte ich kein Auge mehr zu. Ich fragte mich, wie es so weit kommen konnte. Hatte Greg mir hier sein wahres Gesicht gezeigt, oder wollte er nur seinen Freunden imponieren? Zum ersten Mal in unserer Beziehung dachte ich daran, wegzulaufen.

Am nächsten Tag schien die Sonne, und auch die Stimmung zwischen Greg und mir war entspannter. Wir paddelten den ganzen Tag, schleppten die Kanus und die Ausrüstung über mehrere Portagen und genossen das warme Wetter. Selbst die Moskitos hatten ein Einsehen und ließen uns in Ruhe.

Unser letzter Rastplatz lag auf einer dichtbewaldeten Insel. Es entwickelte sich ein kleiner Wettstreit zwischen uns, wer als Erster den Strand erreichte. Gregs Freunde legten sich mit ihrem Kanu mächtig ins Zeug.

Dann entdeckte ich eine Elchkuh, die mit ihrem nur wenige Tage alten Kalb über den See schwamm. Greg sah sie auch, aber statt anzuhalten, paddelte er mit voller Kraft auf sie zu.

»Los! Paddel!«, rief er mir aufgeregt zu.

Ich erstarrte – ebenso wie die Elchkuh, die uns aus geweiteten Augen ansah. In Panik drehe sie sich um und schwamm, so schnell sie konnte, ans Ufer, kletterte die Böschung hoch und raste ins Unterholz. Ihr Kalb versuchte, ihr so schnell wie möglich nachzuschwimmen, schaffte es aber nicht. Es versank im Wasser und stieß dabei kleine Schreie aus.

Chris und Eric hielten abrupt an, aber Greg tauchte die Paddel immer schneller und tiefer ein und zog unser Kanu mit mächtigen Zügen näher an das verzweifelte Elchkalb.

Ich löste mich aus meiner Erstarrung.

»Stopp! Bist du verrückt? Halt sofort an!«, brüllte ich. Greg schien im Jagdfieber zu sein. Er hörte mich nicht. Wie im Wahn ruderte er mit vollem Tempo. Der Abstand zu dem Jungtier verringerte sich, und das Elchkalb geriet immer mehr in Panik.

In meiner Verzweiflung und Hilflosigkeit tauchte ich das Paddel ins Wasser, richtete es gegen Gregs Vorwärtsbewegung aus und bremste so scharf ab. Erst als das Boot gefährlich schlingerte, schien Greg in die reale Welt zurückzukehren. Er schaute mich verwirrt an.

Das Elchkalb hatte endlich das Ufer der Insel erreicht und kletterte die steile Böschung hinauf, wo seine Mutter mit aufgerichteten Ohren unruhig hin und her lief. Geschwächt von der Anstrengung, fiel das Kleine mehrmals hin, bevor es im Dickicht verschwand.

Wir starrten den Tieren nach, Gregs Freunde schwiegen verlegen. Als ich mich zu ihm umdrehte, war sein Gericht hochrot, aber nicht vor Scham, sondern vor Zorn.

»Wie kannst du es wagen, mir zu sagen, was ich tun und lassen soll«, zischte er mit einem Seitenblick auf die beiden Männer, die sich nun schnell aus dem Staub machten und vorauspaddelten.

»Du hättest uns umbringen können mit deiner Bremserei.«

»Ich? Und was sollte der Wahnsinn, den du eben veranstaltet hast?« Mir wurde mulmig.

»Du hast überhaupt keine Ahnung von der Wildnis.«

»Ach ja? Aber du! Wenn du so ein toller Naturbursche und Halbindianer sein willst, warum verhältst du dich dann nicht entsprechend und respektierst die Tiere? Wie konntest du nur die Elche so erschrecken?«

Greg grinste schief und sagte langsam und spürbar beherrscht: »Wenn ein Bär oder Wolf hinter ihnen her ist, müssen sie auch flüchten. Das ist Natur.«

»Aber du bist kein Bär. Was ist bloß los mit dir?«

Ich war außer mir und wurde immer lauter und hysterischer. Gregs Freunde hatten das Ufer der Insel erreicht und bemühten sich, uns nicht zu beachten, während ich, so laut ich konnte, über den See kreischte: »Du bist krank! Ihr seid doch alle krank!«

Dann brach ich schluchzend zusammen.

Greg rührte sich nicht und blieb stumm sitzen. Er hatte eine Grenze überschritten. Niemals aber würde er zugeben, dass sein Verhalten nicht in Ordnung war. Wenn ich den Vorfall den Behörden melden würde, könnten alle Beteiligten ihre Guide-Lizenz verlieren.

Als wir später in einer sandigen Bucht zum letzten Mal auf dieser Tour die Zelte aufgebaut hatten und um das Lagerfeuer saßen, sagte Eric: »Wir möchten uns bei dir entschuldigen.« Ich blickte die zwei Männer an, die betreten ins Feuer schauten.

»Du hast recht. Das war wirklich nicht in Ordnung. Das hätten wir nicht machen dürfen. Wahrscheinlich waren wir vom Wettpaddeln so in Schwung, dass wir alles vergessen haben.« Chris fügte hinzu: »Das tun wir nie wieder.« Beide reichten mir die Hand, während Greg sich im Hintergrund mit irgendetwas beschäftigte.

Ich war erstaunt und versöhnt. Es gehört Größe dazu, einen Fehler zuzugeben.

Als ich später mit Greg ein Stück am Strand entlang spazieren ging, griff auch er den Vorfall wieder auf.

»Glaub ja nicht, dass ich mich auch bei dir entschuldige.«

»Klar!«

»Weißt du eigentlich, wie sehr du mich verletzt hast?«

»Ich dich?«

»Ja, sicher. Du hast mich vor meinen Freunden bloßgestellt, indem du mir gesagt hast, dass ich falsch gehandelt habe.«

»Nun … es *war* falsch …«, wollte ich mich rechtfertigen, kam aber nicht weiter. Leise, damit die anderen ihn nicht hörten, zischte Greg mir zu: »Du willst mir erzählen, was richtig ist? Du, die du in Hotels lebst und aus Dosen frisst, willst mir, der ich versuche, ein Teil von der Natur zu sein, sagen, was ich tun darf und was nicht? Du hast überhaupt keine Berechtigung, irgendjemandem irgendetwas vorzuwerfen.«

Ich schwieg. Das waren nicht der richtige Ort und die richtige Zeit, über ethisches Verhalten zu reden. Ich hatte inzwischen begriffen, dass es Greg nicht gefiel, wenn ich eine eigene Meinung hatte, und dass es ihn besonders wütend machte, wenn ich mich nicht von ihm von seinem Standpunkt überzeugen ließ.

Später im Zelt verwandelte sich mein Mister Hyde zurück in den liebevollen Dr. Jekyll, wie ich ihn kannte. »Es tut mir leid«, flüsterte er in mein Ohr und zog mich zu sich. »Ich habe noch niemanden so geliebt wie dich. Darum reagiere ich auch so emotional. Bitte enttäusch mich nicht und verlass mich nicht.«

Als wir am nächsten Tag zurück nach Ely paddelten, war es, als hätte es nie Unstimmigkeiten zwischen uns gegeben. Alle waren fröhlich und guter Dinge. Wir verabschiedeten uns von Chris und Eric, banden das Kanu auf den Van und fuhren nach Hause.

Ich beschloss, die Tour und ihre Vorkommnisse erst einmal ad acta zu legen und nicht mehr zu erwähnen. Aber ich war vorsichtiger geworden und hatte meine Unbefangenheit verloren. Irgendetwas hatte sich auf dieser Tour verändert. Eine Tür hatte sich geschlossen, die sich nicht mehr öffnen ließ.

ANGST

Zurück im Alltag unseres Hüttenlebens, zeigte sich Greg von seiner charmanten Seite. Er war liebenswürdig und hilfsbereit und nahm mir viele der täglichen Arbeiten ab, damit ich mich auf das Schreiben konzentrieren konnte. Ein Teil von mir begann erneut zu hoffen, während ein anderer Teil vorsichtig blieb.

Eine emotionale Wachsamkeit löst die gleichen Gefühle aus wie eine physische; ständig fühlte ich eine latente Gefahr in Gregs Nähe.

Auf dem Weg zum Briefkasten hatte ich eine weitere Bärenbegegnung. Während das Tier beim letzten Mal mit dem Jungen ins Gebüsch geflüchtet war, hatte ich diesmal nicht so viel Glück. Eine mächtige Schwarzbärin mit zwei etwa sechs Monate alten Jungtieren versperrte den Weg. Offensichtlich konnte sich Mutter Bär nicht entscheiden, für wie gefährlich sie mich hielt. Mit einem kurzen Grunzen schickte sie den Nachwuchs auf einen nahestehenden Baum. Dann startete sie mehrere kleinere Scheinangriffe auf mich. Sie stieß Laute aus, die wie ein Wuffen klangen, klappte die Zähne aufeinander, sprang mit beiden Vorderbeinen auf den Boden und drohte mir ganz offensichtlich. Ich zog mich langsam zurück, wobei ich es vermied, ihr in die Augen zu schauen. Das schien sie zu beschwichtigen und zum Umdrehen zu bewegen.

Wenig später sagte mir das Krachen im Unterholz, dass Mutter und Kinder die Flucht ergriffen hatten.

Wann immer ich mich nun draußen aufhielt, war ich enorm aufmerksam. Alle meine Sinne waren geschärft, und ich fühlte mich so lebendig wie nie. Vielleicht ist das der Kick, den manche Menschen in der Gefahr suchen. Ich hatte lange nicht mehr an mein Motto »Lebe gefährlich« gedacht. Jetzt wurde mir bewusst, dass das »gefährliche« Leben an Gregs Seite für mich auch so etwas wie eine Droge war, die mich hellwach und lebendig sein ließ.

Als Greg für ein Wochenende zu einer Tour aufbrach, beschloss ich, noch einmal im Aussichtsturm zu übernachten. »Noch einmal« – in letzter Zeit benutzte ich in Gedanken immer öfter diese Worte oder »ein letztes Mal«, so als ob ein Teil von mir unbewusst schon Abschied nahm.

Ich machte es mir auf dem Bett gemütlich, bauschte die Kissen auf und lehnte mich mit angezogenen Knien dagegen, das Fernglas neben mir. Der Vollmond tauchte den See in ein geheimnisvolles Licht. Wie hat wohl der frühere Mensch den Mond mit seiner sich ständig verändernden Form erklärt? Wir wissen heute so viel über ihn, dennoch berührt er uns mit seinem Zauber immer wieder.

Plötzlich sah ich auf dem See eine Bewegung. Ein Rudel Wölfe war aufgetaucht. Ich rutschte an die Bettkante, um einen besseren Blick zu haben. Die Tiere teilten sich auf. Einer versteckte sich hinter einem Gebüsch, während die anderen einen verängstigten Weißwedelhirsch in seine Richtung trieben. Der

Wolf sprang aus seinem Versteck, packte das Tier an der Kehle und zog es in den Schnee. Der Tod kam langsamer, als mir lieb war. Das Opfer trat wild um sich und ging in Zeitlupe in die Knie, während ein Wolf nach dem anderen seine Zähne in seinen Körper schlug. Die Beutegreifer rissen dem noch lebenden Tier große Stücke Fleisch heraus.

Erschrocken, fasziniert und voll Mitleid für das Tier beobachtete ich dieses Drama, das so alt war wie die Erde selbst. Die Natur ist weder ein Wildpark noch Disneyland. Wölfe jagen, um zu töten, und sie töten, um zu fressen. Nicht mehr und nicht weniger. Je weiter wir Menschen uns von der Natur entfernen, desto mehr neigen wir dazu, sie und ihre Bewohner misszuverstehen. Wir sehen niedliche Wildtiere und eine gütige und friedliche Natur. Die Realität aber ist, dass es auch im Paradies Gewalt und Tod gibt, die jedoch niemals sinnlos oder bedeutungslos sind. In der Entstehung des Lebens aus dem Tod liegt das eigentliche Wesen der Natur.

Mein Wildnistraum verwandelte sich mit jedem Tag ein Stück mehr in eintönige Realität. Lag es daran, dass wir schon zu lange viel zu eng zusammenlebten? Zwei Einzelgänger, die sich in dem Wunsch nach Einheit und einem Leben in der Natur gefunden hatten. Wir stritten jetzt öfter. Aus Belanglosigkeiten wurden Grundsatzdiskussionen; viele davon drehten sich um Geld.

Beim nächsten Stadtausflug fuhr Greg mit. Während er ein fertiges Kanu im Sportgeschäft ablieferte, kaufte ich im Supermarkt Leckereien ein, die in der Cabin ausgegangen waren: Eier, Käse, Salami, Kaffee, Lakritz. Ich zahlte mit meiner Kreditkarte, denn schon vor ein paar Wochen hatten wir einen erbitterten Streit, als Greg mir vorwarf, dass ich auf seine Kosten leben würde.

Ärgerlich schaute Greg auf den vollen Rucksack, den ich ins Auto lud. Er mochte es nicht, wenn ich in dem von ihm so verachteten Supermarkt einkaufte. Bis zum Parkplatz sprach er kein Wort und verschwand auf dem Trail mit den Worten: »Wenn du schon so viel einkaufen musst, dann sieh auch zu, wie du die Sachen zur Cabin schleppst.«

Ich hob den schweren Rucksack auf den Rücken, nahm die Skistöcke in die Hand, um auf dem schmalen Pfad besseren Halt zu finden, und folgte ihm. Als mir der Schweiß gemischt mit Tränen der Wut vom Gesicht rann und ganze Horden Mücken mich attackierten, wollte ich nur noch nach Hause. Greg hatte sich sofort in die Werkstatt zurückgezogen und war nicht zu sehen.

Ich verstaute die Lebensmittel und ging hinunter zum See. Dort streifte ich mir die Kleider ab und schwamm nackt weit hinaus. Auf dem Rücken auf der Wasseroberfläche treibend, entspannte ich mich. Über mir kreiste ein Fischadler. Dieser Raubvogel hatte mich schon immer sehr beeindruckt. Vielleicht wegen der bemerkenswerten Gymnastik, die er beim Fang seiner Nahrung vollführte. Davon gab er mir gerade eine Kostprobe. Während er nicht weit von mir entfernt über dem See schwebte, hatte er einen Fisch entdeckt und schoss im Sturzflug hinunter. Kopfüber tauchte er ins Wasser ein und kam, kräftig mit den Flügeln schlagend, wieder heraus, dabei fest den Fisch in seinen Krallen haltend, die er nicht mehr öffnen konnte, selbst wenn er es wollte. Die kostbare Fracht ausbalancierend, flog er davon.

Fasziniert hatte ich während der Jagd Wasser getreten. Jetzt schwamm ich ans Ufer zurück. Weit in der Ferne sah ich am Horizont dunklen Rauch emporsteigen. WELY hatte gestern von Waldbränden im Norden berichtet. Sie hatten viele Hektar Wald und sogar einige Häuser vernichtet. Doch solange kein Sturm aufkam oder der Wind nicht drehte, waren die Brände keine Gefahr für uns.

Feuer wie diese konfrontieren uns mit unserer eigenen Verletzlichkeit. Wir fühlen uns so sicher, glauben, die Welt drehe sich nur um uns. Wir glauben, wir wissen, in welche Richtung unser Leben geht. Wir haben Ziele und Prioritäten, und dann kommt ein Feuer oder ein Sturm, der uns plötzlich in eine ganz andere Richtung bläst.

Das Leben mit Greg glich einem Feuersturm, der über mich hinwegrollte. So wie ich keinen Einfluss auf die Ereignisse hatte, so hatte ich auch keinen Einfluss mehr auf mein Leben. Ich konnte nur noch versuchen, aufrecht zu stehen und zu überleben, musste mich auf das Wesentliche konzentrieren. Aber ich konnte auch nicht so tun, als sei nichts geschehen, sondern musste vorausschauen.

Am Abend schien Greg sich beruhigt zu haben.

»Ich werde im nächsten Monat mit Freunden einen Raftingtrip im Grand Canyon machen«, kündigte er an. »Dann bist du drei Wochen allein.«

»Kein Problem«, antwortete ich.

Statt mich zu ärgern, dass er mich nicht gefragt hatte, ob ich mitwollte, spürte ich Erleichterung.

»Kann ich in dieser Zeit dein Auto haben?«

»Klar, wofür?«

»Ich will zu Evelyn nach Michigan fahren.« Ich hatte meine Freundin lange nicht gesehen und wollte sie gern besuchen.

Greg, der dabei war, seinen Teller in die Abwaschschüssel zu stellen, fuhr herum.

»Auf keinen Fall«, sagte er, seine Augen wurden klein und schmal.

»Warum nicht?«

»Der Van ist *mein* Auto«, fuhr er mich an. »Mir gefällt das überhaupt nicht.«

Er fuhr fort, mir ausführlich zu schildern, wie lange er überlege, bevor er in sein Auto steige. Und jetzt käme ich daher und wolle »einfach so« weit über tausend Kilometer damit fahren. Das würde ihn mindestens vierhundert Dollar Abnutzung kosten.

»Ihr seid alle gleich«, schimpfte er. »Alle meine früheren Bekanntschaften haben mich reingelegt, um an meinen Besitz zu kommen.«

»Welchen Besitz?«, fragte ich verwundert.

»All das hier.« Er holte mit den Armen weit aus. »Ihr schleicht euch in mein Leben, lebt auf meine Kosten und wollt am Ende all das übernehmen, wofür ich so hart gearbeitet habe.«

Immer paranoider wurden seine Klagen und Beschimpfungen über die schlechte Welt. Während er sich in seine Wut steigerte, lief sein Gesicht rot an.

Am Ende hatte er mich so weit, dass ich mich dafür

entschuldigte, ihn überhaupt nach dem Auto gefragt zu haben. Zufrieden, dass ich mich überzeugen ließ, beruhigte sich Greg. Er hatte wieder die Kontrolle.

Als wir später im Bett nebeneinanderlagen und an die Spiegeldecke starrten, ritt mich der Teufel. Diesmal sollte er nicht so einfach davonkommen. Ich sah den Strudel, auf den ich zuschwamm und der mich in die Tiefe ziehen würde, aber ich konnte nicht aufhören. Auf den Ellbogen gestützt, strich ich Greg mit der Hand zart durch das Brusthaar. Sanft begann ich meinen Sirenengesang: »Schatz! Wir kennen uns jetzt schon eine Weile. Willst du nicht einmal mit mir nach Deutschland kommen, um meine Heimat und meine Familie kennenzulernen?«

»Nein! Das interessiert mich nicht. Wenn nebenan vielleicht das Tipi eines befreundeten Klans stehen würde, dann würde ich rübergehen und Hallo sagen. Aber Deutschland …« Irritiert riss ich bei dem Vergleich die Augen auf und brach den Gesang abrupt ab.

»Greg. Es ist für mich wichtig, dass du auch Interesse an den Dingen zeigst, die mich und meine gesamte Person ausmachen.«

»Nein, verdammt! Ich habe kein Interesse, diesen Teil von dir kennenzulernen, der in Deutschland ist.« Er fuhr fort: »Genauso wenig habe ich Lust, den Teil von dir kennenzulernen, der in Hotels schläft oder in die Oper geht. Ich interessiere mich nur für diesen Teil von dir.« Dabei machte er eine Handbewegung, die die Hütte und das Land einschloss. »Das muss für unsere Beziehung ausreichen.«

»Na prima.« Ich explodierte. »Dann suchst du dir am besten einen zweiten Greg oder stellst noch ein paar Spiegel auf, um dir zu bestätigen, wie wunderbar du bist.« Ich deutete an die Decke. Greg schaute mich verblüfft an und schwieg. Plötzlich fing er an, laut zu lachen. Er lachte und lachte, bis ihm die Tränen in den Bart liefen. Dann schaute er mich begehrlich an und sagte mit rauer Stimme: »Weißt du eigentlich, wie schön du bist, wenn du so wütend bist?« Dabei zog er mich zu sich und küsste meinen Hals. Ich war immer noch wütend und wehrte ihn ab.

»Und stell dir bloß mal vor, du hättest zwei Gregs, die dich so verwöhnen würden …« Seine Hände ließen mich vergessen, dass wir Sekunden zuvor noch gestritten hatten. Mein Körper reagierte, aber mein Herz war nicht mehr dabei. Ich hasste den Spiegel an der Decke, ich wollte nicht mehr beobachtet und kontrolliert werden. Als ich während unseres Liebesspiels die Augen öffnete, sah ich im Spiegel über mir, wie Greg sich selbst beobachtete, so, als ob es ihm besonders wichtig war, wie gut *er* dabei aussah.

Müde und emotional erschöpft wachte ich am nächsten Morgen auf. Ich schaute auf den Mann, der entspannt und friedlich neben mir schlief, und fragte mich, welchen Stellenwert ich in seinem Leben hatte. Hatte er überhaupt Interesse an mir? An meiner Familie und meiner Heimat auf jeden Fall nicht, ganz zu schweigen von meiner Hündin. Alles, was ihn interessierte, war er selbst und seine Lebensphilosophie.

Immer mehr begann ich zu zweifeln, fühlte mich eingesperrt, ein Eindringling in Gregs Welt. Auf einmal schien die Abgeschiedenheit der Hütte, die mir zuvor so reizvoll erschienen war, zur Bedrohung zu werden. Ich wusste nicht mehr, was normal war und was nicht. Bekam ich einen Hüttenkoller? Zerbrach ich an der ständigen Nähe? Die Cabin und die Wildnis, die für mich noch vor ein paar Monaten ein Symbol für Freiheit und Abenteuer gewesen waren, wurden immer mehr zum Gefängnis. Doch so schnell wollte ich meinen Traum nicht loslassen. Zu viel hatte ich für ihn aufgegeben.

Von Neuem konzentrierte ich mich auf das Überleben. Wasser holen, Feuer machen, Greg bei Laune halten. Ich schrieb weiterhin nach Hause, wie toll das Leben in der Wildnis sei. Und draußen in der Natur war es das auch. So oft wie möglich ging ich nun allein in den Wald und suchte meine Freunde, die Wölfe. Auf meinem Felsen versuchte ich, Trost zu finden. Die Natur hatte mich bisher nie im Stich gelassen.

Eines Tages entdeckte ich einen Kiefernhäher. Die intelligenten Tiere gehören zur Familie der Rabenvögel und sehen aus wie Eichelhäher, aber ihr Schnabel ist lang und wie ein Schwert geformt. Anders als viele Vögel scheint der Kiefernhäher nicht singen, sondern nur krächzen zu können. Es war ein grässliches Geräusch, aber dem Vogel schien es zu gefallen. Ein Pärchen baute ein Nest in einer Drehkiefer nahe meinem Felsen. Mit größter Achtsamkeit und Fürsorge arrangierten sie, was für mich einfach wie ein Häufchen Zweige aussah. Jeder Vogel wartete, bis sein Partner mit der Arbeit fertig war, flog dann mit seinem eigenen Baumaterial herbei und steckte die gewissenhaft gesammelten Äste zusammen. Ab und zu klang das Krächzen während des gemeinsamen Baus des Eigenheims weniger schrill – sanfter. Eine Liebeserklärung?

Sehnsüchtig schaute ich ihnen zu, Trauer und Wehmut im Herzen. Was war falschgelaufen zwischen Greg und mir?

Ende August nahm mich Greg mit zur Reisernte. Ich freute mich darauf, zu erfahren, wie der kostbare wilde Reis geerntet wird. Ich mochte den leicht nussigen, milden Geschmack von Wildreis und konnte nicht genug davon bekommen. In Deutschland kaufte ich ihn ab und zu in einem Biomarkt zu einem Wahnsinnspreis. Bei Greg kam er täglich auf den Tisch. »Selbstgesammelt«, wie er stolz betonte.

Der beste wilde Reis wächst in Minnesota, Wisconsin und den kanadischen Provinzen Ontario, Manitoba und Saskatchewan. Er ist ein Indikator für saubere Seen und Flüsse. Biologisch gesehen war die Pflanze eigentlich kein Reis, sondern ein Getreide, die Frucht von Wassergräsern.

Bevor wir zur Ernte aufbrechen konnten, musste Greg in der Stadt eine Lizenz kaufen.

»Es gibt strenge Regelungen«, erklärte er. »Der Reis darf nur vom Kanu aus geerntet werden, Maschinen sind dabei verboten. Wilder Reis ist eine Pflanze, die nur unter besonderen Bedingungen wächst und sich vermehrt. Sie braucht kaltes, tiefes Wasser und muss, um an die Wasseroberfläche zu streben, sehr viel Energie aufbringen, wodurch wiederum viel Protein entsteht. Das macht den Reis so gesund.«

Früh morgens brachen wir mit dem Kanu auf, durch den Timber Lake und die angrenzenden Seen und über mehrere Portagen. Niemand war zu sehen, als wir in einen ruhigen See einbogen und in eine Art Schilf paddelten. Die grünen Halme, die weit über einen Meter aus dem Wasser ragten, sahen aus wie Gräser. Greg übergab mir das Paddel und setzte sich in den Bug des Kanus, den Körper zu mir. Vor sich hatte er auf dem Boden des Bootes eine Plane ausgebreitet, in die der Reis fallen sollte. Er arbeitete mit zwei hölzernen Stangen. Während ich langsam vorwärtspaddelte, bog er mit der einen Stange die Halme über das Kanu und schlug mit der anderen sacht auf die Ähren der Halme, so dass die Körner ins Boot fielen. Ein Großteil von ihnen sprang in den See zurück. Das würde im nächsten Jahr für neue Ernte sorgen.

Vorsichtig paddelte ich durch das Rispengras, während Greg fleißig die Halme schlug. So wie wir hatten die Sioux und Chippewa schon vor ewigen Zeiten Reis geerntet. Ich empfand ein intensives Gefühl von Verbundenheit und Tradition mit den Naturvölkern.

Als genug Körner im Boot lagen, paddelten wir ans Ufer und schütteten die kostbare Fracht vorsichtig mit Hilfe der Plane in große Eimer. Mit dem Reis an Bord paddelten wir zurück zum Timber Lake. In der Cabin stellte Greg den Reis in Pfannen und Töpfen auf den Ofen, um ihn zu trocknen. Dadurch verfärbte sich das Korn zu einem fast schwarzen Braun.

Wieder hatte ich neues Naturwissen erworben. Zwar würde ich es zu Hause in Deutschland kaum anwenden können, aber ich verstand jetzt, warum wilder Reis bei uns so teuer war und meist nur als Mischung mit anderem billigeren Reis verkauft wurde. Die mühsame Ernte hatte ihren Preis.

Der nächste Brief meiner Eltern enthielt meine Bankauszüge und eine schockierende Nachricht: Ich war pleite. Die Flüge und das Leben bei Greg hatten alle meine Ersparnisse aufgefressen. Ich erzählte Greg davon beim Essen.

»Greg. Ich habe kein Geld mehr. Ich habe zu viel für die Flüge und das Leben hier ausgegeben. Wenn Ende des Jahres mein Visum abläuft, muss ich nach Deutschland zurück. Ich weiß nicht, ob und wann ich dann wieder zu dir kommen kann. Würdest du mir eventuell ein Ticket schicken, damit ich dich besuchen kann?«

Ich wollte wissen, ob ich auf ihn zählen konnte.

Für Greg war es ganz einfach.

»Nein. Warum soll ich dir *mein* Geld geben? Du lebst doch sowieso die ganze Zeit schon auf meine Kosten. Du arbeitest doch gar nicht. Du schreibst ein paar Artikel, aber du arbeitest nicht hart für dein Geld so wie ich. Stattdessen sagst du nur: ›Gib mir Geld‹.« Er fuhr fort: »Ich habe schon so viel Geld verbraten, seit ich dich kenne. Immer wieder bin ich zum Flughafen gefahren, um dich abzuholen. Du lebst in meinem Haus, isst von meinen Vorräten und trägst nichts zum Leben bei.«

Ich wollte gerade anfangen, aufzuzählen, dass ich alle unsere Reisen nach New Orleans und in den Südwesten, Benzin und Supermarktvorrate mit meiner Kreditkarte bezahlt hatte, als Gregs Blick starr und hart wurde und sich auf die Wand hinter mir richtete.

»Rühr dich nicht« zischte er. In Zeitlupe stand er auf, schob vorsichtig seinen Stuhl zurück und griff über uns auf das Küchenregal. Er holte ein Gewehr herunter, lud durch und legte auf mich an. Regungslos nahm ich in Gedanken bereits Abschied von meiner Lady. Dann ein Schuss, und hinter mir fiel etwas mit einem leichten Plopp auf den Boden. Greg sprang auf und schwenkte triumphierend an der Schwanzspitze eine Maus vor meiner Nase. Vom zerschmetterten Kopf tropfte Blut. Ich stieß scharf den Atem aus, den ich angehalten hatte.

»Was ist los? Du bist ja kreidebleich«, fragte Greg, lud das Gewehr erneut und legte es wieder aufs Regal. Ich wusste, dass es Waffen im Haus gab. Immerhin war Greg auch Jäger. Überall in den USA gab es Waffen, insgesamt dreihundert Millionen. Das Recht auf Waffenbesitz gehört zum Selbstverständnis eines jeden amerikanischen Bürgers. Aber es zu wissen und dann zu erleben, wie direkt über den eigenen Kopf geschossen wird, ist ein Unterschied.

Unsere Diskussion über Geld und meinen Beitrag am gemeinsamen Leben war damit erst einmal beendet – dachte ich. Aber Greg war der Auffassung, dass ich seinen Standpunkt noch nicht richtig verstanden hatte. Er glaubte, mich noch nicht genügend überzeugt zu haben – etwas, das er so nicht stehen lassen konnte.

Er sprach weiter: »Wenn du tatsächlich bei mir bleiben willst, erwarte ich von dir vollständiges Engagement, und zwar in jeder Hinsicht, aber ganz besonders in Bezug auf diesen Ort hier.« Wie ein Prediger vor seiner Gemeinde breitete er beide Arme weit aus.

»Für das hier musst du alles andere aufgeben. Wenn du das nicht willst, dann gibt es keine gemeinsamen Ziele und auch keine Partnerschaft.«

Um herauszufinden, ob ich für ihn die Richtige sei, wolle er mich über einen Zeitraum von zwei bis drei

Jahren testen, dann erst könne er entscheiden, ob ich bei ihm einziehen dürfe.

Mir blieb der Mund offen stehen.

»Und, wie stellst du dir das vor?«, fragte ich.

»Na ja, du hast doch früher auch schon in den USA gelebt. Du könntest jetzt nach Ely ziehen in ein Apartment oder ein Haus, und dann können wir uns immer sehen und herausfinden, ob wir zusammenpassen.«

Ich kochte innerlich. »Ach so! Ich ziehe also nach Ely und stehe jederzeit bequem zur Verfügung, ganz wie es dem Herrn passt. Das kannst du dir abschminken«, fauchte ich. »Ich habe keine Lust, mein Leben damit zu verbringen, darauf zu warten, dass du irgendwann eine Entscheidung triffst.«

Ich war gespannt, welche weitere Vorstellung er von unserer gemeinsamen Zukunft hatte. Ruhig und sachlich beschrieb Greg die Voraussetzung für das Jobangebot als seine Frau: »Ich will nicht mehr, dass du schreibst. Wenn du das tust, entfernst du dich innerlich von mir und bedrohst unsere Beziehung. Und ich will keinen Hund. Ich habe es dir mehrmals gesagt. Das ist mein Haus, und es sind meine Regeln. Ich mag keine domestizierten Tiere. Sie haben für mich nur einen Sinn, wenn sie arbeiten.«

Während Greg begann, mir die Geschichte seiner vergangenen Tierhaltungen zu erzahlen, schlug er lässig die Beine übereinander und saß völlig entspannt auf dem Stuhl – auf dem Regal über ihm blitzte drohend der Gewehrlauf.

»Ich hatte einmal ein Pferd. Das sollte mir helfen, die gefällten Bäume aus dem Wald zu ziehen. Aber es hat nicht gut gearbeitet, hatte keine Lust. Ich habe es erschossen und gegessen.« Ein kleines Lächeln spielte um seine Mundwinkel, als er weitererzählte: »Und ich hatte sogar einmal ein Team von vier Schlittenhunden.« Mein Herz machte einen Hüpfer, und ein winziges Fünkchen Hoffnung drängte sich vor. Er fuhr fort: »Sie waren immer draußen angebunden und fraßen mir die Haare vom Kopf, ständig musste ich Futter für sie schießen. Gearbeitet und den Schlitten gezogen haben sie kaum. Es machte keinen Sinn, sie zu behalten.«

»Was hast du mit ihnen gemacht?«, fragte ich atemlos und ahnte schon die Antwort, die wie selbstverständlich kam: »Ich habe sie erschossen … und gegessen.« Sein Lächeln wurde zum diabolischen Grinsen. Ich wusste nicht, ob die Geschichte wahr war oder nicht, traute es Greg aber zu. Wer denkt sich so etwas schon aus?

Wenn er dich jetzt fragt, ob du ihm bei der Gartenarbeit hilfst, dann kannst du das nicht ablehnen, sagte meine innere Stimme, und ich glaubte, ihr Kichern zu vernehmen.

Greg sah mich an. Er beobachtete meine Mimik genau. Er hatte mich zum Äußersten getrieben. Jetzt lagen alle Karten auf dem Tisch.

»Und? Was fühlst du jetzt?«, fragte mein Wildnismann sanft – plötzlich wieder ganz Psychologe. Mit den Fingerspitzen seiner Hand hob er mein Kinn zu sich hoch und schaute mir tief in die Augen. Sprachlos starrte ich ihn an und wusste nicht mehr, ob ich Dr. Jekyll oder Mr Hyde vor mir hatte.

»Gar nichts fühle ich«, sagte ich, drehte mich um und ließ ihn stehen. Die Tür fiel leise hinter mir zu, als ich das Haus verließ.

Erst als ich auf meinem Trostfelsen saß, bemerkte ich, dass meine Knie zitterten. Sehr deutlich war mir jetzt klar geworden, dass ich nicht mit Greg leben konnte. Nicht nach seinen Regeln. Mit einem Mal sah ich meinen Traummann, wie er wirklich war: gefangen in seinen Wertvorstellungen und Erwartungen, wie Menschen und insbesondere die Frauen, die mit ihm lebten, sein sollten. Mir wurde bewusst, dass ich ihn nicht ändern konnte, nicht einmal zu seinem eigenen Guten und auch nicht, wenn Liebe und Logik es dringend erfordert hätten. Immer noch wünschte ich mir, es könnte anders sein, aber ich hatte verstanden, dass ich in letzter Instanz nur für mich selbst die Verantwortung übernehmen konnte.

Unten am Ufer des Sees tauchte meine Wolfsfamilie auf. Zum ersten Mal sah ich die Kleinen, die mit einem halben Jahr fast schon die Größe ihrer Eltern erreicht hatten. Für sie begann nun die Härte des Herbstes. Sie mussten ihr Rudel auf der Jagd begleiten und selbst lernen, zu töten und zu überleben. Ich spürte Tränen in mir aufsteigen.

Ich war in die Wildnis gegangen, um mir einen Lebenstraum zu erfüllen. Die Realität hatte mich eingeholt. Das Verrückte war, dass ich dieses Wildnisleben immer noch mit der ganzen Kraft meines Herzen liebte. Ich wusste, dass ich immer wieder in unberührtes, wildes Land zurückkehren würde. Wildnis war für mich eine Herausforderung, nicht nur an meine körperlichen Kräfte, sondern auch an meinen Selbsterhaltungstrieb. Hier im einfachen, harten Leben mit Greg hatte ich mich selbst kennengelernt wie nie zuvor. Ich war an meine Grenzen gestoßen und mit jedem Konflikt und jeder Herausforderung stärker geworden. Ich würde dieses Leben immer lieben und auch suchen. Aber hier – mit Greg – konnte ich nicht bleiben.

Ich stand auf und streckte meine Beine, die eingeschlafen waren. Ich atmete tief durch und warf einen letzten Blick auf den See. Ich musste Greg verlassen, ich wusste nur noch nicht, wie.

Als ich in die Cabin zurückkam, wurde es schon dunkel. Der Mann, der dort fröhlich vor sich hin pfeifend Lachs in der Pfanne briet, war »mein« Greg, so wie ich ihn kannte und liebte. Er hatte aufgeräumt und überall Kerzen aufgestellt. Er empfing mich mit einer Umarmung und küsste mich zärtlich.

»Ich hab uns ein Versöhnungsessen gemacht.« Er strahlte mich an, als sei nichts gewesen, und führte mich zum Esstisch, rückte den Stuhl zurecht und legte gebratenen Lachs und wilden Reis auf den Teller.

Ich nahm sein Friedensangebot an und sprach nicht mehr über unseren Streit. Ich wollte die Zeit, die mir noch blieb, so gut wie möglich verbringen. Und ich wollte mich auf meine eigene Weise von dem Ort und dem Mann meiner Träume verabschieden.

»Ach übrigens – Paul hat uns für morgen Abend zum Potluck-Dinner mit Diashow eingeladen. Er will uns die Bilder von seiner letzten Arktistour zeigen«, sagte Greg beiläufig.

Von Paul hatte ich bisher nur gehört, ihn aber noch nicht kennengelernt. Über siebzig Jahre alt, reiste er kreuz und quer durch die Welt. Besonders gern hielt er sich an exotischen und unbekannten Orten auf. Wann immer er von einer Reise zurückkam, beglückte er seine Freunde mit einer Diashow.

»Fein. Dann bereite ich morgen früh etwas für das Potluck vor«, sagte ich. »Jetzt bin ich müde und geh ins Bett.« Ich stand auf und stieg die Leiter zur Empore hoch. Als Greg kurze Zeit später ins Bett kam und versuchte, mich an sich zu ziehen, stellte ich mich schlafend.

Am nächsten Tag bereitete ich aus Resten von Rehfleisch ein Chili vor. Ich briet Zwiebeln an, schnitt das Fleisch klein und fügte gewürfelte Möhren und zwei Dosen dicke Bohnen hinzu. Alles wurde gut gewürzt und köchelte auf dem Holzherd vor sich hin. In der Wildnis wird man erfinderisch, was das Essen angeht, vor allem, wenn man nicht so oft in den Supermarkt kommt.

Ich freute mich auf den Abend und war froh, wieder einmal in die Zivilisation zu kommen. Während Greg in der Werkstatt arbeitete, bereitete ich eine Dusche vor und wusch mir die Haare. Greg platzte ins Haus, als ich gerade das Wasser ausschüttete. Er zog missbilligend die Augenbraue hoch, sagte aber nichts.

Mit einem »Ich gehe Holz hacken« war er wieder aus der Tür. Eine eigenartige Spannung lag in der Luft.

Am Abend machten wir uns auf den Weg in die Stadt.

Paul lebte in einem kleinen Apartment in Ely. Er begrüßte uns an der Tür. Der Mann mit dem grauen kurzgestutzten Bart und den schneeweißen, zu einem Pferdeschwanz zusammengebundenen Haaren schien den Raum zu erleuchten. Er strahlte Lebensfreude und Wärme aus. Als mich Greg als »die Frau aus Deutschland« vorstellte, gab mir das einen Stich. In all der Zeit, die ich hier war, hatte er mich noch nie jemandem als seine »Freundin« vorgestellt. Das tat mir weh. Paul riss mich in seine Arme und drückte mich herzlich an seine Brust. Er schob mich ins Zimmer und rief: »Alle mal herhören. Das ist Gregs Freundin aus Deutschland.«

Ich wurde purpurrot und sah, wie Gregs Augen sich zusammenzogen und er die Lippen aufeinanderpresste, während die anderen mich begrüßten. Einige der Gäste kannte ich schon. Chris war da und ein paar der Eisangler, die ich im Winter getroffen hatte. Paul fasste mich am Ellbogen und zog mich zu einem Paar in den Dreißigern: »Das sind Carol und ihr Mann Bill, beides alte Freunde von Greg.«

Carol! Das war sie also. Gregs große Liebe und Ex-Freundin. Erstaunt verspürte ich nicht den geringsten Hauch von Eifersucht, als ich der bildhübschen Frau die Hand reichte. Ihre dunklen Haare fielen in Wellen auf die Schultern, und sie schaute mich aus braunen Augen freundlich an. Ihr Händedruck war warm und fest. Sie trug Jeans und ein Kapuzensweatshirt mit dem Logo des International Wolf Center. Ich mochte sie sofort. Auch Bill war mir sympathisch. Er war eher unscheinbar. Schmal und glattrasiert, sah er im Gegensatz zu den anderen bärtigen Naturburschen im Raum ein wenig verloren aus.

»Hallo!«, sagte Carol. »Ich habe schon viel von dir gehört. Ich hol mir was zu trinken. Soll ich dir was mitbringen?«

»Ein Kaffee wäre super. Danke.«

Carol grinste.

Wenig später kam sie mit zwei großen Kaffeepötten zurück und drückte mir einen in die Hand. Wir setzten uns beide auf die weiche Couch, die an der Wand unter einem Eisbärenplakat stand.

»Na? Den Kaffee konnte dir Greg wohl nicht verbieten?« Ein leises Lächeln spielte um ihre Lippen, als sie mich offen ansah.

»Nein, er konnte mir einiges nicht verbieten.« Ich musste ebenfalls lächeln.

Der Gastgeber hatte inzwischen den Diaprojektor aufgebaut und ein Betttuch an die Wand gespannt. Wir rückten zusammen, damit jeder einen Platz fand. Dann entführte uns Paul in die magische Welt des ewigen Eises. Als zahlender Gast hatte er eine kleine Gruppe Forscher in die Arktis begleitet, mit ihnen gelebt und bei den Erkundigungen geholfen. Betroffen erfuhren wir, dass immer mehr Eis schmolz und die Natur durch die globale Erwärmung massiv bedroht war. Wir spendeten reichlich Beifall für diesen beeindruckenden und informativen Beitrag.

»Danke, Paul. Das war faszinierend«, sprach ich ihn an. Er wehrte bescheiden ab.

»Ich bin der Meinung, dass man die Welt besser versteht, wenn man möglichst viel reist«, sagte er. »Das Leben ist zu kurz, um es an einem Fleck zu verbringen.«

Nachdenklich nickte ich. Ich dachte genauso.

Langsam schlenderte ich mit einem Glas Wasser zu den Männern, die zusammenstanden. Sie sprachen über Wettkämpfe und Marathonläufe.

»Und? Was machst du?«, fragte einer aus der Gruppe. Ich blickte kurz zu Greg, der aufmerksam zuhörte, und sagte freundlich: »Gar nichts! Ich treibe keinen Sport – zumindest nicht wettkampfmäßig. Am liebsten gehe ich mit meinem Hund spazieren.«

Gregs Gesichtsausdruck war unergründlich.

»Dafür hast du dich aber bei unserer Kanutour tapfer gehalten«, lachte Chris und fragte: »Kommst du eigentlich nächste Woche auch mit?«

»Wohin?«

»Hat Greg dir nichts erzählt? Wir wollen zwei Wochen auf dem Lake Superior paddeln.«

Greg war neben mich getreten und schaute Chris ärgerlich an.

»Nein. Ich habe ihr noch nichts gesagt. Da kann sie eh nicht mitkommen, weil es zu anstrengend ist.«

Die Männer blickten betroffen auf mein verwundertes Gesicht und wechselten das Thema. Greg drehte mir den Rücken zu und ließ mich stehen.

»Mach dir nichts draus«, sagte eine weiche Stimme hinter mir. Es war Carol. »Es ist ihm peinlich, dass du nicht so sportverrückt bist wie er. Wir haben uns schon alle gewundert, dass du das durchhältst.«

Ich schluckte. »Ja, das ist ein Problem. Wollen wir uns ein wenig unterhalten?«, fragte ich sie.

»Gern. Komm, lass uns rausgehen.«

Wir schoben die Tür zur Terrasse auf und setzten uns auf die Schwingschaukel, die dort hing.

»Kann ich dich etwas fragen, Carol?«

Ich hatte Vertrauen gefasst.

»Natürlich. Alles, was du willst.«

»Du warst ja früher Gregs Freundin«, pirschte ich mich vor.

»Ja, wir waren einmal sehr verliebt.« Sie lächelte verträumt.

»Liebst du ihn immer noch?«

Carol lachte glockenhell und fröhlich.

»Um Himmels willen, nein! Da drüben steht meine große Liebe.« Sie deutete durch die Tür auf Bill, der sich angeregt mit Chris unterhielt.

»Aber Greg hat mir von eurer Eremitenparty erzählt und wie eng ihr getanzt habt.«

»Ja, wir haben getanzt. Aber nur wie gute Freunde.«

Besänftigend legte sie ihre warme Hand auf meinen Unterarm und schaute mir ernst in die Augen.

Jetzt wollte ich es wissen. »Er hat mir erzählt, du wärst immer noch scharf auf ihn und hättest ihm gesagt, du würdest ihn jederzeit zurücknehmen.«

Carol versteifte sich und hielt die Schaukel abrupt an.

»Das ist glatt gelogen«, schimpfte sie. »Dieser Mistkerl. Jetzt manipuliert er auch dich.«

Wütend fuhr sie fort: »Das hat er bisher mit jeder seiner Frauen versucht. Er hält es nicht aus, wenn er nicht die totale Kontrolle hat. Sogar über ihre Wertvorstellungen und Gedanken will er bestimmen. Verdammt! Soll ich mit ihm reden?« Sie sprang auf und verschüttete mein Glas Wasser.

»Nein. Ist schon gut.« Ich zog sie auf die Schaukel herunter.

»Lass gut sein. Ich werde ihn verlassen.« Mit erstickter Stimme erzählte ich ihr unsere Probleme im Schnelldurchgang und endete mit: »Es ist vorbei.«

Carols Augen füllten sich ebenfalls mit Tränen, als sie meinen Schmerz spürte. Sie erinnerte sich an ihren eigenen Liebeskummer mit Greg.

»Das tut mir sehr leid für dich – und auch für Greg. Er ist nicht geeignet für eine Partnerschaft. Er ist einfach nicht imstande, die Vorstellungen und Lebensentwürfe anderer gelten zu lassen.«

Sie stand auf und goss mir aus einer Glaskaraffe frisches Wasser nach.

»Ich verstehe, dass du gehen willst. Aber keine Sorge. Irgendwo da draußen wartet der Richtige auf dich.« Sie winkte kurz zu Bill, der ihr aus der Stube zuwinkte. »So wie mein Mann. Er war das Beste, das mir passiert ist. Und jetzt haben wir sogar das.« Aus ihrer Brieftasche zog sie ein Foto hervor. Es zeigte ein schlafendes Baby im rosa Strampelanzug, auf den ein kleiner Elch gestickt war. »Das ist Michelle«, sagte Carol glücklich und strich zärtlich mit dem Zeigefinger über das Bild.

»Hey. Da seid ihr ja.« Greg und Bill waren auf die Terrasse getreten. »Wir haben euch gesucht.«

»Ja, wir haben uns ein wenig unterhalten. Kommt, lasst uns reingehen.« Wir standen auf, hakten die Männer ein und gingen ins Zimmer zurück, wo das Buffet eröffnet wurde. Mit meinem Teller verdrückte ich mich in einen bequemen Sessel und beobachtete das Partygeschehen. Greg unterhielt sich angeregt mit seinen Freunden über das Paddeln und über ein anstehendes Kanurennen. Er war in seinem Element. Plötzlich empfand ich Mitleid mit ihm. Er versuchte sein Leben und die Menschen darin zu kontrollieren, und verlor sie doch alle. Mit einem Mal wurde ich ganz ruhig. Nächste Woche, wenn er mit seinen Freunden auf die Paddeltour ging, würde ich ihn verlassen.

Als wir spätabends die Party verließen, umarmte mich Carol zum Abschied warmherzig und flüsterte mir ins Ohr. »Ich wünsch dir alles Gute.«

Auf der Heimfahrt war Greg aufgekratzt und guter Dinge. Ich fragte: »Sag mal, wann wolltest du mir denn sagen, dass du auf Paddeltour gehst?«

»Das hätte ich dir schon früh genug gesagt.«

»Du fährst in drei Tagen. Wann ist ›früh genug‹?«

»Ist doch egal, du fährst eh nicht mit. Du würdest uns nur ausbremsen.« Das war zwar Fakt, aber nicht unbedingt charmant.

»Da hast du recht.« Ich gab nach. »Dann werde ich die Zeit nutzen und einmal ausgiebig schreiben.«

Greg schien erleichtert, dass ich keine weiteren Diskussionen anzettelte.

»Ich habe gesehen, dass du dich mit Carol unterhalten hast.«

»Ja, sie ist sehr nett«, antwortete ich.

»Und? Worüber habt ihr gesprochen?«

»Über dies und das. Frauenkram«, sagte ich leichthin und bemerkte, dass er die Augenbrauen ärgerlich zusammenzog. Zu gern hätte er gewusst, worüber wir uns unterhalten hatten. Während wir stumm nach Hause fuhren, dachte ich an Carol. Ich verstand, warum sich ein Mann in sie verlieben konnte. Sie hatte sich für Bill entschieden und Greg verlassen. Hoffte er immer noch, dass sie zu ihm zurückkam? Hatte er mich die ganze Zeit belogen und ausgetrickst, hatte meine Schwäche und Eifersucht ausgenutzt, um das zu bekommen, was er wollte? Ich wusste nicht mehr, was Lüge und Wahrheit war, aber mir war klar, dass ich gehen musste, um mich selbst zu retten.

FLUCHT

Am nächsten Morgen saßen wir länger beim Frühstück als sonst. Gregs Pancakes schmeckten besonders gut, und er hatte mir sogar einen Kaffee gekocht. Die Stimmung war gut, und ich begann, mich ein wenig zu entspannen. Ich weiß nicht, wie wir darauf kamen, aber plötzlich unterhielten wir uns über Gott und den Glauben. Ich wusste, dass es besser war, dieses Thema zu meiden, und versuchte, abzulenken. Aber diesmal ließ er nicht locker. Er fing an zu schimpfen, dass alles Schlechte dieser Welt nur daher komme, dass die Leute »so einen Mist« glaubten.

»Und du?«, fauchte er mich an. »Woran glaubst du?«

»Ich glaube an Gott«, sagte ich einfach.

Vernünftiger wäre es gewesen, zu sagen, dass ich an gar nichts glaube, aber ich wollte mich um des lieben Friedens willen nicht mehr verbiegen. Er hatte mich. Endlich konnte er mich wieder von etwas überzeugen. Er hielt mir einen langen Vortrag, warum es seiner Meinung nach keinen Gott gibt.

Ich hoffte, mit meiner Antwort schnell aus der Sache rauszukommen: »Wenn du glaubst, dass es keinen Gott gibt, ist das okay für mich. Ich hab kein Problem damit. Jeder kann glauben, was er will.«

Weit gefehlt. Greg, das Manipulationsgenie, stieg gerade erst in die Diskussion ein.

»Leute wie ihr mit eurem falschen Glauben seid es, die die Welt ins Unglück stürzen. Hitler glaubte auch, dass Juden schlecht sind …« Ich sah keinen Zusammenhang und sagte gar nichts. Als Greg merkte, dass er nicht weiterkam und ich mich nicht auf seine Seite ziehen ließ, stand er auf, packte mich an den Handgelenken und zwang mich auf den Teppich. Ich dachte zunächst an einen Spaß und werte mich noch lachend, in der Annahme, die Rangelei ende wie so oft in einem Liebesspiel. Aber diesmal hatte er anderes im Sinn. Seine Augen waren dunkel vor Wut, als er mich noch fester mit den Armen auf den Boden presste und über mir kniete, so dass ich mich nicht mehr wehren konnte. Ich geriet in Panik. Sein Gesicht verzerrte sich zu einer verächtlichen Maske. Dann fletschte er die Zähne und ließ langsam und genüsslich zwei große Batzen Spucke auf meinen Mund und meine Wange klatschen.

»So! Jetzt siehst du, wie das ist, wenn ich der Meinung bin, alle können glauben, was sie wollen. Ich glaube jetzt auch, dass ich mein Glaubenssystem ausleben kann, und tue das hiermit.«

Zitternd vor Angst und Abscheu starrte ich ihn fassungslos an. Tränen schossen mir in die Augen und vermischten sich in meinem Gesicht mit Gregs Speichel. Für eine Ewigkeit schaute Greg mich an. Was er sah, musste ihn erschrecken: Angst, Panik und Terror in meinen Augen. In dem Moment wussten wir beide: Es war vorbei.

Jetzt erst kam Greg zu sich und ließ mich los. Ich stand auf und wischte mir den Speichel aus dem Gesicht. Aber noch immer ließ er mich nicht gehen und stellte sich mir in den Weg.

»Greg«, sagte ich beherrscht. »Gewalt und Erniedrigungen sind keine Argumente.«

»Du demütigst mich ständig«, antwortete Greg. »Schon allein dadurch, dass du solchen Mist glaubst. In deiner Selbstgerechtigkeit, so viel besser zu sein als ich, verletzt du mich am laufenden Band.« Er fügte hinzu: »Die Menschen sollten viel mehr kommunizieren.«

»Das, was du getan hast, war keine Kommunikation, das war Gewalt.«

Mit dem Mut der Verzweiflung schob ich ihn zur Seite, zog meine Jacke an und ging hinaus. Gefasst und wie in Trance ging ich den Weg zu meinem Felsen.

Mir war, als ob sich durch das Erlebnis jede Pore meines Körpers und meines Bewusstseins weit geöffnet hatte. Monatelang hatte ich meine physische Seite bei Greg ausgelebt mit harter Arbeit, Sport und Sex. Nun war meine vergessene spirituelle Seite aufgetaucht und verband sich mit meinem Körper. Wir wurden eins.

Ich schaute auf die alten Bäume, die den Weg säumten. Einige von ihnen waren über zweihundert Jahre alt. Sie hatten schon viele Tränen gesehen und kannten alle Antworten, sogar auf Fragen, die ich nicht wusste.

Ich setzte mich im Schneidersitz auf den Felsen und zog mit den Fingern die hellen Quarzstreifen nach. Altes Gestein hat etwas Mystisches. Wenn der Schmerz der Welt verflogen und alle Tränen getrocknet waren, würde es immer noch hier sein.

Der See spiegelte den rötlichen Himmel. Der Herbst begann, die Wälder am Timber Lake in bunte Farbtöpfe zu verwandeln. Flecken von Birken und Espen wechselten von Hellgrün in Gold, dunkle Spiralen von Fichten und Tannen, zwischendurch das flammende

Rot des Ahorn. War es erst ein Jahr her, dass ich Greg kennengelernt hatte? Was war aus unserer Liebe und Leidenschaft geworden? Sie hatte sich aufgelöst in einen Strudel von Gewalt und Demütigungen. Es war Zeit, Abschied zu nehmen, von Greg, der Cabin, meinem Felsen, den Wölfen und von meinem Wildnistraum.

Ich war traurig, aber auch erleichtert. Erleichtert, dass eine Entscheidung gefallen war. Und sogar dankbar, dass mir Greg mit seinem zunehmend irrationalen Verhalten geholfen hatte, diesen Entschluss zu treffen. Jetzt musste ich anfangen, meine Flucht zu planen.

Als ich in die Cabin zurückkam, hatte Greg Besuch von einem Ehepaar, das ein bestelltes Kanu abholen wollte. Das machte es mir leicht, mich unbefangen zu stellen. Als sie gemeinsam in die Werkstatt gingen, um das Boot zu holen, kletterte ich die Treppe hoch zur Empore und schob eilig und mit zitternden Händen ein paar Kleider in den Schränken so zurecht, dass ich sie bei Bedarf greifen konnte, ohne dass es auffiel. Greg brach übermorgen zu seiner Kanutour auf. Das bedeutete, dass ich noch einen Tag durchhalten musste. Ich wollte auf jeden Fall so schnell wie möglich fort, weil ich Angst hatte, dass Greg doch noch seine Meinung ändern oder zurückkommen würde, oder dass er gar nicht erst fortfuhr.

Es wurde dunkel. Greg arbeitete noch in seiner Werkstatt, so vermied er es, mich zu treffen. Mir war es recht. Ich ging ins Bett und stellte mich schlafend, als er spät kam und sich neben mich legte. In dieser Nacht machte ich kein Auge zu, und am Morgen hatte ich einen Fluchtplan.

Während wir frühstückten, vermied es Greg, mir in die Augen zu schauen. Vorsichtig fing er an: »Wegen gestern … tut mir leid … aber du hast mich provoziert.«

»Greg!« Ich blickte ihn an und legte meine Hand auf seine. »Lass es gut sein. Lass uns über alles reden, wenn du von der Tour zurückkommst. Dann können wir überlegen, wie wir weitermachen und was wir ändern.«

Das schien ihm zu gefallen, denn er schaute mich erleichtert an.

»Okay, dann pack ich jetzt mal meine Sachen.«

»Warte! Kann ich dein Auto haben?«, fragte ich.

»Warum?« Er war misstrauisch.

»Ich brauche noch ein paar Sachen aus dem Supermarkt. Du weißt schon: Kaffee und Schokolade.« Ich brachte sogar ein kleines Grinsen zustande.

»Da du ja dein Auto auf die Tour mitnimmst, komme ich hier sonst nicht raus.« Das leuchtete ihm ein. Prüfend sah er mich an, als er mir den Schlüssel in die Hand drückte.

»Schreib auf, was ich dir für deine Tour mitbringen soll«, versuchte ich, seine Bedenken zu zerstreuen.

»Das ist eine gute Idee.« Greg setzte sich an den Tisch und schrieb eine Einkaufsliste.

»Brauchst du Geld?«, fragte er großzügig.

»Nein, ich hab ja meine Kreditkarte.«

»Alles klar, dann geh ich jetzt in die Werkstatt und arbeite noch ein wenig. Wenn du zurück bist, packe ich.«

Als Greg mich an sich zog, um mich zu küssen, drehte ich den Kopf weg, und er küsste mich auf die Wange. Einen Augenblick stutzte er, schloss dann aber die Tür hinter sich und ging zu seiner Werkstatt.

Ich kletterte geschwind die Leiter nach oben und warf die vorbereitete Kleidung in meinen Seesack. Damit die Lücken nicht auffielen, zog ich andere Kleider in der Kommode nach vorne und breitete sie aus. Den Seesack warf ich mit einem Schwung von der Empore in die Cabin und stellte ihn neben die Tür. Ich vergewisserte mich, dass das Licht in der Werkstatt brannte, griff nach dem Schlüssel und meiner Geldbörse. Das Gepäck über den Rücken geworfen, rannte ich zum Trail. Wenn Greg jetzt aus der Tür trat, würde er mich entdecken. Erst ein Stück weiter auf dem Weg war ich sicher. Ich lief, so schnell ich konnte, zur Straße und schaute auf die Uhr, wie lange ich brauchte: mit schwerem Gepäck und im Laufschritt eine Stunde. Der kleine Schuppen war wie immer unverschlossen. Unter einem Stapel Bretter und Kisten versteckte ich den Seesack und vergewisserte mich, dass er nirgendwo herausschaute. Morgen, wenn Greg fort war, würde ich hierherkommen und ihn mitnehmen.

Mit einem wehmütigen Lächeln streichelte ich über das Mountainbike und dachte zurück an unseren Shuttle-Service im Südwesten. So lange her …

Auf dem Weg nach Ely überlegte ich, wie ich morgen vorgehen wollte. Ich würde den größten Teil meiner Kleidung zurücklassen müssen. Ebenso meine Langlaufski. Unentbehrlich waren der Laptop und das Recherchematerial für Artikel. Auf meine Lieblingsbücher, die ich aus Deutschland mitgebracht hatte, konnte ich zur Not verzichten. Sie waren ersetzbar. Ist schon erstaunlich, was sich in weniger als einem Jahr selbst in der Wildnis alles ansammeln kann.

Jetzt, wo ich einen Plan hatte, kehrten meine Energie

und meine Stärke zurück. Ich war nicht mehr gelähmt vor Angst, ich konnte aktiv mein Schicksal bestimmen. Ich würde überleben.

In der Stadt ging ich zunächst zum Supermarkt und kaufte die Artikel auf Gregs Liste ein, ebenso wie ein paar Alibi-Artikel für mich einschließlich Pulverkaffee. Das sollte ihn in Sicherheit wiegen. Dann kam der wichtigste Teil meines Plans: Ich hielt an einer Telefonzelle und rief mit meiner Kreditkarte ein örtliches Taxiunternehmen an. Die Stimme der Frau, die sich mit »Libby« meldete, klang hocherfreut, als ich ihr sagte, dass ich morgen Mittag um zwölf Uhr ein Taxi zum Pine Tree Trail brauchte, das mich nach Duluth zum Flughafen bringen sollte.

»Das wird aber teuer«, warnte sie mich. »Mindestens hundert Dollar.«

»Ist in Ordnung«, antwortete ich und schärfte ihr ein, dass der Fahrer auf jeden Fall warten solle, auch wenn ich mich verspäten würde. Als ich den Hörer aufgelegt hatte, war mir klar, dass es von nun an keinen Weg mehr zurück gab.

Mit einem mulmigen Gefühl setzte ich mich ins Auto und fuhr noch einmal langsam die Hauptstraße von Ely hinunter. Vorbei an der Brandenburg-Galerie, an den Buchläden und am Blockhauscafé. Ich nahm Abschied. Ich wusste, dass ich nie wieder hierherkommen würde. Der kleine Ort war mir ans Herz gewachsen, auch wenn ich nicht viel Zeit in ihm verbracht hatte. Ohne Eile fuhr ich die dreißig Kilometer zum Parkplatz der Cabin zurück. Johns Haus war dunkel. Sicher war er in seiner Anwaltskanzlei in Minneapolis. Wenn ich zurück in Deutschland war, würde ich ihm schreiben und alles erklären. Ein letzter Blick in den Briefkasten. Keine Post. Ich hatte noch in der Stadt in Arizona angerufen, um die Weiterleitung meiner Post zu stoppen. Ich wohnte jetzt nicht mehr in Minnesota.

Am Parkplatz angekommen, holte ich aus dem Schuppen einen der vielen Rucksäcke, die dort vorrätig lagen, falls wir einmal mehr Lebensmittel oder Gepäck zur Cabin zu transportieren hatten. Dort hinein packte ich die Lebensmittel. Bevor ich die Tür hinter mir schloss, vergewisserte ich mich, dass der Seesack gut versteckt war. Mit einem leisen »Bis morgen« zog ich die Tür zu.

Den Weg zur Cabin ging ich bewusst langsam. Hier hatte ich die Bärenmama getroffen. Dort hatte ich staunend zum ersten Mal einen Blick auf die Hütte geworfen. Ich erinnerte mich, wie erschöpft ich gewesen war, als ich hierherkam. Die Wildnis hatte mich unabhängig und stark gemacht, nicht nur mental, sondern auch körperlich. Die moppelige Stadtpflanze, die ich gewesen war, hatte sich in eine durchtrainierte Outdoorfrau verwandelt. Ich verdankte Greg viel. Geduldig hatte er mir vieles beigebracht. Vor allem verdankte ich ihm die Erfüllung meines Traums.

Als ich bei der Hütte ankam, hatte Greg bereits ein Sandwich für mich vorbereitet. Er half, die Lebensmittel abzuladen und zu verstauen. Wir sprachen wenig. Zwischen uns stand eine unbestimmte Scheu. Wenn sich unsere Hände berührten, zuckte ich instinktiv zurück.

»Ich gehe ein Stück spazieren«, sagte ich zu Greg und verließ die Cabin. Ich lief hinunter zum See und paddelte mit dem Boot hinaus. Die Loonmama kam mir mit ihren Küken entgegengeschwommen. Die Kleinen waren schon fast so groß wie sie, zu groß, um noch auf Mamas Rücken getragen zu werden.

In der Nähe des Ufers sah ich Biber. Sie spürten den Herbst und schnitten jetzt mehr Holz, um ihre Bauten zu verstärken. Mit abgeschälten Baumtrieben und Gras isolierten sie sie für die kommende Kälte. Es wurde Zeit für die Männer, die Gewehre zu ölen und auf die Jagd zu gehen.

Ich hielt Ausschau nach den Wölfen, sah sie aber nicht. Schmunzelnd dachte ich an mein Moskito-Ballett zurück.

Langsam paddelte ich ans Ufer, zog das Boot an den Strand und drehte es um. Zart strich ich mit den Fingern über das glänzende Holz. Leb wohl, Kanu.

In einem weiten Bogen stieg ich den Berg hinauf und lief zu meinem Felsen, um Abschied zu nehmen. Noch einmal setzte ich mich auf den Millionen Jahre alten Granitfelsen. Er war mein Freund geworden, hatte mir Trost gespendet und meine Tränen aufgenommen. Auch jetzt fielen Abschiedstränen auf den Stein.

Ich schaute über den See hinüber zum Adlernest, das längst verlassen war. Die Kleinen waren ausgeflogen, um ihr eigenes Leben zu leben und eine Familie zu gründen, genauso wie die Wölfe – die ich am meisten vermissen würde.

Ich war wie betäubt und konnte den Blick nicht abwenden von dem, was ich zurückließ. In den letzten Monaten hatte ich immer etwas zurücklassen müssen: meine Familie, Lady, mein Zuhause. Jetzt ließ ich meinen Traum zurück, den Traum, mit Greg hier zu leben. Die Autorin und Psychologin Judith Viorst hat in ihrem Buch »Necessary Losses« einmal geschrieben, dass erst Verluste das Leben sinnvoll machen und notwendig sind, um reif und erwachsen zu werden. Ich glaube, der Verlust eines Traums, der Vorstellung, wie das Leben hätte sein können, ist stets wie ein kleiner Tod, den wir betrauern müssen, um danach wie Phoenix aus der Asche zu steigen und neu zu beginnen. Zuvor jedoch musste ich einen Weg aus der Wildnis, die mir nun zum Gefängnis geworden war, heraus finden.

Ich wollte gerade aufstehen, um zu gehen, als ich ihn sah: Der graue Wolf war nur wenige Meter von meinem Felsen entfernt aus dem Nichts aufgetaucht und schaute mich ruhig an.

»Danke, Wolf«, flüsterte ich und sah, wie sein eingekerbtes Ohr zuckte. Jetzt schloss sich mein Kreis. Ich war hierhergekommen, um die Wildnis zu erleben – und hatte Wölfe getroffen. Ein Schmerz bohrte sich in meine Magengrube, so intensiv, dass ich die Augen schließen musste. Ein Schmerz, der Glück, Dankbarkeit und auch Trauer enthielt, ein Schmerz, der mir den Atem nahm. Als ich aufblickte, war der Wolf fort. Ich lächelte.

In der Cabin war Greg noch damit beschäftigt, zu packen. Er hatte Rucksäcke und Packtaschen bereitgestellt und suchte die Lebensmittel für die Kanutour zusammen. Ich machte mir eine Tasse Tee, setzte mich an den Computer und gab vor zu schreiben. Dabei waren meine Gedanken längst schon beim morgigen Tag.

Als Greg zu mir kam, lag ich bereits im Bett. Ich hatte die Augen geschlossen, aber alle meine Sinne waren hellwach. Vorsichtig und sehr zärtlich streifte Greg mir die Kleider ab. Ich zitterte. Nach allem, was passiert war, hatte ich Angst vor seinen Gefühlsausbrüchen und wollte ihm nicht mehr so nahe sein. Und dennoch hatten seine Hände immer noch dieselbe Wirkung auf mich wie am ersten Tag. Noch einmal wollte ich sie auf mir spüren, noch einmal seinen Körper fühlen, für kurze Zeit vergessen, was geschehen war. Als er mich unter sich zog und ich mich in die starken Muskeln seines Rückens krallte, öffneten wir im selben Augenblick die Augen und blickten uns an. Wir sahen die Liebe, die Leidenschaft und die Hoffnung der vergangenen Monate, aber auch den Schmerz und die Enttäuschung. Instinktiv wussten wir beide, dass dies ein Abschied für immer war. In inniger Umarmung verschmolzen wir ein letztes Mal. In diesem Augenblick wünschte ich mir, die Welt aufzuhalten, die Zeit und alles, was auf mich zukam. Schweigend hielten wir uns in den Armen, bis wir einschliefen.

Der nächste Morgen war hektisch. Wir hatten verschlafen. Greg verzichtete aufs Frühstück. Er wollte nicht zu spät beim Treffpunkt zur Kanutour sein. Während er seine leichte Fleecehose und eine Polartec-Jacke überzog, beobachtete er mich aus dem Augenwinkel. Ahnte er etwas? Ich hielt mich krampfhaft an meiner Kaffeetasse fest und bemühte mich, entspannt zu wirken.

»Und? Was wirst du heute noch machen?«, fragte er.

»Wasser holen und dann schreiben«, sagte ich leichthin.

»Ich … Es tut mir leid, dass alles so gekommen ist.« Greg druckste herum. »Ich hoffe, wir können über alles sprechen, wenn ich zurück bin. Darüber, was wir in Zukunft besser machen können.«

Ich schluckte und nickte.

Greg hievte sich den Rucksack auf die Schultern und zog die Schildkappe mit dem BWCA-Logo in die Stirn. Er schnappte sich seinen Autoschlüssel und zog mich an sich.

»Ich brauche dich. Enttäusch mich nicht.« Sein Kuss wurde leidenschaftlich. »Verlass mich nicht. Ich liebe dich.«

Ich erwiderte den Kuss in Erinnerung an die schöne Zeit, die wir hatten. Ein letztes Mal. Immer ein letztes Mal. Abschied von Greg, Abschied von einem Traum. Und so legte ich all meine Gefühle in diesen letzten Kuss. Greg schien es zu beruhigen. Mit einem Lächeln drehte er sich um und ging. Ich schaute ihm nach, bis er im Wald verschwand.

Nun brach Hektik los. Ich musste noch eine Stunde warten. Erst dann konnte ich sicher sein, dass Greg nicht mehr zurückkam. Ich kletterte die Leiter zur Empore hoch, holte die restliche Kleidung und den Rucksack aus dem Versteck und warf alles von der Brüstung auf den Boden. Unten packte ich es ein und stopfte den Laptop und meine Recherchematerialien sowie ein paar Bücher zwischen die Kleidungsstücke. Meine Geldbörse mit Pass und alle wichtigen Papiere steckte ich in die Lücken. Nur mit Mühe konnte ich den Rucksack schließen. Ich schob ihn in die Duschwanne und schloss den Vorhang für den Fall, dass Greg doch noch auftauchte. Mit einer frisch aufgebrühten Tasse Kaffee ging ich Abschied nehmend durch die Cabin und nahm bewusst alle Einzelheiten wahr: meinen Arbeitstisch am Fenster; das Bücherregal an der Wand, auf dem kleine Blutspritzer noch an den Tod der Maus erinnerten; das Chaos von Gregs Kisten und Kartons. Ich trat auf die Terrasse und schaute wehmütig schmunzelnd zum Outhouse, meiner täglichen Herausforderung. Good bye, Outhouse; dich werde ich sicher nicht vermissen. Ein Blick hoch zum Turmzimmer, in dem ich meine ersten Wölfe gesehen hatte. Ich seufzte und warf einen Blick auf die Uhr. Es war Zeit, aufzubrechen.

Im Haus schloss ich die Terrassentür und legte den Riegel vor. Ich zog den Rucksack aus der Dusche. Allein konnte ich ihn nicht auf den Rücken heben. Ich nahm den Tisch – unseren Tisch – zu Hilfe. Auf seine Kante setzte ich den Rucksack, stellte mich mit dem Rücken davor und schlüpfte in die Tragegurte. Jetzt noch Hüft- und Brustgurt festgezogen, und ich war bereit. In eineinhalb Stunden würde das Taxi an der Straße auf mich warten. Wenn ich die acht Kilometer mit dem schweren Rucksack rechtzeitig schaffen wollte, musste ich mich beeilen.

Ich schloss die Tür hinter mir, legte den Riegel vor und strich noch einmal mit der Hand über das Holz. Leb wohl, Cabin. Ein letzter Blick, der alles aufnahm, dann startete ich auf dem Trail. Von jetzt an gab es kein Zurück mehr, sondern nur noch Vorwärts.

Ich rannte durch den Wald. Zweige schlugen mir ins Gesicht. Die Gurte des schweren Rucksacks schnitten mir schmerzhaft in die Schultern. Immer wieder stolperte ich auf dem schmalen Trail über Wurzeln. Ich fiel hin und lag wie eine Schildkröte auf dem Rücken, das Gepäck zog mich zu Boden. Mühsam rollte ich mich auf die Knie und rappelte mich auf. Weiter, immer weiter. Im Laufen schaute ich auf die Uhr. Eine halbe Stunde, bis das Auto kam. Wenn ich es verpasste, würde ich auf mich allein gestellt sein. Nur noch eine Biegung bis zur Straße. Erleichtert verlangsamte ich den Schritt und versuchte, meine rasselnden Lungen zu beruhigen. Der Wald lichtete sich, und ich konnte die Straße sehen. Geschafft!

Da … eine Bewegung im Unterholz. Ich hielt abrupt an und sah aus den Augenwinkeln Greg auf den Trail vor mich treten. Er hatte meine Flucht bemerkt. Er war gekommen, um mich aufzuhalten.

Sein Gesicht war hochrot, und die Augen schmetterten mir Blitze entgegen. Jetzt sah ich sein Auto versteckt im Unterholz – und meinen Seesack daneben. Er musste ihn entdeckt haben, als er etwas im Schuppen gesucht hatte, oder er war misstrauisch geworden.

»Du ruinierst meine Kanutour«, war das Erste, was er mühsam unterdrückt zischte, die Fäuste geballt. »Wie kannst du es wagen …«

»Greg! Bitte!«

Mein zärtlicher Liebhaber von einst war rasend vor Wut. Ich hatte Angst und wollte von ihm weglaufen, aber mein Rucksack hielt mich gefangen. Greg griff nach ihm und hielt mich daran fest. Er zerrte mich zu sich, packte mich an beiden Schultern und schüttelte mich heftig.

»Du hast mir eben noch versprochen, dass du mich nicht verlässt. Alles nur Lüge!«

Immer mehr steigerte er sich in Rage. Vom Taxi war weit und breit nichts zu sehen.

»Greg …«

Ein kurzes Wuffen ertönte hinter uns. Wir drehten uns beide um und blickten auf den Weg hinter uns. In nur zwanzig Metern Entfernung stand ein grauer Wolf mit einer Kerbe im linken Ohr – mein Wolf. Nie war er schöner und größer gewesen als in diesem Augenblick. Intensiv schaute er uns an, legte den Kopf zurück und begann zu heulen. Er heulte für mich, meinen Schmerz, die Trauer über den Verlust meines Traums. Wir standen starr und bestaunten ehrfürchtig das wilde Geschöpf vor uns. Ich spürte, wie sich Gregs Griff um meine Schultern lockerte und er losließ. Verwundert sah er mich an. Leise sagte ich: »Das ist deine Antwort. Lass mich gehen.«

Langsam sanken seine Arme herab, und seine Augen füllten sich mit Tränen. Stumm drehte er sich um, ging zu seinem Auto und stieg ein. Mein Gepäck ließ er stehen, als er losfuhr und auf die Straße abbog. Weinend vor Erleichterung und Dankbarkeit holte ich meinen Seesack und den Rucksack und stellte beide an den Weg. In der Ferne sah ich das Taxi kommen.

Als ich mich noch einmal zum Trail umdrehte, war der Wolf verschwunden.

Epilog

Ich bin nie wieder nach Minnesota zurückgekehrt.

Der Taxifahrer brachte mich zum Flughafen von Duluth. Ich war dankbar, dass er mich während der zweieinhalb Stunden Fahrtzeit in Ruhe ließ, und schlief erschöpft auf der Rückbank ein. Als er mich am Airport auslud und ich ihm 110 Dollar bezahlte, sagte er zum Abschied: »Machen Sie sich keine Sorgen. Alles wird gut.«

Vom nächsten Telefon aus rief ich meine Freundin Evelyn in Michigan an. Als ich ihre Stimme hörte, schluchzte ich los. Sie wusste sofort Bescheid.

»Nimm dir einen Mietwagen und komm her. Hier kannst du zur Ruhe kommen.«

In Evelyns kleinem Häuschen am See hatte ich endlich Zeit, auszuruhen und mich zu erholen. Viel Schlaf, gutes Essen und lange Gespräche unter Freundinnen halfen mir, auch emotional wieder auf die Beine zu kommen. Zwei Wochen später flog ich zurück nach Deutschland. Als ich tränenüberströmt und überglücklich meine Lady in die Arme schloss, wusste ich, dass ich das Richtige getan hatte. Wie zu erwarten, trafen bald die ersten Briefe von Greg ein. Anschuldigungen, Liebesbezeugungen, Anklagen und wütende Ergüsse wechselten sich ab mit Beschreibungen der Cabin und den Wölfen und wie sehr ich dort fehle. Greg zog alle

Register, diesmal jedoch umsonst. Mehrmals täglich rief er an und hinterließ Nachrichten auf meinem Anrufbeantworter. Schließlich schrieb ich ihm ein letztes Mal und versuchte zu erklären, warum ich nicht zurückkehren würde. Daraufhin folgten noch mehr Briefe, in denen er alle psychologischen Tricks anwandte, die bisher funktioniert hatten. Vergebens. Dennoch fehlte er mir, jeden Tag und ganz besonders in der Nacht. Aber mehr noch vermisste ich die Wildnis und das Leben in der Cabin, die Stille, die Einsamkeit, die wilden Tiere.

Dafür genoss ich jetzt die Annehmlichkeiten der zivilisierten Welt: Strom, fließendes warmes Wasser und eine Heizung, die man nur aufdrehen musste, um es warm zu haben.

Noch mehr als früher hielt ich mich nun im Wald auf. Lady freute sich über stundenlange Spaziergänge. Ganz bewusst nahm ich die Natur um mich herum wahr und entdeckte: Wildnis ist überall, man muss sie nur sehen.

Minnesota und die Natur haben mich fasziniert und verzaubert. Heute weiß ich, dass ich weniger in Greg, den Wildnismann, verliebt war als in das Leben, das er geführt hat. Er symbolisierte einen Traum, den ich mir erfüllen wollte.

Ich wollte wie einst der Schriftsteller und Naturforscher Henry David Thoreau in die Wälder gehen, »um bewusst zu leben, den einfachen Tatsachen des Lebens zu begegnen und einige Dinge ohne Widerstände zu regeln«. Ich wollte herausfinden, wer ich war, was mich treibt, wo meine Grenzen liegen und wie weit meine Fähigkeiten, die Natur wahrzunehmen, entwickelt sind. Wollte wie Thoreau »nicht nur Sonnenaufgang und Dämmerung, sondern die Natur selbst erleben«.

Durch Greg konnte ich mir diesen Traum erfüllen und erfuhr am Ende, dass ich dieses Leben so nicht wollte.

Ich weiß heute, dass die Realität eines Blockhüttenlebens längst nicht so romantisch ist, wie ich es mir vorgestellt habe. Das Überleben in der Wildnis lehrt uns aber auch, wie wenig wir tatsächlich brauchen. Wenn die Existenz auf die Basis reduziert wird, erlangen andere Dinge Bedeutung, und wir beginnen, uns selbst zu entdecken.

Das Leben mit Greg hat in mir etwas berührt, das schon immer in mir war, wenn auch bis dahin unerfüllt: meine Sehnsucht nach einer Cabin in der Wildnis. Ich bin ihm unendlich dankbar, dass er mir die Gelegenheit gegeben hat, diesen Traum zu erfüllen.

Mein Jahr in Minnesota hat mich für den Rest meines Lebens geprägt, denn später bin ich tatsächlich allein in die Wildnis gegangen, um mit Wölfen zu leben.

Heute lebe ich einen Großteil des Jahres im amerikanischen Yellowstone-Nationalpark und erforsche wildlebende Wölfe. Dort in Montana ist eine kleine Blockhütte mein Zuhause. Sie ähnelt in vielem Gregs Cabin in Minnesota, nur hat sie trotz ihrer Abgeschiedenheit deutlich mehr Komfort.

Ich habe keinen Kontakt mehr zu Greg. Irgendwann hat er aufgegeben, mir zu schreiben. John berichtet mir noch regelmäßig zu Weihnachten, was es Neues gibt. So habe ich erfahren, dass der erbitterte Technikgegner Greg jetzt einen Motorschlitten und ein Quad besitzt.

Ich habe einen Traum und eine große Liebe gelebt mit allen Höhen und Tiefen, allen Glücksmomenten und Tränen. Das Leben in Minnesota hat mich verändert. Ich bin nicht mehr die, die ich war. Als ich meine körperlichen Grenzen erreicht hatte, war ich offen für alle anderen Möglichkeiten.

Am Ende musste ich von meinem Traum Abschied nehmen. Doch ich ging mit einem Lächeln der Dankbarkeit, denn schlimmer, als einen Traum verloren zu haben, ist nur, ihn geträumt, aber ihn nie gelebt zu haben.

Danke

An erster Stelle möchte ich meinen Agenten André Hille und Gesa Jung von der Literaturagentur Hille & Jung für ihre Unterstützung danken. Ihr habt mich getröstet, beruhigt und für mich gekämpft; habt mich mehr oder weniger stark geschubst, wenn ich einen Anstoß brauchte, und mich gebremst, wenn ich zu rasant davongeschossen bin. Ich bin stolz, zu Eurem Autorenteam zu gehören.

Als Sachbuchautorin ist es mir nicht leichtgefallen, einen sehr persönlichen, autobiographischen Liebesroman zu schreiben. Franziska Günther, meine wunderbare Lektorin vom Aufbau Verlag, hat mich immer wieder herausgefordert, ermutigt und unterstützt. Ein dankbarer Teilnehmer meiner Wolfsführungen in Yellowstone hat mir einmal geschrieben: »The right guide can take you higher than you ever imagined.« Ich möchte den Satz abwandeln: Die richtige Lektorin kann dich weiter beflügeln, als du es dir jemals vorstellen kannst. Danke, Franziska!

Während des Schreibprozesses haben mir viele Freunde auf die eine oder andere Art geholfen:

Meine Freundin Roswitha, die bis heute alle Tonbänder aufgehoben hat, die ich während meiner Zeit in Minnesota besprochen und ihr geschickt habe. Der Rückblick auf meine Wildniszeit dank der Bänder war emotional und intensiv. Danke auch für das Lesen der ersten Entwürfe und die Anregungen. Dieser Dank geht auch an »Königin« Gina, deren »down to earth«-Einwände ich sehr schätze.

Und Eberhard – ohne Dich und Deine technische Hilfe hätte aus manch kleiner Computerpanne eine Katastrophe werden können. Du bist mein Held.

Die Mitglieder vom Montségur-Autorenforum haben sich fleißig an der Titelsuche beteiligt, ebenso die Leser meines Autorenblogs. Danke für eure Anregungen und Ideen.

Meine Autorenkollegin Kirsten Riedt hat mit einer Engelsgeduld einen wunderbaren Buchtrailer gebastelt. Kirsten, der Job als Produktionsleiterin bei meinen weiteren Trailern ist Dir sicher.

Danke meiner Freundin Corina für die Aus- und Rückzugszeiten sowie das »Wohlfühlprogramm« auf Sylt und in Mecklenburg-Vorpommern (im Wolfsgebiet) in der heißen Phase des Buches. Allein schon wegen dieser Zeiten und dem »Verwöhnprogramm« lohnt es sich, ein Buch zu schreiben.

Und wie immer geht mein letzter, aber wichtigster Dank an meine Eltern und besonders meine Hündin Shira – die Nachfolgerin von Lady –, deren Liebe mein Leben ist.

Inhaltsverzeichnis